DANA SHULTZ

# VEGAN.EINFACH.
# »→LECKER.←«

DANA SHULTZ

# VEGAN.EINFACH. LECKER.

**30 MINUTEN** oder **10 ZUTATEN** oder **1 TOPF**

*101 pflanzliche, meist glutenfreie und köstliche Rezepte*

Dana Shultz
VEGAN.EINFACH.LECKER.
30 Minuten oder 10 Zutaten oder 1 Topf
101 pflanzliche, meist glutenfreie und köstliche Rezepte
1. deutsche Auflage 2017
ISBN: 978-3-946566-65-6
© 2017, Narayana Verlag GmbH

Titel der Originalausgabe:
Minimalist Baker's Everyday Cooking
101 Entirely plant-based, mostly gluten-free, easy and delicious recipes
Copyright © 2016 by Minimalist Baker, LLC
Photos by Dana Shultz
Author photographs by Allison Wonderland, wonderlass.com
Book design by Holly Whittlef, hollisanne.com
Published by AVERY an imprint of Penguin Random House LLC

Übersetzung aus dem Englischen: Telse Wokersien
Satz: Karin Jerg, www.karin-jerg.de
Coverdesign: Andrea Ho
Coverabbildungen: Rezeptfotos von Dana Shultz

Herausgeber:
Unimedica im Narayana Verlag GmbH, Blumenplatz 2, 79400 Kandern
Tel.: +49 7626 974 970-0
E-Mail: info@unimedica.de
www.unimedica.de

Alle Rechte vorbehalten. Ohne schriftliche Genehmigung des Verlags darf kein Teil dieses Buches in irgendeiner Form - mechanisch, elektronisch, fotografisch - reproduziert, vervielfältigt, übersetzt oder gespeichert werden, mit Ausnahme kurzer Passagen für Buchbesprechungen.

Sofern eingetragene Warenzeichen, Handelsnamen und Gebrauchsnamen verwendet werden, gelten die entsprechenden Schutzbestimmungen (auch wenn diese nicht als solche gekennzeichnet sind).

Die Empfehlungen dieses Buches wurden von Autor und Verlag nach bestem Wissen erarbeitet und überprüft. Dennoch kann eine Garantie nicht übernommen werden. Weder der Autor noch der Verlag können für eventuelle Nachteile oder Schäden, die aus den im Buch gegebenen Hinweisen resultieren, eine Haftung übernehmen.

Dieses Buch ist jedem gewidmet, der schon einmal ein Rezept von Minimalist Baker ausprobiert hat, unseren Blog mit Freunden geteilt hat, eins unserer Gerichte für andere zubereitet bzw. uns gelobt hat oder uns einfach eine nette E-Mail geschrieben hat.

Wir verdanken unseren Fans so viel.

*Wir hoffen, dass Ihnen dieses Kochbuch genauso viel Spaß macht wie uns.*

# Inhalt

EINLEITUNG 1
RESSOURCEN 5
METHODEN 15

## FRÜHSTÜCK 19

## APPETIZER + BEILAGEN 59

## HAUPTGERICHTE 113

## DESSERTS 209

## GETRÄNKE 265

MINIMALISTISCHE KÜCHE 277
GRUNDAUSSTATTUNG SPEISEKAMMER 277
ANHANG: NÄHRWERTANGABEN 280
INDEX 286
DANKSAGUNG 296
ÜBER UNS 297

# Einleitung

| DANA | JOHN |
|---|---|
| IHR GEHIRN | SEIN GEHIRN |

1 SCHÜSSEL

30 MINUTEN ODER WENIGER

10 ZUTATEN ODER WENIGER

GLUTENFREI

MINIMALISTBAKER.COM

MINIMALIST BAKER ist ein Blog und eine Online-Community, die der einfachen Küche gewidmet bzw. verschrieben ist.

Alle Rezepte sind entstanden aus der Leidenschaft für einfaches, leckeres Essen und sie erfordern entweder 10 Zutaten oder weniger, 1 Schüssel oder 1 Topf und die Zubereitung beträgt 30 Minuten oder weniger.

## DER ANFANG

Seit meiner Kindheit liebe ich gutes Essen und Kochen, und es war nur eine Frage der Zeit, bis ich eine Möglichkeit entdeckte, einen Beruf daraus zu machen. Meinen Beruf.

Ich fing im College damit an, Food-Blogs zu lesen, aber ich konnte keine Rezepte finden, die schnell zuzubereiten, günstig und lecker waren. Also beschloss ich, genau den Blog zu schreiben, den ich lesen wollte, mit genau den Rezepten, die ich kochen wollte.

Meine Leidenschaft für einfaches Essen und der Geschäftssinn und das Händchen für Webdesign meines Mannes John führten im Juni 2012 zur Gründung von Minimalist Baker. Eine einfache Idee, die während eines Gesprächs beim Abendessen entstanden ist, hat sich in eine kreative Leidenschaft und ein florierendes Geschäft entwickelt.

Ich bin für das Kochen, Schreiben und Fotografieren zuständig und John für die Branding-Strategie, die Geschäftsentwicklung und die technische Seite des Blogs. Zusammen sind wir ein super Team und das, was wir tun, macht uns Spaß.

**WARUM VEGAN?**

Obwohl wir beide aus dem mittleren Westen und aus Familien stammen, die Fleisch essen, haben John und ich uns seit unserer Collegezeit mit Veganismus und Vegetarismus - in erster Linie aus gesundheitlichen Gründen - beschäftigt.

Das und meine Lactoseintoleranz haben dazu geführt, dass wir - obwohl wir keiner bestimmten Ernährungsweise anhängen - uns hauptsächlich pflanzlich ernähren.

**ICH FINDE ES FASZINIEREND, GERICHTE ZU KREIEREN, DIE GENAUSO GUT SCHMECKEN WIE DAS ORIGINALGERICHT, OBWOHL SIE REIN PFLANZLICH SIND.**

Ich experimentiere seit vielen Jahren beim Backen wegen meiner Milchunverträglichkeit mit milchfreien und eifreien Varianten. Ich finde es faszinierend, Gerichte zu kreieren, die genauso gut schmecken wie das Originalgericht, obwohl sie rein pflanzlich sind. Dadurch hat sich glutenfreies und veganes Kochen zu meiner Leidenschaft entwickelt.

### WAS SIE ERWARTET

Seit geraumer Zeit fragen unsere Leser nach einem gedruckten Kochbuch, das sie beim täglichen Kochen in die Hand nehmen können - ohne Bildschirm - und das in der Küche ständig bereitsteht.

Dieses Kochbuch ist unsere Antwort auf die Anfragen, und wir freuen uns, Ihnen diese Sammlung von 101 einfachen, alltagstauglichen veganen Rezepten vorzustellen.

Die Rezepte wurden so konzipiert, dass sie praktisch und täglich anzuwenden sind.

Rezepte für Vorspeisen, Beilagen, Appetizer, Frühstücksgerichte, Hauptgerichte, eingestreut einige Desserts und Getränke, damit die Mischung stimmt.

Wir hoffen, dass Ihnen dieses Buch genauso viel Spaß beim Kochen bereitet, wie es uns Freude bereitet hat, es zu schreiben und wir hoffen, dass Sie es nützlich finden. Wir würden uns freuen, wenn dieses Kochbuch ein verlässlicher Küchenhelfer wird. Bitte zerknittern Sie die Seiten, fassen Sie es mit fettigen Fingern an und verwenden Sie es häufig.

Alles Gute,
Dana und John

# Ressourcen

Markieren Sie diesen Abschnitt! Dies ist ein kleines, aber wichtiges Einmaleins veganer Kochweisen und Ressourcen.

In diesem Abschnitt finden Sie Schritt-für-Schritt-Anleitungen für Zutaten, die oft in den Rezepten in diesem Kochbuch verwendet werden. Dazu gehören Leinsameneier, eine vegane Alternative zu Hühnereiern beim Backen, (Seite 6), selbstgemachte Mandelmilch (Seite 6), Kokos-Schlagsahne (Seite 8) und veganer Parmesan (Seite 7).

Dort finden Sie auch einige andere Grundrezepte und praktische Kochtipps, die für die Gerichte in diesem Kochbuch nützlich sind.

Viel Glück!

---

Bei jedem Rezept finden Sie in der oberen Ecke Angaben zur Einfachheit oder ob ein Gericht glutenfrei ist. Ich hoffe, Sie finden diese Hinweise beim Planen und Vorbereiten Ihrer Mahlzeiten hilfreich.

\*1 SCHÜSSEL ODER TOPF

\*30 MINUTEN ODER WENIGER

\*10 ZUTATEN ODER WENIGER

\*GF GLUTENFREI

*HINWEIS: „10 Zutaten oder weniger" bezieht sich weder auf Wasser noch optionale Zutaten.*

LEINSAMENEI Seite 6

VEGANER PARMESAN Seite 7

KOKOS-SCHLAGSAHNE Seite 8

# Leinsamenei

**ERGIBT 1 LEINSAMENEI**

1 EL gemahlene rohe Leinsamen

2½ EL Wasser

**ZUBEREITUNG 5 MIN | GESAMTZEIT 5 MIN**

**01.** Leinsamen und Wasser in eine kleine Schüssel geben und verrühren. 5 Minuten zum Andicken ruhen lassen. Ersetzt in Rezepten 1 kleines Hühnerei.

**02.** Dies ist nicht für jedes Rezept ein exakter 1:1-Ersatz, weil das Leinsamenei beim Backen nicht bindet und fest wird wie normale Eier. Aber es funktioniert hervorragend bei Pfannkuchen, Broten, Brownies, Muffins, Keksen und vielen anderen Rezepten.

# Selbstgemachte Mandelmilch

**ERGIBT 1,2 L**

110 g rohe Mandeln (6 Stunden in kaltem Wasser eingeweicht oder 1 Stunde in sehr heißem Wasser, anschließend abgießen)

1,2 l gefiltertes Wasser (weniger Wasser ergibt eine dickere Milch und mehr Wasser eine dünnflüssigere)

2 Datteln, entsteint, oder ein anderes Süßungsmittel Ihrer Wahl (optional)

1 TL Vanilleextrakt oder eine Vanilleschote, ausgekratzt (optional)

1 Prise Meersalz

**ZUBEREITUNG 60 MIN | GESAMTZEIT 65 MIN**

**01.** Eingeweichte Mandeln, Wasser, Datteln, Vanille und Salz in einen Mixer geben. Zu einer cremigen, glatten Masse verarbeiten (mindestens 1-2 Minuten lang).

**02.** Mit einem Nussmilchbeutel oder einem dünnen Geschirrtuch abseihen. Ein sauberes Geschirrtuch über eine Schüssel legen, die Mandelmilch hineingießen, die Ecken des Geschirrtuchs vorsichtig zusammennehmen und hochheben. Die gesamte Flüssigkeit herausdrücken. Das Fruchtfleisch kompostieren oder zum Backen verwenden.

**03.** Mandelmilch in einen Krug oder eine Flasche mit Deckel geben. Kühl stellen. Die Mandelmilch hält sich 3-4 Tage. Vor der Verwendung gut schütteln.

**04.** Man kann die Mandelmilch auch aromatisieren. Zum Beispiel 5-6 geputzte Erdbeeren beim Mixen zugeben. Schokoladenmilch: 1-2 EL Kakao oder ungesüßtes Kakaopulver hinzugeben.

# Glutenfreie Mehlmischung

**ERGIBT 400 G**

240 g Vollkornreismehl

100 g Kartoffelstärke

40 g weißes Reismehl

30 g Tapiokamehl

optional
1 TL Xanthan* (zum Binden)

**ZUBEREITUNG 5 MIN | GESAMTZEIT 5 MIN**

**01.** Vollkornreismehl, Kartoffelstärke, weißes Reismehl und Tapiokamehl in einer großen Schüssel verrühren. In einem luftdichten Behälter an einem trockenen Ort aufbewahren (Ich benutze ein großes Einmachglas). Mehrere Monate haltbar.

**02.** Glutenfreie Mehle besitzen ihre eigenen Herausforderungen, da sie in fast jedem Rezept anders reagieren. Seien Sie sich dessen bewusst, wenn Sie diese Mischung als Ersatz für Allzweck- oder Weizenvollkornmehl verwenden.

<u>Anmerkungen</u>

*Als zusätzliches Bindemittel können Sie je nach Rezept eine Prise Xanthan hinzufügen (da es kein Gluten enthält), obwohl ich es nicht als absolut notwendig erachte.

**Tipp:** Meine Erfahrung ist, dass man mit dem Ersatz von Allzweckmehl durch glutenfreies Mehl im Verhältnis 1:1 nicht immer die besten Ergebnisse erzielt. Aus diesem Grund empfehle ich zusätzlich zu der glutenfreien Mehlmischung noch andere Zutaten wie Mandelmehl, Hafermehl und/oder Haferflocken, um eine verbesserte Textur zu erzielen.

**Beispiel:** Wenn ein Rezept 130 g Allzweckmehl angibt, dann nehme ich stattdessen meistens 80 g glutenfreie Mehlmischung, 25 g glutenfreies Hafermehl und 25 g Mandelmehl (abhängig vom Rezept). Diese Mischung ist ideal in Muffins, Kuchen, Brot, Maisbrot, Waffeln, glutenfreien Crêpes und vielen anderen Rezepten.

# Veganer Parmesan

**ERGIBT CA. 100 G**

90 g rohe Cashewkerne

3 EL Hefeflocken

¾ TL Meersalz

¾ TL Knoblauchpulver

**ZUBEREITUNG 5 MIN | GESAMTZEIT 5 MIN**

**01.** Alle Zutaten in die Schüssel einer Küchenmaschine geben. Pulsierend zu einem feinen Mehl verarbeiten. Hält sich im Kühlschrank mehrere Wochen frisch.

**02.** Ich esse veganen Parmesan auf Pizza, Nudeln, Avocado-Toast, Gratins usw. Er verleiht einen kräftigen Geschmack und dickt cremige Nudelsaucen an.

# Kokos-Schlagsahne

**ERGIBT CA. 400 G**

415 ml Kokossahne oder Vollfett-Kokosmilch*

½ TL Vanilleextrakt

4-6 EL Puderzucker in Bio-Qualität

<u>Anmerkungen</u>
*Ich habe festgestellt, dass Kokossahne und Kokosmilch verschiedener Anbieter sich oft sehr stark unterscheiden. Sie haben z.B. einen unterschiedlichen Fettgehalt und bleiben auch nach der Kühlung zu flüssig, sodass man sie nicht schlagen kann.

*Wenn Ihre Kokosmilch nach dem Kühlen nicht aushärtet, war es eventuell ein „Blindgänger" ohne den richtigen Fettgehalt. Manchmal können dann 1-4 EL Tapiokamehl-beim Schlagen dazugeben-die Rettung sein. Ich habe allerdings festgestellt, dass dies nicht immer funktioniert.

**ZUBEREITUNG 10 MIN | GESAMTZEIT 10 MIN**

**01.** Zubereitung: Die Kokossahne über Nacht im Kühlschrank kühl stellen.

**02.** Die Dose aus dem Kühlschrank nehmen und dabei darauf achten, sie weder umzudrehen noch zu schütteln. Den Deckel entfernen. Den oberen hart gewordenen Teil der Sahne abnehmen, sodass die Flüssigkeit zurückbleibt.

**03.** Die Sahne in eine große Schüssel geben, die 10 Minuten gekühlt wurde. Mit einem Handmixer 30 Sekunden sahnig schlagen. Vanille und Puderzucker esslöffelweise hinzugeben. Ca. eine Minute aufschlagen, bis die Sahne cremig und glatt ist.

**04.** Sofort verwenden oder im Kühlschrank aufbewahren. Je länger die Sahne kühlt, desto fester und steifer wird sie. Hält sich 1-2 Wochen.

**05.** Kokos-Schlagsahne ist perfekt zu Kuchen, Eis oder in heißem Kakao.

*Zubereitungszeit beinhaltet nicht die Zeit zum Kühlen der Kokos-Sahne.*

# Blumenkohlreis

**ERGIBT 300-400 G**

1 Kopf Blumenkohl, Stiele entfernt, geviertelt

1 EL Traubenkernöl oder geröstetes Sesamöl

**Tipp:** Pur servieren oder mit 1-2 EL einer Würzsauce vermischen. Dieses Rezept ist ein großartiger Ersatz für traditionellen Reis in mexikanischen, indischen, asiatischen und anderen Gerichten.

**ZUBEREITUNG 5 MIN | GESAMTZEIT 12 MIN**

**01.** Eine große Pfanne bei mittelgroßer Hitze erwärmen.

**02.** Den Blumenkohl auf einer Reibe oder einer Küchenmaschine mit einer feinen Klinge zu Reis verarbeiten. Der Blumenkohlreis sollte die Größe von Reiskörnern haben.

**03.** Sobald die Pfanne heiß ist, Traubenkernöl hineingeben und dann den Blumenkohlreis. Umrühren. Zum Dämpfen den Deckel auf die Pfanne legen und insgesamt 4-7 Minuten unter gelegentlichem Umrühren garen bis der „Reis" leicht gebräunt und weich ist.

# Gerösteter Knoblauch

**ERGIBT 1 KNOBLAUCHKNOLLE**

1 Knoblauchknolle
1 TL Traubenkernöl
1 Prise Meersalz

**ZUBEREITUNG 5 MIN | GESAMTZEIT 1 STD 5 MIN**

**01.** Den Backofen auf 205 °C vorheizen. Die oberste Spitze der Knoblauchknolle abschneiden. Beträufeln Sie den oberen Teil mit Traubenkernöl und geben Sie etwas Salz darüber. Locker in Alufolie einwickeln.

**02.** Direkt auf das Backofenrost legen und 45-60 Minuten backen (abhängig von der Größe des Knoblauchs). Der Knoblauch ist gar, wenn er anfängt zu duften und die Zehen weich und goldbraun sind. Aus dem Ofen nehmen und abkühlen lassen.

**03.** Nach dem Abkühlen die weichen Zehen von unten (der Wurzel) nach oben herausschieben. Sofort verwenden oder in ein Glas geben und mit Traubenkernöl oder Olivenöl bedecken. Der Knoblauch hält sich mehrere Wochen oder länger.

# Schnell gerösteter Knoblauch

**ERGIBT 1 KNOBLAUCHKNOLLE**

1 Knoblauchknolle
1 TL Traubenkernöl

> **Tipp:** Knoblauch, der auf eine dieser Arten zubereitet wurde, schmeckt lecker in Dips (wie Hummus), Dressings, Saucen, oder jedem Gericht, dem Sie eine Knoblauchnote verleihen möchten.

**ZUBEREITUNG 5 MIN | GESAMTZEIT 25 MIN.**

**01.** Backofen auf 190 °C vorheizen. Knoblauchzehen aus der Knolle entfernen und darauf achten, die Schale nicht zu beschädigen.

**02.** Die Knoblauchzehen auf ein Backblech mit Rand legen. Leicht mit etwas Traubenkernöl beträufeln. Ungefähr 17-23 Minuten backen, bis der Knoblauch zu duften beginnt und etwas gebräunt ist (abhängig von der Größe der Zehen). Wenn die Zehen ca. 15 Minuten im Ofen sind, muss man gut aufpassen, dass sie nicht verbrennen.

**03.** Aus dem Ofen nehmen und abkühlen lassen. Nach dem Abkühlen die äußere Schale entfernen und gemäß Rezept verwenden.

# Erdnuss-Sauce

**ERGIBT CA. 180 ML**

130 g gesalzene natürliche Erdnussbutter (oder Cashew- oder Mandelbutter)

1½-2 EL Tamari- oder Sojasauce

2-3 EL Kokoszucker oder brauner Zucker in Bio-Qualität, mehr nach Geschmack

Saft einer ½ Limette

½ TL Chili-Knoblauch-Sauce

2-4 EL heißes Wasser zum Verdünnen

**ZUBEREITUNG 5 MIN | GESAMTZEIT 5 MIN**

**01.** Erdnussbutter, Tamarisauce, Kokoszucker, Limettensaft und Chili-Knoblauchsauce in eine kleine Schüssel geben und gut verrühren. Heißes Wasser zugeben, bis die Masse so flüssig ist, dass man sie gießen kann. Probieren und ggf. mit Gewürzen abschmecken.

**02.** Die Sauce hält sich 7-10 Tage im Kühlschrank. Wenn die Sauce nach dem Kühlen zu dickflüssig ist, etwas Wasser unterrühren.

**03.** Passt gut zu Gerichten wie Pad Thai, gebratenem Reis, Reis-Nudel-Salaten, Frühlingsrollen usw.

# Gebackener Knusper-Tofu

**ERGIBT CA. 400 G**

400 g extrafester Tofu

**Serviervorschläge**

**Vorschlag 1:** Den Tofu in einer Pfanne bei mittlerer Hitze mit etwas Öl, Sojasauce, Chili-Knoblauchsauce oder gekaufter Asia-Glasur anbraten.

**Vorschlag 2:** Für mich die beste Art Tofu zuzubereiten ist, ihn in Erdnuss-Sauce (siehe Rezept oben) zu marinieren; hierzu die Sauce mit 2 EL Sojasauce, 1 TL geröstetem Sesamöl und 1 EL Ahornsirup verdünnen. 5 Minuten ziehen lassen, gelegentlich umrühren. Eine große Pfanne bei mittlerer Hitze erwärmen, den Tofu mit einem Schaumlöffel aus der Marinade nehmen (der Großteil der Sauce bleibt zurück) und 5 Minuten sautieren. Gelegentlich umdrehen/umrühren, um eine gleichmäßige Bräunung zu erreichen. Aus der Pfanne nehmen und mit der restlichen Marinade servieren. Schmeckt besonders lecker zu Blumenkohlreis (Seite 8).

**ZUBEREITUNG 15 MIN | GESAMTZEIT 45 MIN**

**01.** Backofen auf 205 °C vorheizen.

**02.** Tofu abtropfen lassen. Aus der Packung nehmen und in ein sauberes, saugfähiges Tuch wickeln.

**03.** Mit einer gusseisernen Pfanne oder einem anderen schweren Gegenstand beschweren, um Flüssigkeit aus dem Tofu zu drücken (ca. 15 Minuten lang während der Backofen vorheizt). Dann den Tofu auswickeln und in 2,5 × 2,5 cm große Würfel oder Rechtecke schneiden.

**04.** Tofu auf ein mit Backpapier ausgelegtes Backblech legen, darauf achten, dass die Tofuwürfel sich nicht berühren, und insgesamt 23-35 Minuten backen. Nach der Hälfte der Zeit umdrehen, damit beide Seiten gleich gut garen. Dadurch trocknet der Tofu besser und erhält eine festere Konsistenz. 30-35 Minuten ergeben eine festere und 23-28 Minuten eine weichere Konsistenz.

**05.** Aus dem Backofen nehmen und abkühlen lassen; in der Zwischenzeit andere Zutaten verarbeiten. Der Tofu kann jetzt in Ihrem Rezept verwendet werden.

# Schnell eingelegte Zwiebeln

**ERGIBT 100 G**

180 ml warmes Wasser

120 ml Rotweinessig

2 EL Rohrzucker in Bio-Qualität

½ TL Meersalz

1 kleine rote Zwiebel, in dünne Scheiben geschnitten

**ZUBEREITUNG 5 MIN | GESAMTZEIT 50 MIN.**

**01.** Wasser, Essig, Zucker und Salz in ein Einmachglas geben. Kräftig schütteln bis der Zucker sich aufgelöst hat.

**02.** Zwiebelringe zugeben und nach unten drücken, sodass sie von der Flüssigkeit bedeckt sind. Mit gut schließendem Deckel verschließen und 30-45 Minuten kühlstellen. Eingelegte Zwiebeln halten sich zugedeckt im Kühlschrank mehrere Wochen.

**03.** Schmecken lecker zu Salaten, Curry-Gerichten, Sandwiches usw. Statt Zwiebeln können auch dünn geschnittene Radieschenscheiben oder Karottenscheiben verwendet werden.

# Pecannüsse mit braunem Zucker

**ERGIBT 150 G**

100 g rohe Pecannusshälften

30 g zerlassene vegane Butter oder Traubenkernöl

25 g brauner Zucker in Bio-Qualität oder Kokoszucker

Je 1 gute Prise Meersalz, gemahlener Zimt und Cayennepfeffer

> **Tipp:** Passen hervorragend zu Süßkartoffel-Pie aus dem Mixer (Seite 227), Salaten, Müsli und Dessert oder als leckerer Snack zwischendurch.

**ZUBEREITUNG 5 MIN | GESAMTZEIT 20 MIN.**

**01.** Backofen auf 175 °C vorheizen. Die Nüsse auf ein mit Alufolie ausgelegtes Backblech mit Rand legen. 8 Minuten rösten.

**02.** In der Zwischenzeit die Butter in einer kleinen Pfanne oder in der Mikrowelle anwärmen. Braunen Zucker, Salz, Zimt und Cayennepfeffer unterrühren.

**03.** Die Pecannüsse aus dem Ofen nehmen. Mit den Gewürzen vermengen. Auf dem Backblech verteilen und 4-7 Minuten backen, bis sie goldbraun sind; darauf achten, dass sie nicht verbrennen.

**04.** Die Nüsse aus dem Ofen nehmen und etwas abkühlen lassen. Probieren und eventuell mit Salz, Zucker oder anderen Gewürzen nachwürzen.

**05.** Komplett abkühlen lassen. Halten sich in einem gut verschlossenen Behälter bis zu 10 Tage.

# Vegane BBQ-Sauce

**ERGIBT CA. 550 ML**

**ZUBEREITUNG 5 MIN | GARZEIT 20 MIN**
**GESAMTZEIT 25 MIN**

480 g natürlich gesüßter Ketchup* (am besten Bio-Qualität)

3 EL Apfelweinessig

60 ml Wasser

Saft einer ½ Zitrone

Optional: ¼ TL scharfe Sauce

1 EL Tamari- oder Sojasauce

1 TL gelber Senf

55 g Muscovado-Zucker oder brauner Zucker in Bio-Qualität

3 EL Kokoszucker, mehr nach Geschmack

1 TL Zwiebelpulver

1 EL Chilipulver

1 TL geräuchertes Paprikapulver

⅛ TL gemahlener Cayenne- oder Chipotlepfeffer, evtl. mehr

Je ¼ TL Meersalz und gemahlener schwarzer Pfeffer

**01.** Alle Zutaten in eine große Pfanne geben und gut verrühren. Bei mittlerer Hitze erwärmen.

**02.** Sobald Blasen entstehen, die Hitze reduzieren und bei kleiner Hitze unter gelegentlichem Umrühren ca. 15 Minuten köcheln lassen.

**03.** Abschmecken und evtl. etwas Zitronensaft oder Apfelweinessig für mehr Säure, mehr Zucker für mehr Süße, Chilipulver für einen intensiveren Rauchgeschmack und Cayennepfeffer für mehr Schärfe zugeben.

**04.** Erst nach dem vollständigen Abkühlen in einen Behälter (z.B. ein großes Einmachglas) geben. Hält 3-4 Wochen im Kühlschrank. Bei Raumtemperatur servieren, da die Sauce dann ihren vollen Geschmack entfaltet.

### Anmerkungen

*Oft findet man natürlichen Ketchup in Naturkostläden, auf Wochenmärkten oder im Reformhaus.

*Wer diese Sauce glutenfrei zubereiten möchte, kann Tamari- statt Sojasauce verwenden.

# Methoden

Einige der häufig in diesem Kochbuch verwendeten Verfahren und Methoden werden hier beschrieben. Diese Methoden haben die Qualität und Präzision meiner Rezepte stark verbessert und ich hoffe, dass Ihnen das genauso geht.

Darüber hinaus erfahren Sie, wie man richtig Zutaten abmisst, wie meine 1-Schüssel-Backtechnik richtig eingesetzt wird und welche Küchengeräte für Ihre Bedürfnisse am geeignetsten sind. Je mehr Sie sich mit diesen Methoden vertraut machen, desto einfacher wird das Backen – aber noch wichtiger ist, dass dadurch sichergestellt wird, dass Sie die bestmöglichen Resultate erzielen.

## CASHEWKERNE EINWEICHEN

Einige der Rezepte in diesem Kochbuch erfordern eingeweichte Cashewkerne. Wenn Sie dies noch nie gemacht haben, keine Angst. Sofern nicht anders angegeben, messen Sie rohe Cashewkerne ab und geben sie in eine Schüssel. Mit kaltem Wasser bedecken, zudecken und 6-8 Stunden oder über Nacht bei Raumtemperatur einweichen lassen. Die Cashewkerne dürfen nicht länger als 10 Stunden einweichen, da sie sonst einen unangenehmen Geschmack entwickeln. Gut abtropfen lassen und nach Rezept verwenden. Wenn Sie die Cashewkerne erst später verwenden möchten, halten sie sich im Kühlschrank abgetropft und zugedeckt bis zu 24 Stunden.

Falls Sie vergessen haben, die Cashewkerne rechtzeitig vorher einzuweichen, kann man auch diese „Schnellmethode" anwenden: Cashews abmessen, mit kochendem Wasser bedecken und ohne Deckel 1 Stunde ziehen lassen. Gut abtropfen lassen und wie angegeben verwenden.

Eingeweichte Cashewkerne bilden die sahnige, cremige Grundlage vieler milchfreier Rezepte wie Eiscreme, Cheesecake, Dressings und Nudelsaucen.

## MANDELMEHL

Viele der Rezepte in diesem Kochbuch erfordern Mandelmehl, das ich stets selbst aus rohen Mandeln herstelle, indem ich sie in der Küchenmaschine oder in einem Hochleistungsmixer zu feinen Mehl verarbeite. Ich erwähne dies, da das im Laden gekaufte Mandelmehl sich oft im Gewicht unterscheidet, was das Ergebnis beeinträchtigen kann. Für meine Rezepte gilt: 1 Teelöffel = 6,8g.

## LÖFFELN UND GLATTSTREICHEN

Beim Abmessen der trockenen Zutaten in diesem Kochbuch, sollte die Methode „Löffeln und Glattstreichen" verwendet werden. Verwenden Sie einen großen Löffel, um die trockenen Zutaten (wie Mehl oder Kakaopulver) in einen Messbecher zu geben und streichen Sie ihn dann mit einem Messer oder flachkantigen Gegenstand glatt. Ohne Glattstreichen erhalten Sie gehäufte Löffel (oder was auch immer Sie zum Abmessen verwenden), und das könnte zu viel sein. Das Glattstreichen gewährleistet die genauesten Messungen und die besten Ergebnisse.

## 1-SCHÜSSEL-BACKTIPP

Zur Vereinfachung des Backvorgangs und um 1-Schüssel-Rezepte zu ermöglichen, verwende ich oft ein feinmaschiges Handsieb oder Puderzuckersieb, um darin meine trockenen Zutaten zu kombinieren, und sie dann über meine feuchten Zutaten zu sieben. Das spart Zeit, bedeutet eine Schüssel weniger auf der Arbeitsplatte und beim Abwaschen. Aus diesem Grund empfehle ich für die 1-Schüssel-Rezepte in diesem Kochbuch die Anschaffung eines kleinen feinmaschigen Siebs. Andernfalls vermengen Sie die trockenen Zutaten in einer zweiten Schüssel und fügen Sie sie dann wie angegeben zu den feuchten Zutaten.

## MIXER TIPP

Viele der Rezepte in diesem Kochbuch erfordern für die Zubereitung von Nussmehl, Smoothies, cremigen Saucen und Eiscreme einen Hochleistungsmixer. Um sicherzustellen, dass Sie die besten Ergebnisse erzielen, empfehle ich einen hochwertigen leistungsstarken Mixer von Vitamix, Blendtec oder KitchenAid. Natürlich ist das eine Investition, aber die lohnt sich - besonders für alle, die vermehrt pflanzliche Gerichte zubereiten möchten. Ich benutze meinen Mixer täglich für Smoothies, Suppen und Saucen und stelle jedes Mal befriedigt fest, dass ein hochwertiges Gerät genau die gewünschte Konsistenz erzielt.

GRÜNER INGWER-COLADA-SMOOTHIE 25

# Frühstück

Nichts geht über ein gutes Frühstück. Was ich morgens esse, hat Auswirkungen auf den ganzen Tag. Für mich muss die erste Mahlzeit des Tages gehaltvoll und pflanzenbasiert sein, aber darf gelegentlich auch etwas Süßes beinhalten.

Ich bin schließlich Bäckerin.

Dieser erste Abschnitt ist randvoll mit leckeren Dingen wie: Backwaren, herzhafte Leckerbissen, Waffeln, Smoothies und natürlich, Pfannkuchen.

Mit diesen Rezepten kreieren Sie ein leckeres, nahrhaftes Frühstück, das der ideale Beginn für den Tag ist. Der Grüne Ingwer-Colada-Smoothie ist einer meiner absoluten Favoriten. Probieren Sie ihn und Sie werden sich auch verlieben. Es ist schwierig, ihn nicht jeden Morgen zu genießen. Schlagt zu, Freunde. Frühstück ist fertig!

GRÜNER SUPER-SAFT  21

SELBSTGEMACHTES HIPPIE-MÜSLI  22

GRÜNER INGWER-COLADA-SMOOTHIE  25

ROTE BETE UND GRÜNER APFEL JOGHURT-SMOOTHIE  26

SUPERPOWER-SCHOKO-SHAKE  29

GLUTENFREIE SCHOKOWAFFELN  30

MANGO-KOKOS-LASSI  33

HERBSTLICHE BUCHWEIZEN-PFANNKUCHEN  34

RUSTIKALE KNOBLAUCH-SPARGEL-QUICHE MIT TOFU  37

MANDELBUTTER-GELEE-MÜSLIRIEGEL  40

VEGANER FRÜHSTÜCKSBURRITO  43

EIER BENEDIKT OHNE EIER  45

KÜRBIS-SCHOKOLADENTRÖPFCHEN-HAFERFLOCKEN-KUCHEN  48

ZUCCHINI-WALNUSS-MUFFINS  50

BANANEN-SCHOKO-PECAN-MUFFINS  52

KAROTTEN-WALNUSSKUCHEN  54

BEEREN-MIMOSA MIT ALKOHOL  57

# Grüner Super-Saft

*30 MINUTEN ODER WENIGER
*10 ZUTATEN ODER WENIGER
*GF GLUTENFREI

Ich habe viele frisch gepresste grüne Säfte probiert, aber mir gefiel der intensiv erdige Geschmack nicht richtig. Dieses Rezept ist meine Antwort darauf. Meine Version hat durch Apfel und Banane einen ausbalancierteren Geschmack. Wenn man frische Ananas verwendet, wird die Süße noch intensiver. Was macht das Rezept noch besser? Es ist kein Entsafter erforderlich!

**4 PORTIONEN**

**ZUBEREITUNG 15 MIN | GESAMTZEIT 15 MIN**

1 kleine Handvoll Petersilie

1 kleine Handvoll frischer Koriander

1 kleine Handvoll frischer Spinat

1 kleine Handvoll frischer Grünkohl

2 Stangen Staudensellerie, kleingeschnitten

1 kleines Stück frischer Ingwer, ohne Schale

1 Gurke, kleingeschnitten

1 großer süßer Apfel, geviertelt und entkernt

1 große reife Banane oder 165 g frische Ananas

Saft einer Zitrone

480-720 ml gefiltertes Wasser

**01.** Alle Zutaten und 480 ml Wasser (evtl. später mehr zugeben, falls die Konsistenz zu dick ist) in die Schüssel des Mixers geben und vollständig glattrühren.

**02.** Abschmecken und evtl. etwas Apfel oder Banane für mehr Süße zugeben, Ingwer für mehr „Biss" oder Zitrone für etwas mehr Säure.

**03.** Ein großes, dünnes Geschirrhandtuch über eine große Schüssel legen und den Saft vorsichtig daraufgießen und dabei sicherstellen, dass jeweils nur so viel gegossen wird, wie das Handtuch aufnehmen kann (eventuell muss man portionsweise gießen).

**04.** Die Ecken des Handtuchs vorsichtig hochnehmen, drehen und so viel Saft wie möglich herausdrücken, sodass Fruchtfleisch und Rückstände im Handtuch verbleiben. Das Fruchtfleisch kann zum Backen, in Smoothies oder zum Kompostieren verwendet werden.

**05.** Sofort servieren oder 1-2 Stunden im Kühlschrank kaltstellen. Der Saft hält sich zugedeckt mindestens 2 Tage im Kühlschrank; er schmeckt aber am besten und enthält die meisten Nährstoffe, wenn er ganz frisch ist.

**\*10** ZUTATEN ODER WENIGER

**\*GF** GLUTENFREI

# Selbstgemachtes Hippie-Müsli

Jedes Mal, wenn ich mein eigenes Müsli herstelle, fühle ich mich wie ein Blumenkind – daher der Name dieses Rezepts. Dieses Müsli wurde von meinem Körnerfreien Müsli auf meinem Blog inspiriert, aber diese Version besteht nur aus 10 Zutaten und ist sättigender. Mit Banane und pflanzlicher Milch wird daraus ein gesundes, sättigendes und schnelles Frühstück.

**ERGIBT 21 PORTIONEN**

**ZUBEREITUNG 10 MIN | GARZEIT 25 MIN**
**GESAMTZEIT 35 MIN**

200 g rohe Mandelblättchen (Mandelblättchen sind besser geeignet als ganze Mandeln)

125 g rohe Pecannüsse

90 g rohe Walnüsse

2 EL Chiasamen

2 TL gemahlener Zimt

2 EL Kokoszucker, kann durch Rohrzucker in Bio-Qualität oder Muscovado-Zucker ersetzt werden

¼ TL Meersalz

2 EL Olivenöl oder Kokosöl

60 ml Ahornsirup oder Agavendicksaft

85 g gepuffter Vollkornreis

**OPTIONAL**
25 g geröstete ungesalzene Sonnenblumenkerne

35 g getrocknete Blaubeeren oder anderes Trockenobst

**Tipp:** Wenn Sie keinen gepufften Reis finden, kann er durch eine andere Getreideart ersetzt oder weggelassen werden

**01.** Den Backofen auf 160 °C vorheizen. Backofenrost auf mittlerer Schiene positionieren.

**02.** Mandeln, Pecannüsse, Walnüsse, Chiasamen, 1 TL Zimt, Kokoszucker und Salz in einer großen Schüssel vermengen.

**03.** Olivenöl und Ahornsirup in einem kleinen Topf bei geringer Hitze (oder in einer kleinen Schüssel in der Mikrowelle) erwärmen. Über die trockenen Zutaten geben. Gut durchmischen.

**04.** Die Masse gleichmäßig auf einem großen Backblech mit Rand verteilen. 20 Minuten backen. Wenn Sie Sonnenblumenkerne und getrocknete Früchte verwenden möchten, das Backblech aus dem Ofen nehmen und jetzt hinzufügen. Umrühren.

**05.** Die Backofentemperatur auf 170 °C erhöhen, das Backblech wieder hineinschieben und weitere 5-7 Minuten backen, bis das Müsli eine tiefgoldene Farbe angenommen hat.

**06.** Die Schüssel reinigen und abtrocknen. Sobald das Müsli sichtbar gebräunt ist (nach insgesamt ca. 25 Minuten) aus dem Ofen nehmen und vollständig auskühlen lassen.

**07.** Nach dem Abkühlen Puffreis und 1 TL Zimt in die Schüssel geben. Vermengen. Abgekühltes Müsli zugeben und erneut vermengen.

**08.** In einem luftdicht verschlossenen Behälter aufbewahren. Das Müsli hält sich 2-3 Wochen. Pur, mit pflanzlichem Joghurt oder Milch servieren. Bananenscheiben passen sehr gut dazu.

# Grüner Ingwer-Colada-Smoothie

*1 SCHÜSSEL ODER TOPF
*30 MINUTEN ODER WENIGER
*10 ZUTATEN ODER WENIGER
*GF GLUTENFREI

Mein absolutes Lieblingsfrühstück, das ich mir fast jeden Morgen zubereite. Randvoll mit nahrhaften Zutaten wie frischer Ingwer, Grünkohl, Spinat und Hanfsamen, ist dies der ideale Start in den Tag. Ich nenne es Ingwer-Colada, weil mich der Geschmack an Piña Colada mit Ingwernote erinnert.

**2 PORTIONEN**

1 EL frischer Ingwer (ein kleines Stück, ohne Schale)

Saft einer ½ Limette

80 ml fettarme Kokosmilch

210 g kleingeschnittene gefrorene Ananas

1 kleine Banane, geschält, in Scheiben geschnitten und gefroren

1 große Handvoll Spinat*

1 kleine Handvoll Grünkohl*

160 ml ungesüßte Mandelmilch (Natur) oder selbstgemachte Mandelmilch (Seite 6)

180 ml gefiltertes Wasser

**OPTIONAL**
1 EL Chiasamen

1 EL rohe geschälte Hanfsamen

1 EL Ahornsirup oder Agavendicksaft (je nachdem wie süß Banane/Ananas sind)

**ZUBEREITUNG 10 MIN | GESAMTZEIT 10 MIN**

**01.** Alle Zutaten in der angegebenen Reihenfolge in den Mixer geben und auf hoher Stufe sehr glattrühren. Eventuell etwas Wasser oder Mandelmilch zugeben, falls das Verrühren zu schwergängig ist.

**02.** Auf höchster Stufe 2-3 Minuten verarbeiten, sodass alles - besonders der Ingwer - gut vermischt wird.

**03.** Abschmecken und evtl. mehr gefrorene Banane oder ein anderes Süßungsmittel für mehr Süße, Limettensaft für mehr Säure oder Kokosmilch für mehr Cremigkeit zugeben.

**04.** Sofort servieren. Reste können zugedeckt im Kühlschrank bis zu 24 Stunden aufbewahrt werden, obwohl der Smoothie am besten ganz frisch zubereitet schmeckt.

<u>Anmerkungen</u>
*Am liebsten kaufe ich Spinat und Grünkohl abgepackt und vorgewaschen. Ich friere ihn dann ein, damit er frisch bleibt und immer griffbereit ist, wenn ich einen Smoothie machen möchte. Außerdem wird der Smoothie so auch kühler und etwas cremiger.

- *1 SCHÜSSEL ODER TOPF
- *30 MINUTEN ODER WENIGER
- *GF GLUTENFREI
- *10 ZUTATEN ODER WENIGER

# Rote Bete und Grüner Apfel Joghurt-Smoothie

Rote Bete? In einem Smoothie? Ja! Ich verspreche Ihnen, dass Sie überrascht sein werden, wie gut Joghurt und Beeren das intensive Aroma der Roten Bete überdecken. Dieser Smoothie ist eine Vitamin- und Nährstoffbombe und hat sich überraschenderweise zu meinem Lieblingsfrühstück entwickelt.

**2 PORTIONEN**

- 1 grüner Apfel, entkernt und geviertelt
- 1 kleine Rote Bete, geschält und geviertelt*
- 320 g Soja- oder Kokos-Vanille-Joghurt (bei Naturjoghurt etwas Vanilleextrakt und Süßungsmittel Ihrer Wahl zugeben)*
- 60 g gemischte gefrorene Beeren
- 60 ml ungesüßte Mandelmilch (Natur), selbstgemachte Mandelmilch (Seite 6) oder Orangensaft
- Saft einer ½ Limette

**ZUBEREITUNG 10 MIN | GESAMTZEIT 10 MIN**

**01.** Alle Zutaten in den Mixer geben und auf höchster Stufe zu einer glatten und cremigen Masse verarbeiten (ca. 1-2 Minuten).

**02.** Abschmecken und evtl. mehr Beeren für mehr Süße, Limettensaft für mehr Säure, Joghurt für mehr Cremigkeit oder einige Eiswürfel zum Andicken und Kühlen zugeben.

**03.** Auf zwei Gläser verteilen und sofort servieren. Schmeckt am besten frisch zubereitet.

**Anmerkungen**

*Wenn Sie keine Rote Bete mögen, können Sie die Rote Bete auch durch 60 g Beeren ersetzen.

*Wenn Sie keinen pflanzlichen Joghurt finden, können Sie ihn weglassen und durch eine kleine gefrorene Banane und 60 ml Mandelmilch ersetzen.

# Superpower-Schoko-Shake

*1 SCHÜSSEL ODER TOPF
*30 MINUTEN ODER WENIGER
*10 ZUTATEN ODER WENIGER
*GF GLUTENFREI

Jeder muss das Rezept für einen Frühstücksshake in seinem Repertoire haben. Hier ist meins. Dieser Shake ist cremig, schokoladig und voll mit Nährstoffen und ideal nach dem Workout oder wenn man Hunger auf etwas Süßes ohne das schlechte Gewissen hinterher hat.

**2 PORTIONEN**

360 ml ungesüßte Mandelmilch (Natur) oder selbstgemachte Mandelmilch (Seite 6)

2 EL Kakaopulver oder ungesüßtes Kakaopulver

1 EL gesalzene Mandelbutter (bei ungesalzener Mandelbutter eine Prise Salz zugeben)

1½ TL Chiasamen

1½ TL Leinsamen

1 reife Banane, geschält, in Scheiben geschnitten und tiefgefroren

2-4 Eiswürfel

**OPTIONAL**
1 Dattel, ohne Kern (hängt von der Reife der Banane ab)

**ZUBEREITUNG 10 MIN | GESAMTZEIT 10 MIN**

**01.** Alle Zutaten in den Mixer geben. Zu einer cremigen, glatten Masse verarbeiten und bei Bedarf die Masse an der Seite herunterschieben. Etwas mehr Mandelmilch zum Verdünnen oder mehr Eis zum Andicken zugeben.

**02.** Abschmecken und zusätzlich Kakaopulver für mehr Schokoladigkeit, mehr Banane oder Datteln für extra Süße oder mehr Mandelbutter für mehr Cremigkeit zugeben.

**03.** 1 große oder 2 kleinere Portionen servieren. Reste können zugedeckt im Kühlschrank 24-48 Stunden aufbewahrt werden, obwohl der Smoothie am besten ganz frisch zubereitet schmeckt.

*30 MINUTEN ODER WENIGER
*GF GLUTENFREI

# Glutenfreie Schokowaffeln

Jeder liebt Schokolade. Jeder liebt Waffeln. Wenn man beides kombiniert, kommt Magie heraus. Diese glutenfreien Wunder sind außen knusprig, innen samtweich und unglaublich lecker. Mit frischen Früchten oder einem großzügigen Klacks Nussbutter wird daraus ein reichhaltiges Frühstück oder ein sättigender Snack. Sie schmecken frisch zubereitet hervorragend oder im Ofen oder Toaster aufgewärmt aus dem Gefrierfach.

**ERGIBT 5 GROSSE WAFFELN**

**ZUBEREITUNG 20 MIN | GARZEIT 10 MIN
GESAMTZEIT 30 MIN**

360 ml ungesüßte Mandelmilch (Natur) oder selbstgemachte Mandelmilch (Seite 6)

1 TL Apfelweinessig oder Zitronensaft

60 ml geschmolzenes Kokosöl oder zerlassene vegane Butter

1½ TL purer Vanilleextrakt

2 EL Ahornsirup oder Agavendicksaft

35 g ungesüßtes Kakaopulver

240 g glutenfreie Mehlmischung (Seite 7)

45 g glutenfreie Vollkornhaferflocken

1 EL gemahlene Leinsamen

¼ TL Meersalz

1½ TL Backpulver

2 EL Rohrzucker in Bio-Qualität

**OPTIONAL**
60 g vegane Schokoladentröpfchen, sowie ein paar zum Dekorieren

**01.** Mandelmilch und Essig in einer mittelgroßen Schüssel vermengen und 5 Minuten zum Gerinnen stehen lassen.

**02.** Kokosöl, Vanille und Ahornsirup hinzugeben und verrühren. Beiseitestellen.

**03.** Kakaopulver, Mehlmischung, Haferflocken, gemahlene Leinsamen, Salz, Backpulver und Zucker in eine zweite mittelgroße Schüssel geben und gut verrühren.

**04.** Die feuchten Zutaten zu den trockenen geben. Gut rühren, bis eine einheitliche Masse entstanden ist. Falls Sie Schokotröpfchen verwenden, diese unterheben. Wenn der Teig zu zähflüssig ist, mit etwas Mandelmilch verdünnen.

**05.** Den Teig 10 Minuten ruhen lassen, während das Waffeleisen vorheizt. Mein Waffeleisen hat Einstellungen von 1-5; ich verwende Stufe 4 für knusprige Waffeln, aber Sie können die Stufe nach Ihrem persönlichen Geschmack wählen.

**06.** Wenn das Waffeleisen aufgeheizt ist, mit Antihaftspray einsprühen oder mit veganer Butter einfetten und so viel Teig hineingeben, dass die Oberfläche bedeckt ist.

**07.** Die Waffeln nach den Anweisungen des Herstellers backen, bis die gewünschte Knusprigkeit erreicht ist.

**08.** Waffeln je nach Geschmack mit z.B. Kakaopulver, veganer Butter, Kokos-Schlagsahne (Seite 8) oder frischen Beeren servieren.

**09.** Reste in einem Gefrierbeutel oder anderen Behälter einfrieren und im Toaster wieder aufwärmen. Die Waffeln halten sich im Gefrierschrank 1-2 Monate, schmecken aber innerhalb der ersten 2 Wochen am besten.

**Tipp:** Die Waffeln auf einem Backofenrost bei 90 °C im Backofen warmhalten. Damit die Waffeln schön knusprig bleiben, dürfen sie nicht überlappen.

# Mango-Kokos-Lassi

*1 SCHÜSSEL ODER TOPF
*30 MINUTEN ODER WENIGER
*10 ZUTATEN ODER WENIGER
*GF GLUTENFREI

Ideal für Alle, die Mangos lieben! Dieses cremige smoothie-artige Getränk ist wegen der Kokossahne, des Kokosjoghurts und der leckeren reifen Mangos so sahnig. Frischer Limettensaft und eine Prise Kardamom verleihen dem Getränk Helligkeit und Wärme. Ideal zum Frühstück, als Snack oder zu indischem Essen.

**2 PORTIONEN**

170 g Natur- oder Vanillekokosjoghurt oder ein anderer Joghurt Ihrer Wahl

2 kleine reife Mangos, gewürfelt

2 EL Kokossahne (oder Vollfettkokosmilch)

2-3 EL ungesüßte Mandelmilch (Natur) oder selbstgemachte Mandelmilch (Seite 6)

⅛-¼ TL Kardamom, nach Belieben

1-2 EL Ahornsirup oder Kokoszucker (je nach Süße des Joghurts/der Mango)

**OPTIONAL**

2-3 Eiswürfel (für ein kaltes Getränk)

1 Zweig frische Minze, zum Garnieren

**ZUBEREITUNG 5 MIN | GESAMTZEIT 5 MIN**

**01.** Alle Zutaten in den Mixer geben und zu einer cremigen und geschmeidigen Masse verarbeiten. Wenn die Zutaten sich nicht gut vermischen lassen, dann geben Sie etwas mehr Mandelmilch hinzu.

**02.** Probieren und nach Bedarf abschmecken, dann auf zwei Gläser verteilen, mit Minze (optional) garnieren und servieren.

**03.** Die Reste halten sich zugedeckt im Kühlschrank 2 Tage (oder in Eisförmchen einfrieren, um Eis am Stiel zu machen). Schmeckt am besten frisch zubereitet.

*1 SCHÜSSEL ODER TOPF
*30 MINUTEN ODER WENIGER

# Herbstliche Buchweizen-Pfannkuchen

Ich wage zu behaupten, dass dies derzeit mein absolutes Lieblingsrezept für vegane Pfannkuchen ist. Neben meinem Schokotröpfchen-Haferflocken-Pfannkuchen – mein allererstes Rezept auf dem Blog – ist dies mein Favorit! In diesen leckeren und gesunden Pfannkuchen steckt wärmender Kardamom, Zimt und Ingwer, und sie erhalten eine süße Note durch die Melasse und den Ahornsirup. Sie sind weich und haben genau die richtige Süße und sind das perfekte Frühstück an einem kalten Herbst- oder Wintermorgen.

**8 PORTIONEN**

**ZUBEREITUNG 15 MIN | GARZEIT 10 MIN**
**GESAMTZEIT 25 MIN**

1 Leinsamenei (Seite 6)

1 EL Olivenöl, Traubenkernöl oder geschmolzenes Kokosöl, plus zum Einölen der Crêpe-Pfanne

1 EL Ahornsirup

1 EL Melasse*

½ TL Natron

1½ TL Backpulver

⅛ TL Kardamom

½ TL gemahlener Zimt

¼ TL gemahlener Ingwer

Prise Meersalz

255 ml ungesüßte Mandelmilch (Natur) oder selbstgemachte Mandelmilch (Seite 6)

30 g Buchweizenmehl

90 g, Dinkelmehl, halbgriffiges Vollkornmehl oder ungebleichtes Allzweckmehl

20 g Haferflocken

**01.** Das Leinsamenei in einer großen Schüssel zubereiten. 5 Minuten ruhen lassen.

**02.** Olivenöl, Ahornsirup, Melasse, Natron, Backpulver, Kardamom, Zimt, Ingwer und Salz hinzufügen. Mit dem Schneebesen verrühren.

**03.** Mandelmilch hinzugeben und mit dem Schneebesen verrühren.

**04.** Dann Buchweizenmehl, Dinkelmehl und Haferflocken zugeben. Alles vermengen, dabei nicht zu stark und lange rühren. Falls der Teig zu zähflüssig ist, mit etwas Mandelmilch verdünnen. Er sollte dickflüssig aber gießbar sein. Abschmecken und evtl. nachwürzen oder nachsüßen.

**05.** Lassen Sie den Teig 5 Minuten ruhen, während der elektrische Grill oder die Crêpe-Pfanne sich auf mittlere Hitze (ca. 160 °C) aufheizt. Die Oberfläche sollte heiß, aber nicht zu heiß sein - das Öl sollte nicht rauchen, wenn es in Kontakt mit der Oberfläche kommt.

**06.** Die Pfanne leicht mit dem Öl Ihrer Wahl einfetten und ca. 125 ml Teig in die Pfanne geben.    >>>

**07.** Wenn sich Bläschen in der Mitte des Pfannkuchens bilden und die Kanten leicht trocken aussehen, muss der Pfannkuchen umgedreht werden. Darauf achten, dass die Pfannkuchen nicht verbrennen.

**08.** Weitere 1-2 Minuten backen, dann servieren. Mit veganer Butter und einem Schuss Ahornsirup oder anderen Dingen belegen. Fruchtkompott schmeckt auch lecker dazu.

**09.** Reste lassen sich gut in der Mikrowelle oder im Ofen bei 175 °C aufwärmen.

**10.** Fertige Pfannkuchen können auch auf einem Backblech (dürfen sich nicht überlappen) eingefroren werden; sobald sie gefroren sind, in einen Gefrierbeutel oder in eine Gefrierbox geben. Im Toaster, Backofen oder in der Mikrowelle aufwärmen.

**Anmerkungen**
*Wenn Sie keine Melasse zur Hand haben, kann auch 1 zusätzlicher EL Ahornsirup oder 1 EL Kokoszucker verwendet werden.

# Rustikale Knoblauch-Spargel-Quiche mit Tofu

*10 ZUTATEN ODER WENIGER
*GF GLUTENFREI

Wenn Sie noch nie eine Tofu-Quiche zubereitet haben, wird es jetzt Zeit. Diese glutenfreie Version ist leicht, enthält viel Protein und hat einen intensiven Geschmack durch den Knoblauch und Spargel. Verwenden Sie saisonales Gemüse, das Sie zur Hand haben. Dies ist das perfekte Gericht für ein Brunch oder Picknick oder ein gemütliches Beisammensein, da es kalt ebenso lecker schmeckt wie warm.

**6 PORTIONEN**

**ZUBEREITUNG 45 MIN | GARZEIT 55 MIN**
**GESAMTZEIT 1 STD 40 MIN**

**TEIG**
200 g glutenfreier Mehlmischung (Seite 7)

¼ TL Meersalz

85 g kalte vegane Butter

3–7 EL eiskaltes Wasser

**FÜLLUNG**
340 g extrafester Seidentofu, trocken getupft*

2 EL Hefeflocken

3 EL Hummus

1 EL Speisestärke oder Marantastärke (Pfeilwurzelstärke)

2 EL Olivenöl, etwas zum Bepinseln

Meersalz und schwarzer Pfeffer

1 kleiner Bund Spargel (ca. 270 g)

4 Knoblauchzehen, fein gehackt

**01.** Für den Teig: Mehl und Salz in eine große Schüssel geben. Verrühren.

**02.** Kalte Butter in Scheiben oder kleinen Stückchen hineinschneiden und vorsichtig mit einer Gabel oder einem Teigmischer untermischen. Der Teig sollte nassem Sand ähneln.

**03.** Eiskaltes Wasser esslöffelweise hinzugeben und mit einem Holzlöffel unterrühren. Nur so viel Wasser wie nötig verwenden, damit der Teig zusammenhält.

**04.** Wenn ein lockerer Teig entstanden ist, diesen auf ein Stück Frischhaltefolie legen. Vorsichtig in eine 1,2 cm dicke Kreisform drücken. Fest einwickeln und im Kühlschrank mindestens 30 Minuten lang (oder bis zu 2 Tage) kühl stellen.

**05.** Sobald der Teig durchgekühlt ist, den Backofen auf 190 °C vorheizen und die Füllung vorbereiten.

**06.** Den Teig aus dem Kühlschrank nehmen und 5 Minuten vor dem Ausrollen anwärmen lassen. Der Teig darf nicht zu warm sein, da er sonst zu weich und klebrig wird. Folie entfernen und zwischen zwei Schichten Wachspapier oder Pergamentpapier legen. Den Teig mit der Teig-

>>>

rolle zu einem Kreis ausrollen, dessen Durchmesser etwas größer ist als eine Pie-Form (meine Form hat einen Durchmesser von 24 cm). Sollte der Teig reißen, kann er in der Form wieder zusammengefügt werden. Aber gehen Sie vorsichtig vor.

**07.** Um den Teig in die Form zu legen, entfernen Sie erst die oberste Lage Wachspapier und legen dann die Pie-Form kopfüber auf den Teig. Drehen Sie mithilfe des Wachspapiers Teig und Form in einer schnellen Bewegung um.

**08.** Danach den Teig vorsichtig mit den Händen in die Form drücken; dabei den Teig an den Rändern hochdrücken. Darauf achten, dass der Teig nicht zu sehr bearbeitet wird, das Formen sollte nicht mehr als ein paar Minuten dauern. Löcher und Risse können mit etwas Teig und warmen Händen gekittet werden.

**09.** Für die Tofu-Füllung: Abgetropften Tofu, Hefeflocken, Hummus und Maisstärke, 1 EL Olivenöl, ¼ TL Salz und ¼ TL Pfeffer in die Schüssel der Küchenmaschine geben. Zu einer cremigen, glatten Masse verarbeiten. Beiseitestellen.

**10.** Eine große Pfanne bei mittlerer Hitze erwärmen. In der Zwischenzeit den Spargel vorbereiten: 8-12 Stangen zum Belegen der Quiche aufbewahren und den Rest in 2,5 cm große Stücke schneiden.

**11.** Wenn die Pfanne heiß ist, 1 EL Olivenöl, kleingeschnittenen Spargel, Knoblauch und je eine Prise Salz und Pfeffer hineingeben. Vermengen. 3-4 Minuten sautieren, bis der Spargel zu duften und weich zu werden beginnt.

**12.** Sautierten Knoblauch und Spargel zur Füllung geben und unterrühren. Die Füllung auf den Teig geben und in eine glatte Schicht streichen. Die ganzen Spargelstangen auf die Quiche legen und leicht andrücken. Mit etwas Olivenöl bestreichen, damit sie schön braun werden.

**13.** Den Backofen auf 190 °C vorheizen.

**14.** Quiche 40-50 Minuten backen, bis die Oberseite goldbraun und fest ist. Wenn der Teig zu braun wird, nur den Rand mit Alufolie bedecken, Folie andrücken und die Mitte freilassen.

**15.** Vor dem Servieren mindestens 15 Minuten abkühlen lassen. Reste können zugedeckt im Kühlschrank für bis zu 2 Tage aufbewahrt werden, obwohl Quiche am besten ganz frisch zubereitet schmeckt.

**Anmerkungen**
*Wenn es nicht unbedingt glutenfrei sein muss, kann statt des glutenfreien Mehls ungebleichtes Allzweckmehl verwendet werden.
*Das beste Ergebnis erzielt man mit Seidentofu.

*30 MINUTEN ODER WENIGER
*GF GLUTENFREI
*10 ZUTATEN ODER WENIGER

# Mandelbutter-Gelee-Müsliriegel

Dieses Rezept ist eine Variante meiner 5-Zutaten-Müsliriegel vom Blog mit cremiger Mandelbutter und getrockneten Erdbeeren. Der Geschmack erinnert an ein Erdnussbutter-Gelee-Brot, enthält aber viel mehr Proteine, Ballaststoffe und kein Gluten, was sie zu einem gesunden Snack für die ganze Familie macht.

**ERGIBT 10 RIEGEL**

**ZUBEREITUNG 15 MIN*  |  GARZEIT 15 MIN**
**GESAMTZEIT 30 MIN**

135 g Haferflocken (bei Bedarf glutenfrei)

85 g rohe gehackte Mandeln, Walnüsse oder Pecannüsse

220 g Datteln ohne Kerne (Deglet Nour oder Medjool)*

60 ml Ahornsirup oder Agavendicksaft

65 g cremige, gesalzene, natürliche Mandelbutter (oder Erdnuss- oder Sonnenblumenbutter)

45 g getrocknete Erdbeeren, grob gehackt (oder Blaubeeren, Kirschen, Aprikosen usw.)

**01.** Den Backofen auf 175 °C vorheizen.

**02.** Haferflocken und Mandeln auf ein Backblech mit Rand geben und 11-13 Minuten backen, bis sie leicht gebräunt sind. Beiseitestellen.

**03.** Datteln in die Schüssel der Küchenmaschine oder des Mixers geben. Ca. 1 Minute verarbeiten. Es sollte eine teigartige Masse mit kleinen Stückchen entstehen. (Bei mir bildet sich ein Ball.)

**04.** Die gerösteten Haferflocken, Mandeln und Datteln in eine große Schüssel geben.

**05.** Ahornsirup und Mandelbutter in einem kleinen Stieltopf bei geringer Hitze 2-3 Minuten erwärmen. Umrühren und über die Haferflockenmasse geben. Durchrühren, sodass die Datteln gut verteilt sind. Mit einem Löffel oder den Händen gut durchmischen.

**06.** Getrocknete Erdbeeren zufügen und unterheben.

**07.** In eine 20×20 cm mit Frischhaltefolie oder Pergamentpapier (zum einfachen Herausnehmen) ausgelegte Kuchenform (oder andere Form) geben.

**08.** Mit Pergamentpapier oder Frischhaltefolie bedecken. Mit einem flachen Gegenstand (einem Buch zum Beispiel) fest andrücken. Im Gefrierschrank ca. 15-20 Minuten erstarren lassen.

**09.** Aus der Form nehmen und in 10 gleich große Riegel schneiden. Die Riegel halten sich in einem luftdicht verschlossenen Behälter 5-7 Tage und im Gefrierfach 1 Monat.

### Anmerkungen

*Falls die Datteln ausgetrocknet sind, kann man sie 10 Minuten in Wasser einweichen und anschließend gut abtropfen lassen.

*Zubereitung beinhaltet nicht die Zeit zum Kühlen der Riegel.

*30 MINUTEN ODER WENIGER

# Veganer Frühstücksburrito

Holly, unsere Kochbuch-Designerin, hat mich gebeten, dieses Rezept in das Kochbuch mit aufzunehmen, weil sie sicher war, dass es nicht nur ihr so gut schmeckt. Sie hatte Recht. Es war schwierig mit meinem minimalistischen Ansatz das Original nachzuahmen, aber nach ein paar Versuchen habe ich dieses tolle Rezept entwickelt. Ich würde diesen Burrito Fleischessern und Vegetariern gleichermaßen vorsetzen. Er ist sättigend, herzhaft und vielseitig. Für mehrere Personen die Mengen einfach vervielfachen und im Buffet-Stil servieren, sodass sich jeder seinen eigenen perfekten Burrito zusammenstellen kann.

**2 PORTIONEN**

ZUBEREITUNG 15 MIN | GARZEIT 15 MIN
GESAMTZEIT 30 MIN

**REIS**
150 g weißer Reis, abgespült und abgetropft

360 ml Wasser

¼ TL Meersalz

Saft einer ½ Limette

15 g frischer Koriander, gehackt

**RÖSTI UND ZWIEBELN**
4 kleine rote Kartoffeln*

½ rote Zwiebel

1–2 EL vegane Butter (oder 15–30 ml Olivenöl)

Je ¼ TL Meersalz und schwarzer Pfeffer

**SCHWARZE BOHNEN**
185 g gekochte schwarze Bohnen (falls ungesalzen, ¼ TL Salz hinzufügen)

Je ¼ TL gemahlener Kreuzkümmel, Knoblauchpulver und Chilipulver   >>>

**01.** Reis, Salz und Wasser in einen Topf geben und aufkochen, Hitze reduzieren und zugedeckt 15–20 Minuten köcheln lassen, bis das gesamte Wasser absorbiert wurde und der Reis gar ist. Den Topf vom Herd nehmen und zur Seite stellen.

**02.** Während der Reis kocht, eine große Metall- oder gusseiserne Pfanne bei mittlerer Hitze erwärmen. Kartoffeln waschen und in häppchengroße Stücke schneiden.* Die Zwiebeln in ca. 0,5 cm breite Ringe schneiden.

**03.** Vegane Butter in die heiße Pfanne geben. In der Pfanne verteilen. Kartoffeln auf die eine Seite der Pfanne geben und die Zwiebelringe auf die andere. Mit Salz und Pfeffer würzen und zugedeckt 4–5 Minuten von einer Seite garen lassen. Dann umdrehen und von der anderen Seite weitere 4–5 Minuten bräunen lassen, bis Kartoffeln und Zwiebeln goldbraun sind. Vom Herd nehmen und zur Seite stellen.

**04.** Die Bohnen in einen kleinen Stieltopf geben, bei mittlerer Hitze erwärmen und mit Kreuzkümmel, Knoblauchpulver und Chilipulver würzen. Sobald sich Blasen bilden, die Hitze reduzieren; die Bohnen warmhalten.   >>>

## SCHNELLER AVOCADO-KRAUT-SALAT

¼ reife Avocado

Saft einer Limette

90 g Rotkohl, Weißkohl oder Rettich, dünn geschnitten

15 g Jalapeño, ohne Kerne, dünn geschnitten

Je eine Prise Meersalz und schwarzer Pfeffer

### ZUM SERVIEREN

2 große vegane Mehltortillas (weiß oder Vollkorn, je nach Geschmack)

½ reife Avocado, in Scheiben

65 g Salsa

### OPTIONAL

Scharfe Sauce

**05.** Für den Krautsalat die Avocado mit dem Limettensaft vermischen, Kohl und Jalapeño hinzufügen und gut vermengen. Mit einer Prise Salz würzen und beiseitestellen.

### Scharfe Sauce

**06.** Limettensaft und Koriander zum gekochten Reis geben. Mit einer Gabel umrühren.

**07.** Die Tortillas in ein feuchtes Handtuch wickeln, damit sie geschmeidiger werden, und 30 Sekunden in der Mikrowelle oder 1-2 Minuten im Backofen bei 175 °C aufwärmen.

**08.** Die Zutaten in beliebiger Reihenfolge auf die Tortillas geben, mit Avocadoscheiben belegen und Salsa darübergeben (oder scharfe Sauce). Aufrollen, halbieren und genießen. Mit zusätzlichen Kartoffeln, schwarzen Bohnen oder Reis servieren.

### Anmerkungen

*Bei diesem Rezept bleiben Kartoffeln, Reis und schwarze Bohnen übrig, die allerdings in die Nährstoffangaben (Seite 280) eingerechnet sind. Die jeweiligen Nährwertangaben variieren, je nachdem wie großzügig Sie Ihren Burrito füllen.

# Eier Benedikt ohne Eier

*30 MINUTEN ODER WENIGER

Eins der Gerichte, die ich nach der Umstellung auf eine milchfreie Ernährung vermisst habe, ist Eier Benedikt. Aber diese rein pflanzliche Version schmeckt mindestens genauso gut! Wenn Sie cremige Saucen und Avocado-Toast mögen, dann ist dieses Gericht genau richtig für Sie. Getoastete Englische Muffins, sautierte Tomaten und reife Avocados mit dekadenter veganer Hollandaise ... himmlisch.

**2 PORTIONEN**
**SAUCE ERGIBT 8 PORTIONEN**

**ZUBEREITUNG 10 MIN | GARZEIT 20 MIN**
**GESAMTZEIT 30 MIN**

**SAUCE HOLLANDAISE**

2 EL Traubenkernöl, Avocadoöl oder zerlassenes Kokosöl

4 Knoblauchzehen, gehackt

1¾ EL ungebleichtes Allzweckmehl oder Pfeilwurzelstärke

360–420 ml ungesüßte Mandelmilch (Natur) oder selbstgemachte Mandelmilch (Seite 6)

80 ml Gemüsebrühe

Saft einer ½ Zitrone, mehr nach Geschmack

1–2 EL Hefeflocken

Je eine Prise Meersalz und schwarzer Pfeffer, evtl. mehr

1 EL Ahornsirup oder Agavendicksaft

**OPTIONAL**
1 EL Tahini

½–1 TL scharfe Sauce          >>>

**01.** Sauce Hollandaise: eine große Pfanne bei mittlerer Hitze erwärmen und das Traubenkernöl und den Knoblauch hineingeben, sobald die Pfanne warm ist. 1–2 Minuten sautieren, bis der Knoblauch beginnt, hellgelb zu werden.

**02.** Mehl hinzugeben. Verrühren. 1 Minute garen.

**03.** Mandelmilch und Brühe unter Rühren langsam dazugeben, damit sich keine Klümpchen bilden.

**04.** Zitronensaft, Tahini (optional), Hefeflocken, Salz, Pfeffer, Ahornsirup und scharfe Sauce (optional) zugeben. Mit einem Schneebesen verrühren und zum Andicken bei mittlerer Hitze weiterköcheln lassen.

**05.** Die Masse in den Mixer geben (optional, da das Mixen zwar die Cremigkeit verstärkt, aber für das Endergebnis nicht so wichtig ist) und zu einer cremigen und glatten Masse verarbeiten. Probieren und ggf. mit Gewürzen abschmecken. Sauce wieder in die Pfanne geben und bei geringer Hitze warmhalten.

**06.** Falls die Sauce zu dünnflüssig sein sollte, 125 ml abnehmen und mit 2–3 TL Mehl verrühren. Das Sauce-Mehlgemisch wieder unter die Sauce rühren und bei mittlerer Hitze köcheln lassen, bis die Sauce angedickt ist. Diesen Vorgang bei Bedarf wiederholen.          >>>

**TOMATEN-AVOCADO-BENEDIKT**

1 EL Olivenöl

1 reife Tomate, in 1 cm dicke Scheiben geschnitten

Je eine Prise Meersalz und schwarzer Pfeffer

Englische Muffins (auf dem Etikett prüfen, ob vegan)

1 reife Avocado, in dünne Scheiben geschnitten

**OPTIONAL**

¼ rote Zwiebel, in Scheiben

Geräuchertes Paprikapulver und/oder frische Kräuter, zum Garnieren

**07.** Während die Sauce kocht, eine Pfanne bei mittlerer Hitze erwärmen. Olivenöl und Tomatenscheiben in die heiße Pfanne geben und mit Salz und Pfeffer würzen. Von jeder Seite 2 Minuten bräunen. Beiseitestellen.

**08.** Tomaten aus der Pfanne nehmen und die Englischen Muffins zum Anwärmen mit der Schnittfläche nach unten in die Pfanne legen und 2-3 Minuten bräunen.

**09.** Zum Servieren die Englischen Muffins mit Tomatenscheiben und Avocadoscheiben belegen und eine großzügige Portion Sauce Hollandaise darübergeben. Mit roten Zwiebeln oder Petersilie garnieren (optional).

**10.** Übrig gebliebene Sauce Hollandaise hält sich im Kühlschrank 7-10 Tage. In der Mikrowelle oder einem kleinen Topf bei mittlerer Hitze durchwärmen lassen.

*1 SCHÜSSEL ODER TOPF

*GF GLUTENFREI

# Kürbis-Schokotröpfchen-Haferflocken-Kuchen

Dieser Kuchen ist ein Ableger des glutenfreien Kürbiskuchens von meinem Blog, für dessen Entwicklung ich mehrere Jahre gebraucht habe. Dies ist das Originalrezept mit leichten Abänderungen. Die dunklen Schokotröpfchen machen den Kuchen herrlich dekadent. Dieser saftige, weiche und schokoladige Kuchen ist lecker zum Frühstück oder als Dessert an kalten Herbsttagen.

**10 PORTIONEN**

**ZUBEREITUNG 15 MIN | GARZEIT 45 MIN**
**GESAMTZEIT 60 MIN**

1 ½ Leinsameneier (Seite 6)

150 g Kürbispüree*

2 EL reife Banane, gemust (zum Binden)

4 ½ EL Ahornsirup oder Agavendicksaft

4 ½ EL Olivenöl, Traubenkernöl oder zerlassenes Kokosöl

145 g brauner Zucker in Bio-Qualität

½ TL Meersalz

2 TL Natron

½ TL gemahlener Zimt

1 TL Pumpkin Pie-Gewürz*

120 ml Wasser

¾ TL Apfelweinessig oder Zitronensaft

100 g glutenfreie Haferflocken

60 g Mandelmehl

200 g Glutenfreie Mehlmischung* (Seite 7)

120 g vegane dunkle Schokotröpfchen

**01.** Leinsameneier in einer großen Schüssel zubereiten und den Ofen auf 190 °C vorheizen.

**02.** Eine 25 × 12,5 cm Kastenform leicht fetten oder mit Backpapier auslegen.

**03.** Kürbispüree, Banane, Ahornsirup und Olivenöl zu den Leinsameneiern geben. Gut verrühren.

**04.** Braunen Zucker, Salz, Natron, Zimt und Pumpkin Pie-Gewürz zugeben. Gut verrühren.

**05.** Wasser und Essig zugeben. Erneut verrühren.

**06.** Haferflocken, Mandelmehl und Mehl zugeben. Umrühren. Der Teig sollte dickflüssig aber gießbar sein.

**07.** Die Hälfte der Schokotröpfchen unterrühren. In die Backform geben und mit den restlichen Schokotröpfchen bestreuen.

**08.** 43-50 Minuten backen, bis der Kuchen eine tiefgoldbraune Farbe angenommen hat und ein in die Mitte gestochener Zahnstocher sauber wieder herausgezogen werden kann.

**09.** Aus dem Ofen nehmen und in der Form 15 Minuten ruhen lassen. Mit einem Buttermesser aus der Form lösen und zum Abkühlen vorsichtig auf einen Teller legen. Vor dem Anschneiden

vollständig abkühlen lassen, am besten mehrere Stunden. Wenn der Kuchen zu früh angeschnitten wird, wird er krümelig. Vorsichtig aufschneiden, da die Konsistenz eher locker ist. Am nächsten Tag schmeckt er noch besser (wer so lange warten kann …).

**10.** Nach dem Abkühlen kann der Kuchen in einem Behälter mit Deckel bei Raumtemperatur aufbewahrt werden. Hält sich bis zu 1 Monat im Gefrierschrank.

#### Anmerkungen

- *Wenn der Kuchen nicht glutenfrei sein muss, kann die glutenfreie Mehlmischung durch ungebleichtes Allzweckmehl oder Vollkornmehl ersetzt werden.
- *Pumpkin Pie-Gewürz selbst herstellen: 1 Teil gemahlene Gewürznelken, 1 Teil gemahlener Ingwer, 1 Teil gemahlener Piment, 1 Teil gemahlener Zimt vermischen.
- *Kürbispüree selbst herstellen: Butternuss- oder Muskatkürbis mit einem Esslöffel entkernen und auf ein Backblech setzen. Im Ofen bei 200 Grad (Umluft 180 Grad) auf der mittleren Schiene 45-60 Min. backen, bis das Kürbisfleisch weich ist. Kürbis aus dem Ofen nehmen und abkühlen lassen. Das Kürbisfleisch mit einem Esslöffel von der Schale kratzen, in ein hohes Gefäß geben und mit dem Pürierstab fein pürieren.

*1 SCHÜSSEL ODER TOPF
*GF GLUTENFREI

# Zucchini-Walnuss-Muffins

Diese Muffins sind mit meinem glutenfreien Zucchinikuchen von meinem Blog verwandt, aber sie enthalten weniger raffinierten Zucker, keine Eier und durch die Walnüsse gesunde Fette und Proteine! Diese saftigen aber zarten Muffins sind ideal zum Frühstück oder als Snack.

**ERGIBT 12 MUFFINS**

**ZUBEREITUNG 20 MIN | GARZEIT 35 MIN**
**GESAMTZEIT 55 MIN**

1 ½ Leinsameneier (Seite 6)

220 g geraspelte Zucchini

85 g sehr reife Bananen, gemust

4 ½ EL Olivenöl, Traubenkernöl oder zerlassenes Kokosöl

4 ½ EL Ahornsirup oder Agavendicksaft

125 g ungesüßtes Apfelmus oder 1 süßer Apfel, fein geraspelt

110 g brauner Zucker in Bio-Qualität

½ TL Meersalz

1½ TL Natron

½ TL gemahlener Zimt

120 ml ungesüßte Mandelmilch (Natur) oder selbstgemachte Mandelmilch (Seite 6)

60 g glutenfreie Vollkornhaferflocken

55 g Mandelmehl

180 g glutenfreie Mehlmischung (Seite 7)

**OPTIONAL**
30 g rohe Walnüsse, gehackt

**01.** Die Leinsameneier in einer großen Schüssel zubereiten. 5 Minuten ruhen lassen.

**02.** Backofen auf 190 °C vorheizen. Muffinblech fetten oder Papierförmchen hineingeben.

**03.** In der Zwischenzeit die Zucchini raspeln. In eine saubere Schüssel geben und die Feuchtigkeit herausdrücken. Beiseitestellen.

**04.** Banane zu den Leinsameneiern geben. Vermischen.

**05.** Olivenöl und Ahornsirup zugeben. Gut verrühren. Apfelmus, braunen Zucker, Salz, Natron und Zimt zugeben. Gut verrühren.

**06.** Mandelmilch und geraspelte Zucchini zugeben. Gut verrühren.

**07.** Glutenfreie Haferflocken, Mandelmehl und Mehl zugeben. Verrühren bis die Zutaten gerade vermischt sind.

**08.** Den Teig gleichmäßig auf die 12 Muffinförmchen verteilen; darauf achten, dass die Förmchen gut gefüllt sind (evtl. bleibt etwas Teig übrig) und mit gehackten Walnüssen bestreuen (optional).

**09.** Die Muffins 32-36 Minuten backen, bis sie eine tiefgoldbraune Farbe angenommen haben und ein in die Mitte gestochener Zahnstocher sauber wieder herausgezogen werden kann.*

**10.** Aus dem Ofen nehmen und in der Form 10-15 Minuten ruhen lassen. Auf einem Kühlgitter vollständig auskühlen lassen.

**11.** Wenn das Papier zu früh von den Muffins entfernt wird, bleibt es kleben. Vor dem Probieren vollständig auskühlen lassen.

**12.** Die Muffins halten sich in einem geschlossenen Behälter oder einem Plastikbeutel bis zu 3 Tage frisch. Einfrieren, wenn sie länger aufbewahrt werden sollen.

### Anmerkungen
*Wenn eine 23×12,5 cm oder 20×20 cm große Kuchenform zum Backen verwendet wird, beträgt die Backzeit 45 Minuten; anschließend alle 5 Minuten prüfen ob der Kuchen gar ist.

**\*1** SCHÜSSEL ODER TOPF
**\*GF** GLUTENFREI

# Bananen-Schoko-Pecan-Muffins

Ich weiß nicht, ob ein Rezept eine perfektere Kombination von Aromen haben kann. In diesen dekadenten, reichhaltigen und überraschend gesunden Muffins verschmelzen dunkle Schokolade, reife Bananen und Pecannüsse. Perfekt für ein ausgedehntes Frühstück am Wochenende oder als Snack zum Mitnehmen.

**ERGIBT 11 MUFFINS**

**ZUBEREITUNG 15 MIN | GARZEIT 20 MIN**
**GESAMTZEIT 35 MIN**

2 Leinsameneier (Seite 6)

4 mittelgroße reife Bananen

2 TL Natron

70 g brauner Zucker in Bio-Qualität

4 ½ EL Ahornsirup oder Agavendicksaft

½ TL gemahlener Zimt

½ TL Meersalz

1 TL Vanilleextrakt

60 ml geschmolzenes Kokosöl oder zerlassene vegane Butter

160 g glutenfreie Mehlmischung\* (Seite 7)

55 g Mandelmehl

45 g glutenfreie Haferflocken

35 g rohe Pecannüsse

40 g vegane Zartbitterschokolade (70 % Kakaogehalt oder mehr), grob gehackt etwas mehr zum Bestreuen

**01.** Den Backofen auf 190 °C vorheizen. Muffinblech fetten oder Papierförmchen hineingeben.

**02.** Die Leinsameneier in einer großen Schüssel zubereiten. 5 Minuten ruhen lassen.

**03.** Banane und Natron hinzufügen und pürieren.

**04.** Braunen Zucker, Ahornsirup, Zimt und Salz hinzufügen. 1 Minute schaumig rühren.

**05.** Vanille und Kokosöl hinzufügen. Erneut verrühren.

**06.** Mehl, Mandelmehl und Haferflocken hinzufügen. Mit einem Holzlöffel kurz vermischen. Schokolade unterheben.

**07.** Den Teig gleichmäßig auf die Muffinförmchen verteilen. Mit Pecannüssen, einigen Schokotröpfchen und etwas Kokoszucker (optional) bestreuen – so wird die Oberfläche schön knusprig.

**08.** 17–22 Minuten backen, bis die Muffins goldbraun sind und ein Zahnstocher sauber herausgezogen werden kann.

**09.** 5 Minuten im Muffinblech abkühlen lassen, dann vorsichtig herausnehmen und auf einem Kuchengitter vollständig auskühlen lassen.

**OPTIONAL**
1 EL Kokoszucker oder Rohrzucker in Bio-Qualität, zum Garnieren

**10.** Die Muffins halten sich nach dem Abkühlen in einem geschlossenen Behälter bei Raumtemperatur 3-4 Tage oder bis zu 1 Monat in der Tiefkühltruhe.

<u>Anmerkungen</u>
*Wenn Sie sich nicht glutenfrei ernähren, können Sie das glutenfreie Mehl durch Weizenvollkornmehl oder ungebleichtes Allzweckmehl ersetzen.

*1 SCHÜSSEL ODER TOPF

*GF GLUTENFREI

# Karotten-Walnuss-Kuchen

Dieser schnelle 1-Schüssel-Kuchen besitzt eine natürliche Süße, steckt voller Karotten und Haferflocken und ist unglaublich saftig und sättigend. Perfekt als Snack zwischendurch oder als schnelles Frühstück.

**10 PORTIONEN**

**ZUBEREITUNG 15 MIN | GARZEIT 55 MIN**
**GESAMTZEIT 1 STD 10 MIN**

1 ½ Leinsameneier (Seite 6)

85 g sehr reife Bananen, gemust

60 ml Olivenöl

75 ml Ahornsirup oder Agavendicksaft

125 g ungesüßtes Apfelmus

65 g Kokoszucker oder brauner Zucker in Bio-Qualität

½ TL Meersalz

1½ TL Natron

½ TL Backpulver

½ TL gemahlener Zimt

120 ml ungesüßte Mandelmilch (Natur) oder selbstgemachte Mandelmilch (Seite 6)

145 g fein geraspelte Karotten

60 g glutenfreie Haferflocken

55 g Mandelmehl

180 g glutenfreie Mehlmischung (Seite 7)

40 g rohe Walnüsse, gehackt, zum Garnieren

**01.** Den Backofen auf 175 °C vorheizen. Die Leinsameneier in einer großen Schüssel zubereiten. Eine 23 × 13 cm Kastenform einfetten oder mit Backpapier auslegen.

**02.** Banane, Olivenöl und Ahornsirup zu den Leinsameneiern geben. Gut verrühren.

**03.** Apfelmus, Kokoszucker, Salz, Natron, Backpulver und Zimt zugeben. Gut verrühren.

**04.** Mandelmilch zugeben und unterrühren. Geraspelte Karotte zugeben und unterrühren.

**05.** Haferflocken, Mandelmehl und Mehl zugeben. Nur kurz verrühren.

**06.** Den Teig in die Kastenform geben und mit Walnüssen bestreuen.

**07.** 50-65 Minuten backen, bis der Kuchen eine tiefgoldbraune Farbe angenommen hat und ein in die Mitte gestochener Zahnstocher sauber wieder herausgezogen werden kann. Wenn man auf die Oberseite drückt, sollte sich der Teig nicht zu schwammig anfühlen, lieber ein bisschen länger backen! Die Backzeit für die glutenfreie Mehlmischung ist etwas länger als bei herkömmlichen Mehlarten.

**08.** Aus dem Ofen nehmen und in der Form 15 Minuten ruhen lassen. Dann zum vollständigen Abkühlen vorsichtig auf ein Kühlgitter oder einen Teller legen.

**09.** Da der Kuchen sehr saftig ist, ist er zu weich zum Schneiden, wenn er noch heiß ist. Daher vor dem Aufschneiden am besten ganz auskühlen lassen. Am nächsten Tag schmeckt er sogar noch besser - wenn Sie genug Willensstärke aufbringen zu warten!

**10.** Nach dem Abkühlen hält sich der Kuchen in einem geschlossenen Behälter oder einem Plastikbeutel bei Raumtemperatur 3-5 Tage frisch. Einfrieren, wenn er länger aufbewahrt werden soll.

### Anmerkungen
*Wenn Sie kein glutenfreies Mehl verwenden möchten, können Sie stattdessen die gleiche Menge ungebleichtes Allzweckmehl, Dinkelmehl oder Weizenvollkornmehl nehmen.

# Beeren-Mimosa mit Alkohol

*30 MINUTEN ODER WENIGER
*10 ZUTATEN ODER WENIGER
*GF GLUTENFREI

Sie suchen nach einem tollen Start ins Wochenende? Dieser klassische Mimosa bekommt einen Extrakick durch Orangenlikör und eine ungewöhnliche Farbe durch die großzügige Portion Sommerbeeren. Hallo, schickes Wochenende!

**1 PORTION**

ZUBEREITUNG 5 MIN | GESAMTZEIT 5 MIN

120 ml trockener Champagner oder Sekt, gekühlt

15 ml Orangenlikör

120 ml frisch gepresster Orangensaft, gekühlt

30 g gemischte Beeren

**01.** Champagner, Orangenlikör und Orangensaft in ein Sekt- oder Weinglas geben und die Beeren hineingeben. Sofort servieren und am besten mit guten Freunden genießen.

**Anmerkungen**

*Dieses Getränk kann auch in einem Krug zubereitet werden: 1 Flasche (750 ml) trockener Champagner, 750 ml Orangensaft, 90 ml Orangenlikör und 120 g Beeren. Vorsichtig umrühren. (Ergibt 6 Portionen.)

SÜSSKARTOFFELSPITZEN MIT BALSAMICO UND GRANATAPFELKERNEN

# Appetizer und Beilagen

Wir wissen alle, dass es am besten ist, drei richtige Mahlzeiten am Tag zu sich zu nehmen. Aber was soll jemand, der Snacks zwischendurch so liebt wie ich, machen?

Die folgenden Rezepte sind ideal, wenn man zwischendurch etwas naschen möchte, ohne sich den Appetit auf das Mittag- oder Abendessen zu verderben. Sie finden auch einige Rezepte, die sich gut als Amuse-Gueule für Gäste eignen.

Probieren Sie die Rezepte aus, die sich verführerisch anhören und verwöhnen Sie sich und Ihre Gäste. Probieren Sie auf jeden Fall die Scharfen Marokkanischen Orangennüsse (Seite 60) und die Süßkartoffelspitzen mit Balsamico und Granatapfelkernen (Seite 110)!

SCHARFE MAROKKANISCHE ORANGENNÜSSE 60

GEFÜLLTE PIZZA-PILZE 62

ENDIVIEN-HUMMUS-BOOTE 65

GRIECHISCHE BRUSCHETTA 66

SPINAT-ARTISCHOCKEN-DIP 69

VEGANE 20-MINUTEN-QUESOSAUCE 71

HARISSA-HUMMUS MIT GERÖSTETER ROTER PAPRIKA 75

SÜSSKARTOFFEL-SCHWARZE BOHNEN-DIP 77

CREMIGE TOMATEN-KRÄUTER-BISQUE 78

HUMMUS MIT SONNENGETROCKNETEN TOMATEN 80

„CHEDDAR"-BIER-SUPPE 83

CREMIGE BROKKOLI-„CHEDDAR"-SUPPE 85

HAUSSALAT 89

TOMATEN-TOFU-SALAT MIT BALSAMICO 90

GEMÜSESUPPE MIT KOKOS UND ROTEM 92

GRIECHISCHER GRÜNKOHL-SALAT 94

ROTE BETE-ORANGEN-WALNUSSSALAT MIT ZITRONEN-TAHINI-DRESSING 97

KNOBLAUCH-„CHEDDAR"-KRÄUTER-KEKSE 99

KARTOFFELGRATIN MIT KNOBLAUCH 101

SPINATSALAT MIT HIMBEEREN 104

GRÜNE BOHNEN MIT PARMESAN UND KNOBLAUCH 107

VEGANER CAESAR SALAD AUS GRÜNKOHL 108

GERÖSTETE SÜSSKARTOFFELSPITZEN MIT BALSAMICO UND GRANATAPFELKERNEN 110

*30 MINUTEN ODER WENIGER
*GF GLUTENFREI

# Scharfe Marokkanische Orangennüsse

Als ich einmal mit Freunden in einer Weinbar war, wurde uns ein ähnlicher Leckerbissen serviert, und ich habe sofort probiert, sie zuhause nachzumachen. Die kräftigen Gewürze passen perfekt zum Rohrzucker und dem Ahornsirup. Diese beliebten scharf-süßen Mandeln eignen sich als Appetizer oder als Snack nach dem Essen.

**9 PORTIONEN**

**ZUBEREITUNG 5 MIN | GARZEIT 25 MIN**
**GESAMTZEIT 30 MIN**

2 EL Rohrzucker in Bio-Qualität

1 TL gemahlener Zimt

½ TL Meersalz

½ TL gemahlener Koriander

½ TL gemahlener Ingwer

¼ TL schwarzer Pfeffer

⅛ TL Nelkenpfeffer

⅛ TL Kurkuma

1 Prise Cayennpfeffer oder gemahlene Chilischoten

2 EL Traubenkernöl, Avocadoöl oder zerlassenes Kokosöl

2 EL Ahornsirup oder Agavendicksaft

225 g rohe Nüsse (Pecan-, Walnüsse und Cashewkerne eignen sich am besten)

Schale einer Orange

**01.** Backofen auf 160 °C vorheizen.

**02.** Zucker, Zimt, Salz, Koriander, Ingwer, schwarzen Pfeffer, Nelkenpfeffer, Kurkuma und Cayennpfeffer in eine Schüssel geben und beiseitestellen.

**03.** Traubenkernöl und Ahornsirup in eine große Schüssel geben und verrühren. Die Pecannüsse auf einem Backblech 7 Minuten rösten und dann in die Schüssel mit der Öl-Ahornsirupmischung geben. Vermengen, sodass die Nüsse gut bedeckt sind.

**04.** Gewürze zugeben und vermengen. Die Nüsse wieder in den Ofen geben und weitere 15-20 Minuten backen, dabei ca. alle 10 Minuten umdrehen, um ein gleichmäßiges Rösten zu gewährleisten.

**05.** In der Zwischenzeit die Orangenschale mit einem Gemüsemesser oder Gemüseschäler zu kleinen Streifen verarbeiten

**06.** Die fertig gerösteten Nüsse aus dem Ofen nehmen und die Orangenschale zugeben. Solange die Nüsse noch warm sind, mit der Orangenschale vermengen, damit die Aromen besser aufgenommen werden. Nüsse probieren und ggf. nachwürzen.

**07.** Vollständig auskühlen lassen, dann die Orangenschale entfernen und servieren. Die Nüsse halten sich zugedeckt bei Raumtemperatur bis zu 2 Wochen, obwohl sie am besten frisch zubereitet schmecken.

**\*10** ZUTATEN ODER WENIGER
**\*GF** GLUTENFREI

# Gefüllte Pizza-Pilze

Dies ist der ideale Appetizer für eine italienische Nacht. Diese gefüllten Pilze sind lecker zu Pasta oder Pizza oder als eigenständiger Snack. Der vegane Frischkäse sorgt für eine cremige, glatte Konsistenz, welche die Gewürze sehr gut aufnimmt.

**6 PORTIONEN**

**ZUBEREITUNG 10 MIN | GARZEIT 25 MIN**
**GESAMTZEIT 35 MIN**

455 g weiße oder braune Champignons

1 EL Traubenkernöl oder Avocadoöl

225 g veganer Frischkäse

25 g rote Zwiebeln, fein gewürfelt

70 g grüne oder rote Paprika, fein gewürfelt

2 EL schwarze Oliven, gewürfelt (optional)

Je eine Prise Meersalz und rote Chiliflocken

2 EL Italienische Gewürzmischung (oder je 1 TL getrockneter Oregano und getrocknetes Basilikum)

20 g veganer Parmesan (Seite 7), und etwas mehr zum Bestreuen

**PIZZASAUCE** (zum Dippen)

245 g Tomatensauce

2 TL Italienische Gewürzmischung (oder je 1 TL getrockneter Oregano und getrocknetes Basilikum)

Je eine Prise Meersalz und rote Chiliflocken

**OPTIONAL**
1-2 TL Ahornsirup, Rohrzucker in Bio-Qualität oder Kokoszucker

**01.** Den Backofen auf 190 °C vorheizen. Ein Backblech mit Rand leicht einfetten.

**02.** Mit einem feuchten Handtuch den Schmutz von den Pilzen abwischen und die Stiele entfernen. (Die Pilze nicht in Wasser tauchen, da sie sonst schwammig werden.) Die Pilze leicht mit Traubenkernöl einpinseln oder einsprühen. Beiseitestellen.

**03.** Veganen Frischkäse, Zwiebeln, Paprika, Oliven, Salz, rote Chiliflocken und die italienische Gewürzmischung in eine mittelgroße Schüssel geben. Pilze mit dieser Masse befüllen. Mit etwas veganem Parmesan bestreuen.

**04.** Die Pilze auf dem Backblech 25-27 Minuten backen, bis die Pilze gar und leicht gebräunt sind.

**05.** Während die Pilze im Ofen sind, die Pizzasauce zubereiten. Tomatensauce, italienische Gewürzmischung, Salz, rote Chiliflocken und Ahornsirup, falls verwendet, in einen kleinen Stieltopf bei mittlerer Hitze geben. Langsam aufkochen lassen und die Hitze reduzieren. Probieren und ggf. mit Gewürzen abschmecken. Bei geringer Hitze bis zum Servieren warmhalten.

**06.** Pilze mit veganem Parmesankäse, roten Chiliflocken und Pizzasauce servieren.

# Endivien-Hummus-Boote

*30 MINUTEN ODER WENIGER
*10 ZUTATEN ODER WENIGER
*GF GLUTENFREI

Sie sind auf der Suche nach einem schnellen Appetizer, der Ihre Gäste begeistern wird? Diese eleganten Endivien-Boote gefüllt mit Hummus sehen genau so gut aus wie sie schmecken. Mein Harissa-Hummus mit gerösteten roten Paprika (Seite 75) ist ideal, und die Pinienkerne runden die Boote geschmacklich ab. Wenn Sie keine Endivie haben, kann man stattdessen auch Cracker oder Gurkenscheiben nehmen.

**6 PORTIONEN**

3 Köpfe Endiviensalat, gewaschen und vorsichtig getrennt

245 g Harissa-Hummus mit gerösteten roten Paprika (Seite 75) oder Hummus mit sonnengetrockneten Tomaten (Seite 80)

1 TL Chilipulver

35 g geröstete Pinienkerne

**OPTIONAL**
Frisch gehackte Petersilie

**ZUBEREITUNG 15 MIN | GESAMTZEIT 15 MIN**

**01.** Die Endivienblätter auf einem Teller oder einer Servierplatte anrichten.

**02.** Hummus in einen Gefrierbeutel oder einen anderen Plastikbeutel geben. Eine kleine Ecke abschneiden und vorsichtig auf jedes Endivienblatt eine Menge von ca. 1-2 TL geben - nur so viel, wie gut hineinpasst. Wiederholen bis alle Blätter gefüllt sind. Möglicherweise bleibt Hummus übrig, der mit Crackern, Pita-Brot oder Gemüse serviert werden kann.

**03.** Jedes Boot mit einer Prise Chilipulver, einigen Pinienkernen und frischer Petersilie (optional) garnieren.

**04.** Zugedeckt bis zum Servieren kühlstellen (bis zu 24 Stunden). Schmeckt am besten frisch zubereitet.

**\*30** MINUTEN ODER WENIGER
**\*10** ZUTATEN ODER WENIGER

# Griechische Bruschetta

Diese griechisch inspirierte Bruschetta dauert nur 15 Minuten und wird garantiert einer Ihrer Favoriten. Frische Tomaten, Kalamata-Oliven und Kräuter in Verbindung mit Olivenöl und Balsamico-Essig. Gehäuft auf dicken Baguettescheiben – ideal als Appetizer oder Beilage.

**6 PORTIONEN**

**ZUBEREITUNG 10 MIN | GARZEIT 5 MIN**
**GESAMTZEIT 15 MIN**

**BROT**

1 Weizen(vollkorn-)baguette in 2 cm dicke Scheiben schneiden

1 EL Olivenöl, Traubenkernöl oder Avocado-Öl

1 große Knoblauchzehe, halbiert

**BRUSCHETTA**

300 g Kirschtomaten, geviertelt

40 g Kalamata-Oliven, ohne Steine und klein geschnitten (optional)

15 g frisches Basilikum, gehackt

1 EL getrockneter Oregano (oder 2 EL frischen Oregano, gehackt)

1 EL Balsamico-Essig

1 EL Olivenöl

Je eine Prise Meersalz und schwarzer Pfeffer

**01.** Backofen auf 220 °C vorheizen.

**02.** Die Baguettescheiben auf ein Backblech legen und mit Olivenöl bepinseln. Für mehr Geschmack die Scheiben mit der Knoblauchzehe von beiden Seiten einreiben. Nebeneinander auf dem Backblech verteilen.

**03.** Das Baguette im Ofen ca. 5 Minuten leicht bräunen. Aus dem Ofen nehmen und beiseitestellen.

**04.** In der Zwischenzeit Kirschtomaten, Oliven (optional), Basilikum, Oregano, Essig, Olivenöl, Salz und Pfeffer in eine mittelgroße Schüssel geben. Vermengen. Probieren und eventuell mit Salz, Basilikum oder Essig nachwürzen.

**05.** Mit den gerösteten Baguette-Scheiben servieren. Reste können getrennt vom Brot zugedeckt im Kühlschrank bis zu 2 Tage aufbewahrt werden, obwohl sie frisch zubereitet am besten schmecken.

# Spinat-Artischocken-Dip

*30 MINUTEN ODER WENIGER
*10 ZUTATEN ODER WENIGER
*GF GLUTENFREI

Im veganen Restaurant meiner Träume wird dieser Dip heiß mit Chips und knackigem Gemüse serviert. Bis ich dieses Restaurant gefunden habe, mache ich meinen eigenen Dip. Eingeweichte Cashewkerne und veganer Frischkäse sind die cremige Grundlage dieses Gerichts während Hefeflocken und veganer Parmesankäse das intensive Käsearoma liefern. Am besten schmeckt dieser Dip mit Tortilla-Chips. Er ist aber auch mit geröstetem Baguette und Gemüse lecker.

**4 PORTIONEN**

**ZUBEREITUNG 10 MIN | GARZEIT 20 MIN
GESAMTZEIT 30 MIN**

3 EL Olivenöl oder Traubenkernöl

90 g rohe Cashewkerne, eingeweicht und abgetropft*

5 Knoblauchzehen, fein gehackt

225 g veganer Frischkäse*

120 ml ungesüßte Mandelmilch (Natur) oder selbstgemachte Mandelmilch (Seite 6)

4-6 EL Hefeflocken

Je ½ TL Meersalz und schwarzer Pfeffer, mehr nach Geschmack

400 g Artischockenherzen, gut abgetropft und kleingeschnitten

455 g gehackter TK-Spinat, aufgetaut und in einem dünnen Handtuch ausgedrückt

20 g veganer Parmesankäse (Seite 7) zum Bestreuen*

**ZUM SERVIEREN**
Geröstetes Baguette
Tortilla-Chips
Gemüse
Cracker

**01.** Den Backofen auf 175 °C vorheizen. Eine große ofenfeste gusseiserne oder Metallpfanne bei mittlerer Hitze erhitzen.

**02.** In die warme Pfanne 1 EL Olivenöl und den Knoblauch geben. 1-2 Minuten sautieren, bis er goldbraun ist. Zum Abkühlen beiseitestellen.

**03.** Cashewkerne, Knoblauch, veganen Frischkäse, die restlichen 2 EL Olivenöl und Mandelmilch in den Mixer geben und pürieren.

**04.** 4 EL Hefeflocken sowie Salz und Pfeffer zugeben. Verrühren.

**05.** Probieren und ggf. mit Gewürzen abschmecken. Da der Dip nach Käse und angenehm salzig schmecken sollte, eventuell die restlichen 2 EL Hefeflocken und weitere ¼ - ½ TL Salz zugeben. Beiseitestellen.

**06.** Artischocken und Spinat in die zuvor verwendete Pfanne geben. Die Käsesauce über die Artischocken und den Spinat geben. Es sieht nach zu viel Sauce aus - aber das ist so gewollt. Umrühren.

>>>

**07.** Mit veganem Parmesan bestreuen, um den Geschmack zu intensivieren. Zum Aufwärmen 8-12 Minuten überbacken.

**08.** Warm mit Gemüse, Tortilla-Chips, Crackern oder geröstetem Baguette servieren - Tortilla-Chips finde ich persönlich am besten.

**09.** Reste halten sich zugedeckt im Kühlschrank 3-4 Tage, aber der Dip schmeckt frisch zubereitet am leckersten. In einer ofenfesten Form bei 175 °C (oder in der Mikrowelle) gut durchwärmen; evtl. etwas mehr Mandelmilch zugeben, falls der Dip zu trocken ist.

### Anmerkungen

*Die Cashewkerne 6-8 Stunden in kaltem Wasser einweichen oder mit kochendem Wasser übergießen und ohne Deckel bei Raumtemperatur 1 Stunde einweichen lassen. Gut abtropfen lassen und wie angegeben verwenden.

*Falls Sie keinen veganen Frischkäse zur Hand haben, können Sie auch stattdessen 90g Cashewkerne (eingeweicht) verwenden. Dann wird der Dip allerdings nicht so cremig.

# Vegane 20-Minuten Quesosauce

*30 MINUTEN ODER WENIGER
*10 ZUTATEN ODER WENIGER

Dies ist mein Favorit unter den veganen Käsesaucen. Dies ist die cremigste, leckerste Quesosauce – ideal für Nachos. Lecker mit Tortilla-Chips oder auf Nachos, Burritos oder Tacos! Diese einfache, vegane Käsesauce ist unverzichtbar für alle original mexikanischen Gerichte.

**6 PORTIONEN**

**ZUBEREITUNG 5 MIN | GARZEIT 15 MIN
GESAMTZEIT 20 MIN**

- 2 EL vegane Butter (oder Traubenkernöl oder Avocadoöl)
- 4 Knoblauchzehen, gehackt
- 35 g weißes Allzweckmehl*
- 420-480 ml ungesüßte Mandelmilch (Natur) oder selbstgemachte Mandelmilch (Seite 6)
- 25 g Hefeflocken
- ½ TL Meersalz
- ¼ TL gemahlener Kreuzkümmel
- ¼ TL Chilipulver
- 1 EL Ahornsirup (oder Rohrzucker in Bio-Qualität)

**OPTIONAL**
- ¼ TL scharfe Sauce
- 4 EL stückige Salsa (oder gewürfelte Tomaten in Dosen mit Paprika oder Chilischoten)

**01.** Eine große Pfanne oder einen Topf bei mittlerer Hitze erwärmen, Butter hineingeben, zerlassen und ca. 1 Minute erhitzen.

**02.** Knoblauch hineingeben und verteilen. Unter ständigem Rühren 1-2 Minuten garen, Hitze reduzieren, falls der Knoblauch zu schnell braun wird.

**03.** Mehl esslöffelweise unterrühren (siehe Anmerkung zu glutenfreier Version). 1 Minute garen, dann die Mandelmilch schrittweise (jeweils 120 ml, insgesamt 420-480 ml) unterrühren, bis die Sauce nicht mehr dick und klumpig aussieht.

**04.** 2 Minuten kochen, dann in den Mixer geben. Hefeflocken, Salz, Kreuzkümmel, Chilipulver, Ahornsirup und scharfe Sauce (optional) zugeben. Auf höchster Stufe zu einer cremigen, glatten Masse verarbeiten.

**05.** Abschmecken und die Aromen ausbalancieren - Hefeflocken für mehr Käsegeschmack, Salz für mehr Geschmack, Süßmittel für zusätzliche Süße oder Trockengewürze für einen intensiveren Geschmack.

**06.** In die Pfanne zurückgeben und zum Andicken unter häufigem Umrühren bei geringer Hitze 5 Minuten köcheln lassen. >>>

**07.** Herd ausstellen und mit einem Schöpflöffel stückige Salsa oder gewürfelte Tomaten und Chilischoten (optional) zugeben. Umrühren.

**08.** Heiß zu Chips, zum Burrito-Teller (siehe Seite 139), Nachos (siehe Seite 154) oder Enchiladas (siehe Seite 159) servieren.

**09.** Schmeckt am besten frisch zubereitet, hält sich aber auch im Kühlschrank 3-4 Tage. In der Mikrowelle oder einem kleinen Stieltopf erwärmen, bis die Sauce heiß ist und Blasen wirft.

**Anmerkungen**

*Wenn die Käsesauce glutenfrei sein soll, kann das Mehl durch Maisstärke oder Pfeilwurzelstärke ersetzt werden. Am Anfang ist die Sauce dann etwas klumpiger, aber nach dem Verarbeiten im Mixer ist das Ergebnis dasselbe.

*10 ZUTATEN ODER WENIGER
*GF GLUTENFREI

# Harissa-Hummus mit gerösteter roter Paprika

Dieser cremige Mix aus roten Paprikaschoten und Harissa-Paste ist die perfekte Kombination aus Schärfe und Süße. Lecker zu Gemüse und Pita-Brot oder als Aufstrich für vegetarische Sandwiches.

**6 PORTIONEN**

**ZUBEREITUNG 15 MIN | GARZEIT 35 MIN**
**GESAMTZEIT 50 MIN**

1 rote Paprikaschote

3 Knoblauchzehen

425 g Kichererbsen aus der Dose, leicht abgetropft

55 g Tahini

Saft einer Zitrone

½ TL Meersalz, mehr nach Geschmack

¼ TL geräuchertes Paprikapulver

1–2 TL Harissa-Paste*

3–4 EL Olivenöl, und etwas mehr zum Beträufeln

**OPTIONAL**
Paprika, Chilipulver und/oder Chili-Knoblauchsauce, Petersilie zum Garnieren

**Anmerkungen:**
*Falls Sie keine Harissa-Paste zur Hand haben, einfach weglassen oder durch 1 gehäuften EL Tomatenmark und je ¼ TL Koriander, Kreuzkümmel und Kümmel, 1 TL gemahlenes Chilipulver und eine extra Prise Salz ersetzen.

**01.** Den Backofen auf 200 °C vorheizen. Ein Backblech mit Folie belegen.

**02.** Wenn der Ofen heiß ist, die Paprikaschote darauflegen und insgesamt 30–35 Minuten backen, dabei alle 15 Minuten umdrehen, damit alle Seiten gleichmäßig bräunen.

**03.** Den Knoblauch entweder roh oder geröstet (siehe Seite 9, ergibt ein milderes Aroma) verwenden.

**04.** Paprika aus dem Ofen nehmen und in Alufolie einwickeln. 3–4 Minuten ruhen lassen. Dann die Haut abziehen und Samen und Stiel entfernen. Beiseitestellen.

**05.** Alle Zutaten in die Schüssel einer Küchenmaschine oder eines Mixers geben. Zu einer cremigen, glatten Masse verarbeiten.

**06.** Sofort servieren oder im Kühlschrank 2–3 Stunden fest werden lassen. Zum Servieren mit Olivenöl und etwas Paprika- und Chilipulver sowie frischer Petersilie (optional) bestreuen.

**07.** Zugedeckt halten sich Reste im Kühlschrank 7–10 Tage.

# Süßkartoffel-Schwarze Bohnen-Dip

*30 MINUTEN ODER WENIGER
*GF GLUTENFREI

Ich liebe gute Dips, besonders mit Chips. Diesen vollwertigen Dip im Southwest-Stil können Sie ohne schlechtes Gewissen genießen. Ideal als Appetizer oder Beilage zu einem mexikanischen Abendessen. Auch lecker zu Burritos, Tacos, Nachos usw.!

**6 PORTIONEN**

**ZUBEREITUNG 10 MIN | GARZEIT 20 MIN
GESAMTZEIT 30 MIN**

2 mittelgroße Süßkartoffeln in Bio-Qualität, gewürfelt, mit Schale

2 EL Olivenöl oder Avocadoöl

2 EL Ahornsirup (oder Kokoszucker)

Je ¼ TL Meersalz, Chilipulver, gemahlener Zimt und gemahlener Kreuzkümmel

150 g Maiskörner

60 g frischer Koriander, gehackt

55 g rote Zwiebeln, gewürfelt

425 g schwarze Bohnen aus der Dose, abgespült und abgetropft

**SAUCE**
1 reife Avocado

1 EL Olivenöl oder Avocadoöl

Saft einer Limette

1–2 EL Ahornsirup oder Agavendicksaft

Je eine Prise Meersalz und schwarzer Pfeffer

**01.** Backofen auf 190 °C vorheizen.

**02.** Ein Backblech leicht einfetten und die Süßkartoffeln, Olivenöl, Ahornsirup, Salz, Chilipulver, Zimt und Kreuzkümmel daraufgeben. Vermengen.

**03.** 20 Minuten backen, bis die Süßkartoffeln weich und leicht gebräunt sind; nach 10 Minuten einmal umdrehen, um ein gleichmäßiges Garen zu gewährleisten. Abschmecken und evtl. nachwürzen. Beiseitestellen.

**04.** In der Zwischenzeit für die Sauce Avocado, Olivenöl, Limettensaft, Ahornsirup, Salz und Pfeffer in eine große Schüssel geben. Avocado zerdrücken und alle Zutaten verrühren. Probieren und evtl. nachwürzen.

**05.** Mais, Koriander, Zwiebeln, schwarze Bohnen und geröstete Süßkartoffeln in die Sauce geben und vermengen. Probieren und ggf. mit Gewürzen abschmecken.

**06.** Bei Raumtemperatur mit Tortilla-Chips servieren. Reste halten sich zugedeckt im Kühlschrank 2–3 Tage, aber der Dip schmeckt frisch zubereitet am leckersten.

**\*30 MINUTEN ODER WENIGER**

# Cremige Tomaten-Kräuter-Bisque

Diese cremige Tomaten-Bisque ist meine Version dieses Klassikers. Damit meine Version milchfrei ist, verwende ich Kokosmilch für die reichhaltige, cremige Textur, Dill, Knoblauch und Basilikum verleihen geschmackliche Tiefe und rote Chiliflocken geben etwas Schärfe. Dies ist die perfekte herzhafte Suppe für kalte Tage. Sie schmeckt hervorragend mit einem Gemüse-Sandwich oder Salat. Vergessen Sie nicht die Knoblauch-Croûtons!

**4 PORTIONEN**

**ZUBEREITUNG 5 MIN | GARZEIT 25 MIN**
**GESAMTZEIT 30 MIN**

800 g passierte oder geschälte Tomaten, im eigenen Saft

170 g Tomatenmark

240 ml Wasser (die Hälfte davon kann durch Kokosmilch ersetzt werden, um eine noch cremigere Konsistenz zu erzielen)

415 ml fettarme Kokosmilch

1 EL getrockneter Dill (oder 2 EL frischer Dill, gehackt)

1 EL Knoblauchpulver

1 TL getrocknetes Basilikum oder 2 TL frisches Basilikum, gehackt

Je ½ TL Meersalz und schwarzer Pfeffer

1 Prise rote Chiliflocken (optional)

3 EL Ahornsirup (oder Kokoszucker)

**KNOBLAUCH-CROÛTONS**

70 g Weiß- oder Vollkornbrot, in 2,5 cm Würfel geschnitten

**01.** Alle Suppenzutaten in einen großen Topf geben und zum Köcheln bringen.

**02.** Die Suppe in einem Mixer oder mit einem Pürierstab pürieren. Die Suppe wieder in den Topf geben und bei geringer bis mittlerer Hitze zum Köcheln bringen. Probieren und ggf. mit Gewürzen abschmecken.

**03.** Ohne Deckel bei geringer Hitze mindestens 10-15 Minuten köcheln lassen. Je länger die Suppe köchelt, desto intensiver der Geschmack.

**04.** In der Zwischenzeit die Croûtons zubereiten. Den Backofen auf 160 °C vorheizen. Brotwürfel in eine große Schüssel geben.

**05.** In einer zweiten Schüssel Traubenkernöl, Knoblauchpulver, Salz, Pfeffer, Oregano und Basilikum verrühren. Über die Brotwürfel geben und vermengen. Mit Knoblauchpulver, Salz und Pfeffer würzen. Erneut vermengen.

**06.** Auf ein Backblech mit Rand geben und 15-20 Minuten backen, bis sie leicht gebräunt sind. Nach 10 Minuten umdrehen, um ein gleichmäßiges Rösten zu gewährleisten.

3 EL Traubenkern- oder Avocadoöl

Je ¼ TL Knoblauchpulver, Meersalz, schwarzer Pfeffer, getrockneter Oregano und getrocknetes Basilikum

**07.** Die Suppe probieren und ggf. nachwürzen. Mit den Croûtons, frischem Dill oder Basilikum und etwas Pfeffer servieren.

**08.** Reste halten sich 4-5 Tage zugedeckt im Kühlschrank oder 1 Monat im Gefrierschrank.

*30 MINUTEN ODER WENIGER
*10 ZUTATEN ODER WENIGER
*GF GLUTENFREI

# Hummus mit sonnengetrockneten Tomaten

Jeder, der das unvergleichliche Aroma von Tomaten liebt, wird diesen Hummus mit sonnengetrockneten Tomaten mögen. Oregano und frische Zitrone verleihen ihm den besonderen Kick. Ideal für Partys, Picknicks, Roadtrips und zwischendurch. Er ist lecker und cremig und passt hervorragend zu Crackern.

**10 PORTIONEN**

425 g Kichererbsen aus der Dose, leicht abgetropft, etwas Flüssigkeit auffangen (zum Hummus zugeben)

4 Knoblauchzehen, gehackt

60 g sonnengetrocknete Tomaten (wenn in Öl eingelegt, abtropfen lassen)

55 g Tahini

Saft von zwei Zitronen

¾ TL Meersalz

1 TL getrockneter Oregano

4 ½ EL Olivenöl, und etwas mehr zum Servieren

Wasser zum Verdünnen

**OPTIONAL (ZUM GARNIEREN)**
Geröstete Pinienkerne

Geräuchertes Paprikapulver

**ZUBEREITUNG 15 MIN  |  GESAMTZEIT 15 MIN**

**01.** Alle Zutaten in die Schüssel einer Küchenmaschine oder eines Mixers geben. Zu einer cremigen, glatten Masse verarbeiten, evtl. die Masse von den Seiten herunterschaben. Wasser zugeben, falls die Masse zu zäh ist (ich habe 120 ml zugegeben). Probieren und ggf. nachwürzen.

**02.** Mit Olivenöl, Paprikapulver und gerösteten Pinienkernen (optional) garnieren. Mit Pita-Brot, Crackern oder Gemüse servieren.

**03.** Reste halten sich zugedeckt im Kühlschrank 7-10 Tage.

# „Cheddar"-Bier-Suppe

*1 SCHÜSSEL ODER TOPF

Egal ob man Bier mag oder nicht – jeder liebt diese cremige 1-Topf-Suppe. Helles Bier verleiht ihr einen gewissen bitteren Geschmack, der hervorragend zum Käsegeschmack der Hefeflocken passt. Dies ist eine wunderbare Suppe für die Herbst- und Wintermonate, wenn man auf etwas Herzhaftes und Wärmendes Appetit hat. Knoblauch-Croûtons oder gebratenem Gemüse sorgen für zusätzliches Aroma.

**4 PORTIONEN**

**ZUBEREITUNG 10 MIN | GARZEIT 45 MIN
GESAMTZEIT 55 MIN**

- 3 EL Olivenöl oder vegane Butter
- 5 Knoblauchzehen, fein gehackt
- ½ weiße oder gelbe Zwiebel, gewürfelt
- 450 g gelbe Kartoffeln, ungeschält in mundgerechte Stücke schneiden
- Meersalz und schwarzer Pfeffer nach Belieben
- 3 EL Allzweckmehl*
- 240 ml helles Bier, etwas mehr für einen stärkeren Biergeschmack*
- 240 ml ungesüßte Mandelmilch oder selbstgemachte Mandelmilch (Seite 6)
- 480 ml Gemüsebrühe
- 1 EL Hefeflocken, mehr nach Belieben
- 1 EL Ahornsirup (oder durch Rohrzucker in Bio-Qualität oder Kokoszucker ersetzen)

**01.** Einen großen Topf oder eine Pfanne bei mittlerer Hitze erhitzen. Olivenöl, Knoblauch und Zwiebeln hineingeben. Umrühren und 1-2 Minuten garen. Kartoffeln zugeben.

**02.** Mit einer kräftigen Prise Salz und Pfeffer würzen, dann zudecken und 4 Minuten kochen lassen.

**03.** Mehl dazugeben und umrühren, sodass die Kartoffeln umhüllt sind. 1 Minute garen. Bier hinzufügen. Umrühren und 3-4 Minuten garen, bis die Flüssigkeit ca. um die Hälfte reduziert ist. Die Sauce sollte dickflüssig sein.

**04.** Mandelmilch, Brühe, Hefeflocken, Ahornsirup und eine weitere Prise Salz und Pfeffer hinzufügen. Aufkochen und anschließend die Hitze reduzieren. 20-30 Minuten köcheln lassen, bis die Kartoffeln gar sind.

**05.** Dreiviertel der Suppe in einen Mixer geben und pürieren (oder mit einem Pürierstab im Topf). Zu einer cremigen, glatten Masse verarbeiten, evtl. die Masse von den Seiten herunterschieben.

**06.** Abschmecken und mit Salz, Pfeffer und Hefeflocken nachwürzen.

>>>

**07.** Wenn die Suppe zu dünn ist, 1 EL Mehl (oder Maisstärke oder Pfeilwurzelstärke) einrühren; die Suppe dickt beim Erhitzen an.

**08.** Suppe wieder in den Topf geben und aufkochen. Zugedeckt mindestens weitere 5-10 Minuten kochen, bis die Kartoffeln das Aroma der Suppe angenommen haben.

**09.** Heiß servieren. Zum Garnieren eignen sich Knoblauch-Croûtons (siehe Cremige Tomaten-Kräuter-Bisque auf Seite 78), frische Petersilie, oder in dünne Scheiben geschnittener, leicht angebratener Rosenkohl (Bild oben).

**10.** Die Reste halten sich im Kühlschrank 3-5 Tage oder im Gefrierschrank bis zu 1 Monat.

### Anmerkungen

*Wer diese Suppe glutenfrei zubereiten möchte, kann das Allzweckmehl durch Maisstärke oder Maranta-Stärke ersetzen und wie angegeben fortfahren. Achten Sie darauf, die Suppe gut zu pürieren und zu verquirlen, da Stärke oft Klümpchen bildet. Achten Sie außerdem darauf, ein glutenfreies Bier zu verwenden.

# Cremige Brokkoli- „Cheddar"-Suppe

*30 MINUTEN ODER WENIGER
*GF GLUTENFREI

Es ich schon lange her, dass ich eine klassische Brokkoli-Käse-Suppe gegessen habe. Diese milchfreie Version stillt mein Verlangen mit einer äußerst cremigen, herzhaften Grundlage. Dazu Butternusskürbis mit seinem lebhaften Orange, das perfekt zum leuchtend grünen Brokkoli passt. Mit Knoblauch-Croûtons wird die Suppe noch herzhafter.

**4 PORTIONEN**

**ZUBEREITUNG 5 MIN | GARZEIT 25 MIN**
**GESAMTZEIT 30 MIN**

- 2 EL Olivenöl, Traubenkernöl oder Kokosöl
- 3 Knoblauchzehen, gehackt
- 420 g Butternusskürbis, gewürfelt
- 1 Prise Meersalz, mehr nach Geschmack
- 1 Prise schwarzer Pfeffer, mehr nach Geschmack
- 480 ml ungesüßte Mandelmilch (Natur) oder selbstgemachte Mandelmilch (Seite 6)
- 480 ml Gemüsebrühe
- 25 g Hefeflocken, evtl. mehr
- 275 g Brokkoli, grob gehackt
- ⅛ TL gemahlene Muskatnuss
- ½ TL Knoblauchpulver
- ½ TL Apfelessig oder Zitronensaft
- 1-2 EL Ahornsirup oder Kokoszucker   >>>

**01.** Einen großen Topf bei mittlerer Hitze erhitzen. Olivenöl, Knoblauch und Kürbis hineingeben. Mit einer kräftigen Prise Salz und Pfeffer würzen.

**02.** Zugedeckt 4 Minuten unter gelegentlichem Rühren kochen lassen, bis der Kürbis gar und goldbraun ist. Wenn er zu schnell bräunt, die Hitze etwas reduzieren.

**03.** Mandelmilch, Brühe und Hefeflocken zugeben. Erneut mit einer Prise Salz und Pfeffer würzen. Bei geringer Hitze aufkochen.

**04.** Brokkoli, Muskatnuss, Knoblauchpulver, Essig, Ahornsirup und rote Chiliflocken (optional) hinzufügen. Umrühren. Zugedeckt 5-6 Minuten köcheln lassen.

**05.** Etwa 120 g Brokkoli mit einem Schaumlöffel abnehmen. Für die spätere Verwendung beiseitestellen.

**06.** Die Suppe in einen Mixer geben (oder einen Pürierstab verwenden). Maisstärke zum Andicken (optional) zugeben. Zu einer cremigen, glatten Masse verarbeiten.   >>>

**OPTIONAL**

⅛ TL rote Chiliflocken

2 EL Maisstärke oder Pfeilwurzelstärke zum Andicken.

**07.** Probieren und eventuell mit Salz, Pfeffer, Hefeflocken oder Muskatnuss abschmecken. Ich füge von allem noch etwas hinzu, da ich die Suppe sehr cremig und pikant haben möchte.

**08.** Die Suppe in den Topf zurückgeben. Bei mittlerer Hitze unter gelegentlichem Umrühren zum Andicken aufkochen. Wenn die Suppe kocht, den vorher herausgenommenen Brokkoli zugeben und einige Minuten erwärmen.

**09.** Wenn Sie eine dickere Suppe möchten, geben Sie esslöffelweise mehr Maisstärke dazu: Etwas Suppe abnehmen, Maisstärke einrühren und dann unter Rühren wieder in die Suppe geben, damit sich keine Klümpchen bilden; wiederholen, bis die gewünschte Konsistenz erreicht ist. Das erneute Andicken ist jedoch optional.

**10.** Zu dieser Suppe passen kräftiges Bauernbrot, ein Veganer Sandwich (siehe Seite 166) oder Knoblauch-Croûtons (siehe Rezept unter Cremige Tomaten-Kräuter-Bisque auf Seite 78).

**11.** Reste halten sich zugedeckt im Kühlschrank 5-6 Tage, tiefgekühlt einen Monat.

# Haus-Salat

*30 MINUTEN ODER WENIGER
*GF GLUTENFREI

Jeder Haushalt braucht einen Haus-Salat – hier ist meiner. Knackig, frisches Gemüse mit einem leckeren Dressing auf Hummus-Basis. Ich liebe dieses Gericht nicht nur wegen der Textur und des Geschmacks, sondern auch, weil ich die Zutaten fast immer zur Hand habe – daher ist er nicht nur lecker, sondern auch schnell zubereitet. Dies ist ein perfekter, erfrischender Salat, der zu jedem Gericht gereicht werden kann.

**1 PORTIONEN**

**ZUBEREITUNG 10 MIN | GESAMTZEIT 10 MIN**

**DRESSING**

2 EL Hummus

Saft einer ½ Zitrone

¼ TL getrockneter Dill

¼ TL Knoblauchpulver

1-2 TL Ahornsirup

**SALAT**

100 g geschnittener Römersalat

4 Kirschtomaten

30 g Karotten, gewürfelt

25 g rote Zwiebeln, gewürfelt

¼ reife Avocado, gewürfelt

1 TL Hanfsamen

**01.** Hummus, Zitronensaft, Dill, Knoblauchpulver und Ahornsirup in eine Schüssel geben und verrühren. Probieren und ggf. mit Gewürzen abschmecken. Das Dressing sollte gießbar sein, eventuell mit Wasser verdünnen.

**02.** Alle Zutaten für den Salat in eine kleine Servierschüssel geben. Dressing darübergeben und vermengen.

**03.** Zugedeckt halten sich Reste (getrennt) im Kühlschrank 2-3 Tage. Wenn Sie mehr Gäste erwarten, die Mengenangaben entsprechend anpassen.

*30 MINUTEN ODER WENIGER
*10 ZUTATEN ODER WENIGER
*GF GLUTENFREI

# Tomaten-Tofu-Salat mit Balsamico

Dies ist meine vegetarische Version des klassischen Caprese: dicke Tomatenscheiben mit frischem Basilikum und meinem Tofu in Kräutermarinade, beträufelt mit himmlischen Balsamico-Essig. Perfekt als Appetizer oder Beilage zu jedem italienischen Gericht.

**4 PORTIONEN**

2 reife Tomaten, in 0,5 cm dicke Scheiben geschnitten

60 g Basilikumblätter

125 g Marinierter Kräuter-Tofu (Seite 201)

60 ml Balsamico-Essig

**ZUBEREITUNG 5 MIN | GESAMTZEIT 5 MIN**

**01.** Abwechselnd Tomatenscheiben mit 3-4 Würfeln mariniertem Tofu und 1-2 Basilikumblättern pro Schicht stapeln.

**02.** So lange aufschichten, bis die gewünschte Höhe erreicht ist, dann mit Balsamico-Essig beträufeln (oder Balsamicoreduktion*) und servieren. Schmeckt am besten frisch zubereitet.

**Anmerkungen**

*Ein intensiveres Balsamico-Aroma erhält man, wenn man 240 ml Balsamico-Essig in einem kleinen Topf bei mittlerer Hitze 20-30 Minuten reduziert. Wenn der Essig zu kochen beginnt, die Hitze reduzieren und so lange köcheln lassen, bis die Flüssigkeit um die Hälfte reduziert ist. Das ist der Fall, wenn ein über den Boden gezogener Teigschaber eine Rinne hinterlässt. Vor dem Verwenden abkühlen lassen.

- *1 SCHÜSSEL ODER TOPF
- *30 MINUTEN ODER WENIGER
- *GF GLUTENFREI

# Gemüsesuppe mit Kokos und rotem Curry

John und ich landeten nach einem anstrengenden Flug hungrig und erschöpft in Mexiko und eine Curry-Suppe war das Erste, das uns begrüßte. Sie war extrem lecker und genau das, was wir brauchten. Meine 1-Topf-Version ist reichhaltig und cremig und besitzt wegen der Kokosmilch eine unterschwellige Süße, die hervorragend zur Roten Currypaste, dem Knoblauch und dem Ingwer passt. Die perfekte Suppe, wenn man an einem kalten Tag etwas Warmes braucht – sehr lecker zu Frühlingsrollen und Currys.

**4 PORTIONEN**

**ZUBEREITUNG 5 MIN | GARZEIT 20 MIN**
**GESAMTZEIT 25 MIN**

1 EL Kokosöl

30 g Karotten, gewürfelt

80 g Frühlingszwiebeln, gewürfelt

Je ¼ TL Meersalz und schwarzer Pfeffer, mehr nach Geschmack

1 große Knoblauchzehe, gehackt

2 EL rote Curry-Paste oder 1–2 EL Currypulver

55 g kleine weiße Champignons, gesäubert und in Scheiben geschnitten

110 g frische Tomaten, gewürfelt

2 2,5-cm-große Scheiben frischer Ingwer oder 1 TL gemahlener Ingwer

830 ml fettarme Kokosmilch*

¾ TL gemahlener Kurkuma

1–2 EL Ahornsirup (oder Kokoszucker)

**01.** Einen großen Topf bei mittlerer Hitze erhitzen. Kokosöl, Karotten und Frühlingszwiebeln hineingeben. 2 Minuten garen. Mit einer kräftigen Prise Salz und Pfeffer würzen.

**02.** Knoblauch und Curry-Paste zugeben. Umrühren. Unter häufigem Umrühren 2–3 Minuten kochen.

**03.** Pilze, Tomaten und Ingwer zugeben. Erneut umrühren. Mit einer weiteren Prise Meersalz bestreuen.

**04.** 3 Minuten garen. (Wenn Sie einen Teil der Kokosmilch durch Gemüsebrühe ersetzen möchten, brauchen Sie nicht so viel Salz zu verwenden, da die Gemüsebrühe bereits gesalzen ist.)

**05.** Kokosmilch, Kurkuma und Ahornsirup zugeben. Verrühren. Langsam bei mittlerer Hitze aufkochen lassen und dann die Hitze reduzieren.

**06.** 10–15 Minuten köcheln lassen, bis die Karotten gar sind und das Curry-Aroma vom Gemüse aufgenommen wurde.

**07.** Abschmecken und eventuell mit Ahornsirup für mehr Süße oder Salz für einen kräftigeren Geschmack nachwürzen.

**OPTIONAL**

Frischer Koriander, gehackt

Frisch gepresster Limettensaft

**08.** Ingwer entfernen und entweder als warme Suppe oder als Sauce zu Jasminreis oder Blumenkohlreis servieren (Seite 8).

**09.** Mit Koriander und frischem Limettensaft (optional) servieren. Schmeckt am besten frisch zubereitet.

### Anmerkungen

*Wer eine leichtere Suppe möchte, kann die Hälfte der Kokosmilch durch 360 ml Gemüsebrühe ersetzen. Reduzieren Sie dann das Salz, da die Brühe bereits Salz enthält.

*Reisnudeln verleihen der Suppe etwas mehr Biss. Zugeben, wenn die Kokosmilch kocht. Zudecken und ca. 10 Minuten weichkochen.

*30 MINUTEN ODER WENIGER
*GF GLUTENFREI

# Griechischer Grünkohl-Salat

Dies ist ein klassischer griechischer Salat, aber mit Grünkohl, Kichererbsen und einem zitronigen Knoblauch-Kräuter-Dressing. Dieser Salat ist reichhaltig genug, um als Hauptgericht angesehen zu werden, aber er passt auch hervorragend als Beilage zu mediterranen Gerichten.

**2 PORTIONEN ALS HAUPTGERICHT, 4 PORTIONEN ALS BEILAGE**

**ZUBEREITUNG 20 MIN | GARZEIT 10 MIN**
**GESAMTZEIT 30 MIN**

1 rote Paprika, in dünnen Scheiben

2 EL Olivenöl

1 großes Bund Grünkohl (ca. 270 g), grob gehackt

1 EL Zitronensaft

¼ rote Zwiebel, in dünne Scheiben geschnitten

75 g Kirschtomaten, halbiert

40 g Kalamata-Oliven, entsteint und halbiert

80 g gekochte Kichererbsen

½ Gurke, in dünnen Scheiben (optional)

**KNOBLAUCH-KRÄUTER-DRESSING**

60 g Hummus*

Saft einer ½ Zitrone

¾–1 TL getrockneter Dill oder 2–3 TL frischer Dill

3 Knoblauchzehen, gehackt

1–2 EL Wasser, ungesüßte Mandelmilch (Natur) oder selbstgemachte Mandelmilch (Seite 6) zum Verdünnen

**01.** 1 EL Olivenöl in eine Pfanne geben und die Paprika darin ca. 5 Minuten braten, bis sie weich und leicht braun ist (oder roh verwenden). Beiseitestellen.

**02.** Dressing: Hummus, Zitronensaft, Dill und Knoblauch in eine kleine Schlüssel geben. Gut verrühren. So viel Wasser dazugeben, dass das Dressing gießbar ist. Probieren und ggf. mit Gewürzen abschmecken.

**03.** Grünkohl in eine große Schüssel geben und restlichen Zitronensaft sowie 1 EL Olivenöl dazugeben. Den Grünkohl mit den Händen massieren, um ihn zu „brechen" und ihm etwas von der Bitterkeit zu nehmen.

**04.** Gebratene Paprika, Zwiebel, Kirschtomaten, Oliven, Kichererbsen und Gurke (optional) hinzufügen.

**05.** Die gewünschte Menge Dressing zugeben und vermengen. Sofort servieren. Reste halten sich getrennt aufbewahrt 2–3 Tage im Kühlschrank. Schmeckt am besten frisch zubereitet.

**Anmerkungen**
*Wenn Sie keinen Hummus zur Hand haben, ist Tahini ein hervorragender Ersatz. Verwenden Sie dann zum Ausgleich mehr Gewürze – mehr Salz, Zitronensaft, Knoblauch und Dill.

*30 MINUTEN ODER WENIGER
*10 ZUTATEN ODER WENIGER
*GF GLUTENFREI

# Rote Bete-Orangen-Walnuss-Salat mit Zitronen-Tahini-Dressing

Wenn Sie nach einer neuen Art suchen, Rote Bete zuzubereiten, probieren Sie dieses Rezept aus. Dieser farbenfrohe und elegante Salat ist ideal für Gäste und besteht aus einigen der besten Gaben des Winters. Das Rezept ergibt zwei gute Portionen mit jeweils 16 Gramm Protein!

**2 PORTIONEN**

**ZUBEREITUNG 5 MIN | GARZEIT 25 MIN**
**GESAMTZEIT 30 MIN**

3 mittelgroße Rote Bete, geschält und in 0,5 cm dicke Scheiben geschnitten (große Scheiben halbieren)

2 große Orangen geschält und in 0,5 cm große Scheiben geschnitten (oder geschält und segmentiert)

1 EL Traubenkernöl, Avocadoöl oder Kokosöl

Je eine Prise Meersalz und schwarzer Pfeffer

60 g rohe Walnüsse, halbiert, oder Haselnüsse

Frische Petersilie, gehackt (optional)

**DRESSING**
55 g Tahini

Saft einer Zitrone

1–2 EL Ahornsirup

2–4 EL heißes Wasser zum Verdünnen

**01.** Den Backofen auf 200 °C vorheizen und ein Backblech mit Folie oder Backpapier auslegen.

**02.** Rote Bete auf das Backblech legen. Mit Traubenkernöl beträufeln und je einer Prise Salz und Pfeffer bestreuen. Vermengen, dann auf zwei Drittel des Backblechs verteilen (sodass Platz für die Walnüsse bleibt). 15 Minuten backen, dann das Blech aus dem Ofen nehmen und die Walnüsse auf der leeren Seite des Backblechs verteilen.

**03.** Weitere 8–10 Minuten backen, bis die Nüsse zu duften beginnen und goldbraun sind. Aus dem Ofen nehmen und etwas abkühlen lassen.

**04.** In der Zwischenzeit das Dressing zubereiten: Tahini, Zitronensaft und Ahornsirup verrühren. Kochendes Wasser hinzufügen, bis das Dressing die gewünschte Konsistenz besitzt. Probieren und ggf. nachwürzen.

**05.** Rote Bete und Orangensegmente auf einem Teller kreisförmig (optional) anordnen. Geröstete Walnüsse darüberstreuen. Mit dem Dressing servieren.

**06.** Mit frischer Petersilie für einen zusätzlichen Farbtupfer garnieren (optional). Oder auf einem Bett von jungem Spinat oder Salat anrichten. Schmeckt am besten frisch zubereitet.

# Knoblauch- „Cheddar"- Kräuter-Kekse

*1 SCHÜSSEL ODER TOPF
*30 MINUTEN ODER WENIGER

Wenn Sie Appetit auf einen herzhaften Keks und den Geschmack von Käse, Knoblauch und Kräutern haben, dann empfehle ich Ihnen dieses Rezept. Dieser Leckerbissen aus frischem Knoblauch, Kräutern und Hefeflocken schmeckt jedem, der ihn probiert. Perfekt als Vorspeise oder Beilage zu fast jedem Hauptgericht – mir schmecken sie am besten zu sahnigen Nudelgerichten und Suppen.

## 8 PORTIONEN

Ca. 230 ml ungesüßte Mandelmilch oder selbstgemachte Mandelmilch (Seite 6)

1 EL frisch gepresster Zitronensaft oder Essig

240–270 g ungebleichtes Allzweckmehl

3 ½ TL Hefeflocken, evtl. mehr

1 EL Backpulver

½ TL Natron

¾ TL Meersalz

½ TL Knoblauchpulver

4 EL kalte vegane Butter, etwas mehr zum Garnieren*

2 Knoblauchzehen, gehackt

2–3 EL Schnittlauch, fein geschnitten

## ZUBEREITUNG 10 MIN | GARZEIT 12 MIN
## GESAMTZEIT 22 MIN

**01.** Backofen auf 230 °C vorheizen.

**02.** Mandelmilch in einem Messbecher abmessen und den Zitronensaft hinzufügen. 5 Minuten ruhen lassen.

**03.** In der Zwischenzeit Mehl, Backpulver, Natron, Salz und Knoblauchpulver in einer großen Schüssel vermengen.

**04.** Butter, Knoblauch und Schnittlauch zugeben und mit einer Gabel oder einem Teigmischer vermengen, bis nur noch kleine Stücke übrig sind und die Masse nassem Sand ähnelt. Sie sollten zügig arbeiten, damit die Butter nicht zu warm wird.

**05.** In die trockenen Zutaten eine Mulde drücken. Mandelmilchmischung portionsweise (jeweils ca. 60 ml) hineingeben und dabei mit einem Holzlöffel unterrühren. Nur so viel Mandelmilch zugeben wie notwendig ist, damit sich ein klebriger Teig bildet. (Eventuell ist nicht die gesamte Mandelmilchmischung erforderlich.)

**06.** Teig auf eine leicht bemehlte Oberfläche geben und auch die Oberseite des Teigs leicht mit Mehl bestäuben. Sehr vorsichtig 5 bis 6 Mal umdrehen, dabei kaum kneten. >>>

**07.** Einen 2,5 cm dicken Kreis formen und dabei den Teig so wenig wie möglich anfassen. Dann mit einer runden Ausstechform oder einem Gegenstand ähnlicher Form (zum Beispiel ein Glas) glatt durch den Teig schneiden. Leicht drehen.

**08.** Wiederholen und die Kekse in zwei Reihen auf ein Backblech legen, dabei darauf achten, dass sie sich an den Rändern leicht berühren - so gehen alle gleichmäßig auf.

**09.** Den restlichen Teig erneut formen, 1 oder 2 weitere Kekse ausstechen und so lange wiederholen, bis der gesamte Teig aufgebraucht ist - es sollten 8-10 Kekse sein, je nach Größe der Ausstechform.

**10.** Die Oberseite der Kekse mit etwas geschmolzener Butter bestreichen und in die Mitte jeweils mit zwei Fingern sanft eine Mulde drücken. Dadurch gehen sie innen und außen gleichmäßig auf und es wird verhindert, dass sich die Oberfläche kuppelförmig aufwölbt.

**11.** 12-15 Minuten backen, bis sie aufgegangen und hellgoldbraun sind.
Vor dem Servieren noch einmal mit etwas zerlassener Butter bepinseln (optional).

**12.** Die restlichen Kekse vollständig auskühlen lassen und in einem luftdichten Behälter oder Beutel aufbewahren. Sie halten sich bei Raumtemperatur 2-3 Tage.

**13.** Diese Kekse können zum Frühstück oder Abendessen serviert werden und eignen sich hervorragend zu meiner cremigen Tomaten-Kräuter-Bisque (siehe Seite 78).

---

**Anmerkungen**

*Statt der veganen Butter kann man auch gekühltes (streichfähiges) raffiniertes Kokosöl verwenden; aber dadurch wird das Ergebnis verändert.

# Kartoffelgratin mit Knoblauch

*10 ZUTATEN ODER WENIGER

Alles Gute zu Thanksgiving! Ich habe dieses Rezept mit dem Gedanken an diesen Feiertag entwickelt. Mit diesem Rezept können Sie mit dem Kartoffelgratin Ihrer Schwiegermutter, das vor Butter, Käse und Cornflakes nur so trieft, garantiert mithalten. Aber diese Version ist ohne Milchprodukte, aber trotzdem wahnsinnig lecker. Sie müssen auch nicht bis zum Feiertag warten – Sie können es das ganze Jahr über genießen.

**4 PORTIONEN**

**ZUBEREITUNG 15 MIN | GARZEIT 1 STD 5 MIN**
**GESAMTZEIT 1 STD 20 MIN**

- 2 ½ EL Olivenöl oder Traubenkernöl
- 4 Knoblauchzehen, gehackt
- Je ¼ TL Meersalz und schwarzer Pfeffer, mehr nach Geschmack
- 2½ EL ungebleichtes Allzweckmehl*
- 360 ml ungesüßte Mandelmilch (Natur) oder selbstgemachte Mandelmilch (Seite 6)
- 120 ml Gemüsebrühe
- 4-5 EL Hefeflocken
- ⅛ TL gemahlene Muskatnuss
- 2-3 gelbe Kartoffeln, in sehr dünne Scheiben geschnitten
- 20 g veganer Parmesan (Seite 7)

**OPTIONAL**

- ¼ TL Paprikapulver

**01.** Den Backofen auf 175 °C vorheizen. Eine große gusseisernen Pfanne mit 30 cm Durchmesser (oder eine Metallpfanne mit hohem Rand) bei mittlerer Hitze erwärmen.

**02.** Wenn die Pfanne heiß ist, Olivenöl, Knoblauch, Salz und Pfeffer hineingeben. 1-2 Minuten unter häufigem Rühren anbraten, bis der Knoblauch anfängt braun zu werden.

**03.** Das Mehl esslöffelweise zugeben und gut unterrühren. 1 Minute garen.

**04.** Mandelmilch unter ständigem Rühren portionsweise zugeben und gut vermischen. Darauf achten, die Pfanne nicht zu voll werden zu lassen. Gut einrühren und langsam vorgehen, um die Bildung von Klümpchen zu verhindern. Fortfahren, bis die gesamte Mandelmilch hinzugefügt ist, dann die Brühe zugeben. Gut verrühren.

**05.** Hitze reduzieren und unter häufigem Rühren 4-5 Minuten zum Andicken köcheln lassen.

**06.** Herd ausschalten und die Pfanne vom Herd nehmen. Die Sauce vorsichtig in einen Mixer geben und mit Muskatnuss, Pfeffer, Hefeflocken und einer Prise Salz würzen. >>>

**07.** Auf höchster Stufe zu einer cremigen, glatten Masse verarbeiten. Probieren und evtl. mit mehr Muskatnuss, Salz, Pfeffer und Hefeflocken würzen. Die Sauce sollte stark nach Käse schmecken und deftig sein, um die Kartoffeln gut zu würzen - seien Sie also nicht zu vorsichtig.

**08.** Pfanne ausspülen (oder eine 20 × 20 cm Auflaufform verwenden) und großzügig mit Öl oder veganer Butter ausfetten (auch die Ränder). Die Hälfte der in Scheiben geschnittenen Kartoffeln hineingeben und mit Salz und Pfeffer würzen. Vermengen und dann flach ausbreiten und mit 2 EL veganem Parmesan bestreuen.

**9.** Die restlichen Kartoffeln (nur so viele wie bequem hineinpassen) hineingeben und mit Salz und Pfeffer würzen und grob vermengen.

**10.** Die restlichen 2 EL veganen Parmesan hinzufügen und die Sauce über die Kartoffeln gießen. Die Sauce sollte die Kartoffeln bedecken - Kartoffeln, die sich über der Oberfläche befinden, müssen entfernt werden. Mit Paprika bestreuen (optional).

**11.** Mit Alufolie abdecken und auf der mittleren Schiene des Ofens 20 Minuten backen, dann die Folie entfernen und weitere 40-45 Minuten backen (insgesamt 60-65 Minuten).

**12.** Die Kartoffeln sind gar, wenn ein in die Kartoffeln gestochenes Messer ohne Probleme herausgezogen werden kann und die Oberfläche goldbraun ist und Blasen wirft.

**13.** Aus dem Ofen nehmen und vor dem Servieren 10 Minuten abkühlen lassen. Als Farbtupfer mit frischer Petersilie und etwas zusätzlichem Paprika garnieren - das Auge isst mit!

---

### Anmerkungen

*Dieses Rezept wird glutenfrei, wenn Sie Maisstärke oder Maranta-Stärke anstatt des Allzweckmehls verwenden.

*30 MINUTEN ODER WENIGER
*GF GLUTENFREI

# Spinatsalat mit Himbeeren

Dieses Rezept ist eine Hommage an einen Spinatsalat, den ich mir oft in einem italienischen Restaurant bestellt habe, als ich noch sehr jung war. Ich erinnere mich daran, dass ich manchmal einen solchen Heißhunger darauf hatte, dass ich mich sogar alleine an einen Einzeltisch gesetzt und ihn bestellt habe. Der fein geschnittene Spinat sieht ausgefallen aus, die Mandeln verleihen Biss und die Himbeervinaigrette bildet einen perfekten Rahmen.

**4 PORTIONEN**

**ZUBEREITUNG 10 MIN | GARZEIT 20 MIN**
**GESAMTZEIT 30 MIN**

**DRESSING**
180 ml Balsamico-Essig

80 ml Olivenöl

80 g frische Himbeeren

Je eine Prise Meersalz und schwarzer Pfeffer

1-2 EL Ahornsirup, mehr nach Geschmack

**ZWIEBELN**
120 ml Rotweinessig

120 ml Wasser

1 EL Rohrzucker in Bio-Qualität

¼ TL Meersalz

½ rote Zwiebeln, in dünne Scheiben geschnitten

**SALAT**
110 g Mandelblättchen

270 g roher Spinat oder Grünkohl, in feine Streifen geschnitten

180 g frische Himbeeren oder Erdbeeren

**OPTIONAL**
1 EL Chiasamen

**01.** Backofen auf 160 °C vorheizen.

**02.** Für das Dressing: Einen kleinen Topf bei mittlerer Hitze erwärmen. Den Balsamico-Essig hinzufügen. Wenn der Essig kocht, die Hitze reduzieren und weitere 15-20 Minuten köcheln lassen, bis er um die Hälfte eingekocht ist. Beiseitestellen.

**03.** In der Zwischenzeit die Zwiebeln zubereiten: Rotweinessig, Wasser, Zucker und Salz in eine kleine Schüssel oder ein Einmachglas geben. Mit einem Schneebesen verquirlen oder gut durchschütteln. Zwiebeln zugeben, zudecken und im Kühlschrank 15 Minuten ziehen lassen.

**04.** Salat: Mandeln auf ein Backblech mit Rand geben und 7-10 Minuten rösten, bis sie leicht gebräunt sind. Beiseitestellen.

**05.** Den reduzierten Balsamico-Essig und die restlichen Zutaten für das Dressing in die Schüssel einer Küchenmaschine oder einen Mixer geben. Alle Zutaten gut verrühren. Probieren und abschmecken.

**06.** Spinat, Himbeeren, Zwiebeln und Chiasamen (optional) in eine große Schüssel geben. Mit Mandeln bestreuen und Dressing darübergeben. Vermengen. Sofort servieren.

**07.** Reste halten sich (getrennt) im Kühlschrank 2-3 Tage, aber der Salat schmeckt frisch zubereitet am leckersten.

# Grüne Bohnen mit Parmesan und Knoblauch

*30 MINUTEN ODER WENIGER
*10 ZUTATEN ODER WENIGER
*GF GLUTENFREI

Dies ist seit mehreren Jahren meine „Standard-Beilage", die ich zu vielen Gerichten reiche. Sie ist einfach, schnell zubereitet und kommt immer gut an. Mir gefällt besonders, dass die Hitze die Außenseite der Bohnen versengt, aber sie innen weich bleiben. Etwas Parmesan darüber – und fertig.

**4 PORTIONEN**

**ZUBEREITUNG 5 MIN | GARZEIT 12 MIN
GESAMTZEIT 17 MIN**

455 g grüne Bohnen, geputzt

2 EL vegane Butter (Traubenkernöl oder Avocadoöl können stattdessen verwendet werden)

Je ½ TL Meersalz und schwarzer Pfeffer, mehr nach Geschmack

1 TL Knoblauchpulver, mehr nach Geschmack

3-4 EL veganer Parmesan (Seite 7), und etwas mehr zum Bestreuen.

**01.** Die Bohnen zugedeckt in einer großen Schüssel in der Mikrowelle oder einem Gemüsedämpfer auf dem Herd 3 Minuten dämpfen. Bissfest garen. Nicht weich kochen.

**02.** Eine große Pfanne bei mittelgroßer Hitze erwärmen. Butter und die gedämpften Bohnen hineingeben. Darauf achten, dass keine Flüssigkeit in die Pfanne gelangt.

**03.** Mit Salz, Pfeffer und Knoblauchpulver würzen. Vermengen. Zugedeckt unter häufigem wenden insgesamt 7-9 Minuten garen. Hitze reduzieren, um ein zu schnelles Bräunen zu verhindern. Wer bissfeste Bohnen möchte, kann die Bohnen die Hälfte der Zeit ohne Deckel garen.

**04.** Sobald die Bohnen gebräunt und weich sind, den veganen Parmesan zugeben. Vermengen. Die Außenseite sollte gut gewürzt sein, eventuell nachwürzen.

**05.** Mit etwas zusätzlichem veganem Parmesan servieren. Reste halten sich im Kühlschrank 2-3 Tage, aber die Bohnen schmecken frisch zubereitet am leckersten.

**10** ZUTATEN ODER WENIGER

**GF** GLUTENFREI

# Veganer Caesar Salad aus Grünkohl

Caesar Salad war eins meiner Lieblingsgerichte, bevor ich mich entschied, auf Milchprodukte zu verzichten. Aber dieses Rezept ist der perfekte Ersatz. Grünkohl ist die Basis für diesen Salat und das Dressing besteht aus Cashewkernen, Kapern, geröstetem Knoblauch und Zitrone. Hanfsamen und veganer Parmesan sind der perfekte Abschluss und sorgen für zusätzliche Nährstoffe.

**4 PORTIONEN**

**ZUBEREITUNG 15 MIN | GARZEIT 45 MIN**
**GESAMTZEIT 60 MIN**

**DRESSING**

120 g rohe Cashewkerne, im Schnellverfahren eingeweicht*

1 TL Dijonsenf

1 Knolle gerösteter Knoblauch (Seite 9)

Je ¼ TL Meersalz und schwarzer Pfeffer, mehr nach Geschmack

2 frische Knoblauchzehen, gehackt

70 g Kapern (sowie 2-3 EL der Kapernflüssigkeit)

Saft einer Zitrone

3-4 EL Olivenöl

**SALAT**

225 g Palmkohl oder Grünkohl, gehackt oder gerissen

1 EL Olivenöl

1 EL frisch gepresster Zitronensaft

20 g veganer Parmesan (Seite 7)

2 EL Hanfsamen (optional)

**01.** Cashewkerne, Senf, gerösteten Knoblauch, Pfeffer, frischen Knoblauch, Kapern und Kapernflüssigkeit, Zitronensaft und Olivenöl in den Mixer geben. Zu einer cremigen, glatten Masse verarbeiten, evtl. die Masse von den Seiten herunterschaben. Ausreichend Wasser zugeben, damit die Masse dickflüssig bleibt, aber gießbar wird.

**02.** Abschmecken und evtl. mehr Zitronensaft, Senf, Salz oder Kapern hinzufügen. Beiseitestellen.

**03.** Salat: Grünkohl in eine große Schüssel geben. Mit Olivenöl und Zitronensaft beträufeln. Den Grünkohl mit den Händen massieren, um ihn geschmeidiger zu machen und den bitteren Geschmack etwas zu reduzieren.

**04.** Gewünschte Menge an Dressing zugeben sowie Parmesan und Hanfsamen. Vermengen und sofort servieren. Übrig gebliebenes Dressing hält sich zugedeckt 10 Tage im Kühlschrank.

**Anmerkungen**

*Zum schnellen Einweichen der Cashewkerne: Heißes Wasser über die Cashewkerne geben. Ohne Deckel bei Raumtemperatur 1 Stunde stehen lassen. Gut abtropfen lassen und wie angegeben verwenden.

**10** ZUTATEN ODER WENIGER

**GF** GLUTENFREI

# Geröstete Süßkartoffelspitzen mit Balsamico und Granatapfelkernen

Ich habe schon immer gerne Süßkartoffeln gegessen, und dieses Gericht ist der Beweis, dass mein Geschmack nicht trügt. Dieses Gericht ist einfach zuzubereiten und besitzt einen unerwarteten kräftigen und intensiven Geschmack. Perfekt als Appetizer oder als elegante Beilage beim Grillen oder zum Abendessen.

**4 PORTIONEN**

**ZUBEREITUNG 10 MIN | GARZEIT 30 MIN**
**GESAMTZEIT 40 MIN**

240 ml Balsamessig

2 große Süßkartoffeln in Bio-Qualität, in dicke Schnitze geschnitten, mit Schale

2 EL Traubenkernöl, Avocadoöl oder Kokosöl

¼ TL Meersalz, evtl. mehr

100 g rohe Pecannüsse

¾ TL gemahlener Kreuzkümmel

¾ TL gemahlener Zimt

1-2 EL Kokoszucker

45 g Granatapfelkerne*

**OPTIONAL**
1 Prise Cayennepfeffer

15 g frische Petersilie, gehackt

**01.** Ofen auf 200 °C vorheizen und zwei große Backbleche mit Rand einfetten.

**02.** Den Essig in einen kleinen Stieltopf geben. Bei mittlerer Hitze aufkochen. Hitze reduzieren und bei geringer bis mittlerer Hitze köcheln und um die Hälfte reduzieren (ca. 20 min). Der Essig ist ausreichend reduziert, wenn ein über den Topfboden gezogener Teigschaber eine Rinne hinterlässt. Beim Abkühlen dickt er noch mehr an. Beiseitestellen.

**03.** Während der Essig kocht, die Süßkartoffeln auf den Backblechen verteilen. Mit Traubenkernöl und einer Prise Salz vermengen und jeweils in einer Schicht auf den Blechen verteilen.

**04.** Insgesamt 25-30 Minuten backen, bis sie gar und goldbraun sind. Nach der Hälfte der Zeit umdrehen, um ein gleichmäßiges Garen sicherzustellen.

**05.** In der Zwischenzeit die Nüsse zubereiten: Pecannüsse in die Schüssel einer Küchenmaschine oder in einen Mixer geben und zu einem feinen Mehl verarbeiten. In eine große Pfanne bei mittlerer Hitze geben und Kreuzkümmel, Zimt,

Zucker, ¼ TL Salz und den Kokoszucker zugeben. Umrühren. Unter häufigem Umrühren weiterrösten, bis die Masse goldbraun und duftend ist. Das dauert ca. 8-10 Minuten. Vorsicht, dass nichts anbrennt. Abschmecken und ggf. nachwürzen. Beiseitestellen.

**06.** Zum Servieren: Die Kartoffelschnitze auf einem Teller anrichten. Mit reduziertem Essig beträufeln mit Granatapfelkernen und den Nüssen bestreuen (es bleiben welche übrig*). Mit frischer Petersilie garnieren (optional). Schmeckt am besten frisch zubereitet.

---

**Anmerkungen**

*Granatapfelkerne sind die leckeren, saftigen Kerne der Frucht. Zum Herausnehmen: Granatapfel halbieren und in eine Schüssel kaltes Wasser legen. Vorsichtig auseinanderbrechen und die Kerne mit den Händen herausholen. Die Kerne sinken auf den Boden und die weißen Stücke und die Schale schwimmen auf der Oberfläche. Mit den Händen die Kerne verlesen und unreife Kerne oder Schalefragmente entsorgen.

*Übrig gebliebene Nüsse halten sich in einem luftdicht verschlossenen Behälter bei Raumtemperatur bis zu 1 Monat. Sie schmecken lecker im Müsli, auf Pfannkuchen, in Salaten usw.

THAI-QUINOA-
FLEISCHBÄLLCHEN,
SEITE 169

# Hauptgerichte

Diese Gerichte sollten nahrhaft sein, sättigen, befriedigen und begeistern. Ich hoffe, sie tun dies alles. Ich habe hart daran gearbeitet, den Tisch reichlich zu decken und Ihre Gäste glücklich zu machen.

Womit beginnen? Wie wäre es mit Thai-Quinoa-Fleischbällchen (Seite 169) und Pizza-Burger (Seite 179)? Gefolgt vom Veganen Sandwich (Seite 166) - der bei uns zum Grundnahrungsmittel avanciert ist. Servieren Sie diese leckeren Hauptgerichte Familie, Freunden und jedem anderen, der sich an Ihren Tisch setzt. Nichts würde mich glücklicher machen.

POZOLE VERDE MIT WEISSEN BOHNEN  115

3-BOHNEN-CHILI  118

MAISBROT-CHILI-POTPIES  120

KICHERERBSEN-FESENDSCHAN  122

KAROTTEN-LINSEN-SUPPE MIT CURRY  124

MASALA-KICHERERBSEN-CURRY  127

KAROTTEN-KARTOFFEL-KICHERERBSEN-CURRY  129

KICHERERBSEN-NUDELSUPPE  133

BUTTERNUSSKÜRBIS-GRÜNKOHL-QUINOA-AUFLAUF  134

TABOULI MIT GERÖSTETEN KICHERERBSEN  137

ALLTAGSTAUGLICHER BURRITO-TELLER  139

QUINOA-STIRFRY MIT KNOBLAUCH UND ANANAS  143

CASHEW-SOBANUDELSALAT  144

GERÖSTETE THAI-SÜSSKARTOFFELN  147

GEMÜSE-TOFU-STIRFRY  149

VEGANER COBB-SALAD  152

VEGANE NACHOS  154

SCHARFE TOFU-TOSTADAS  157

WELTBESTE VEGANE ENCHILADAS  159

TAQUITOS MIT SCHWARZEN BOHNEN UND GRÜNEM CHILI  162

VEGANER THUNFISCH-SANDWICH OHNE THUNFISCH  165

VEGANER SANDWICH  166

THAI-QUINOA-FLEISCHBÄLLCHEN  169

DEFTIGE SCHWARZE BOHNEN-BRATLINGE MIT KAKAO  171

THAI-ERDNUSS-BRATLINGE   174

SCHARFE BBQ-JACKFRUCHT-SANDWICHES MIT GEGRILLTER ANANAS   177

PIZZA-BURGER   179

RAUCHIGE BBQ-VEGGIE-BURGER   183

SCHÜSSEL-PIZZA MIT TOFU-RICOTTA   185

SPAGHETTINI MIT HARISSA-ROMESCO   188

BUTTERNUSSKÜRBIS KNOBLAUCH-MAC'N'CHEESE   191

ERDNUSSBUTTER-PAD THAI   193

SÜSSKARTOFFEL-SALBEI-RAVIOLI   197

MARINIERTER KRÄUTER-TOFU   201

TOMATEN-LINSEN-RAGOUT   203

KLASSISCHE VEGANE LASAGNE   205

# Pozole Verde mit weißen Bohnen

*10 ZUTATEN ODER WENIGER
*GF GLUTENFREI

Pozole hat mich immer wegen der komplexen Zubereitungsmethoden eingeschüchtert, aber diese einfache Version besteht aus nur 10 Zutaten, ohne dass dadurch jedoch der Geschmack beeinträchtigt wird. Geröstete Tomatillos, Jalapeños und Poblanos bilden die grüne Grundlage dieses Gerichts, und die weißen Bohnen sorgen für eine buttrige Textur, Proteine und Ballaststoffe. Diese scharfe Suppe schmeckt hervorragend zu Tortilla-Chips, frischem Limettensaft und reifen Avocados.

**4 PORTIONEN**

2 Poblanos

340 g Tomatillos, äußere Hülle entfernen

1-2 Jalapeños, je nach gewünschter Schärfe

2 EL Olivenöl oder Traubenkernöl

4 Knoblauchzehen, gehackt

½ mittelgroße weiße oder gelbe Zwiebel, gewürfelt

960 ml Gemüsebrühe

425 g weiße oder Limabohnen aus der Dose, abgespült und abgetropft

425 g Hominy oder gelber Mais aus der Dose, abgetropft

Meersalz und schwarzer Pfeffer nach Belieben

**BELAG (OPTIONAL)**

Limettensaft

Tortilla-Chips

Reife Avocado, in Würfeln

Frischer Koriander, gehackt

Granatapfelkerne oder Rettich, in dünne Scheiben geschnitten

**ZUBEREITUNG 10 MIN | GARZEIT 45 MIN
GESAMTZEIT 55 MIN**

**01.** Den Ofen auf Grillen vorheizen und ein Rost auf der obersten Schiene positionieren.

**02.** Die ganzen Poblano-Schoten, Tomatillos und Jalapeños (nur eine für weniger Schärfe verwenden) auf ein Backblech legen und wenn der Ofen heiß ist, auf höchster Grillstufe grillen, um die Oberseite zu versengen. Umdrehen und weiter grillen, bis die andere Seite dunkel wird. (Das dauert bei den Tomatillos länger, daher sollte man die Paprika herausnehmen, sobald sie dunkel werden und die Tomatillos weiterrösten, bis sie von oben und unten geschwärzt sind.)

**03.** Während die Paprika rösten, einen großen Topf bei mittlerer Hitze anwärmen.

**04.** Wenn der Topf heiß ist, Olivenöl, Knoblauch und Zwiebel zugeben. Unter häufigem Umrühren garen, bis die Zwiebeln glasig und leicht gebräunt sind, ca. 4-5 Minuten. Dann in einen Mixer geben (oder wenn ein Pürierstab verwendet wird, den Topf vom Herd nehmen.)

**05.** Die versengten Paprikaschoten und Tomatillos aus dem Ofen nehmen und die Paprika zum Dämpfen in Alufolie wickeln. >>>

**06.** 3 Minuten warten, dann die Poblanos, Jalapeños und Tomatillos häuten und entkernen und etwaige Stiele von den Tomatillos entfernen.

**07.** Zusammen mit Knoblauch und den Zwiebeln in einen Mixer geben. Pürieren, aber eventuell nur grob pürieren, wenn Sie eine stückige Konsistenz möchten.

**08.** Die Masse zurück in den Topf bei mittlerer Hitze geben. Brühe, Bohnen und Hominy zugeben und umrühren.

**09.** Zum Köcheln bringen, Hitze reduzieren und weiterköcheln, bis die Bohnen das Aroma der Suppe angenommen haben, mindestens 15 Minuten. Je länger die Kochzeit desto aromatischer der Geschmack.

**10.** Mit Gewürzen abschmecken. Mit oder ohne Garnierungen servieren.

**11.** Die Reste halten sich 4-5 Tage im Kühlschrank oder 1 Monat im Gefrierschrank.

*1 TOPF ODER SCHÜSSEL

*GF GLUTENFREI

# 3-Bohnen-Chili

Dieses 1-Topf-Gericht bietet alles, was ein Gemüse-Chili haben muss. Deftig, gut gewürzt und stückig. Ideal am Wochenende vorzubereiten und unter der Woche aufzuwärmen oder als Imbiss für Gäste im Herbst und Winter. Scharfe Sauce, Avocado und Tortilla-Chips sind perfekt zum Garnieren.

**6 PORTIONEN**

**ZUBEREITUNG 15 MIN | GARZEIT 45 MIN**
**GESAMTZEIT 60 MIN**

1 EL Traubenkernöl, Avocadoöl oder Kokosöl

½ weiße Zwiebel, gewürfelt

1 Knoblauchzehe, gehackt

1-2 TL Meersalz, oder nach Belieben

1 TL schwarzer Pfeffer

65 g Karotten, gewürfelt

1 grüne Paprika, gewürfelt

2 große oder 3 kleine Süßkartoffeln, gewürfelt, mit Schale

125 g Zucchini, kleingeschnitten

2 EL Chilipulver

1 EL gemahlener Kreuzkümmel

1½ TL Knoblauchpulver

1½ TL geräuchertes Paprikapulver

425 g schwarze Bohnen aus der Dose, leicht abgetropft

425 g Pinto-Bohnen aus der Dose, leicht abgetropft

425 g Kichererbsen aus der Dose, abgespült und abgetropft

**01.** Einen großen Topf bei mittlerer Hitze erhitzen. Traubenkernöl, Knoblauch und Zwiebel hineingeben. Mit je einer Prise Salz und Pfeffer würzen. Umrühren.

**02.** 4-5 Minuten garen, bis die Zwiebel glasig und leicht braun ist. Hitze reduzieren, um ein zu schnelles Bräunen zu verhindern.

**03.** Karotten, Paprikaschoten, Süßkartoffeln und Zucchini zugeben. Erneut mit einer kräftigen Prise Salz und Pfeffer würzen, dann mit Chilipulver, Kreuzkümmel, Knoblauchpulver und Paprika würzen.

**04.** Vermengen. Bei mittlerer Hitze 3-4 Minuten garen, damit die Aromen in das Gemüse eindringen können.

**05.** Dann die schwarzen Bohnen, Pinto-Bohnen, Kichererbsen, Tomaten, Tomatensauce, Brühe, Ahornsirup und scharfe Sauce (optional) zugeben. Umrühren.

**06.** Langsam aufkochen, dann die Hitze reduzieren und köcheln lassen. Abgetropften Mais zugeben und unterrühren. Zugedeckt mindestens 30 Minuten köcheln lassen, bis das Gemüse gar und das Chili angedickt ist. Je länger die Kochzeit desto aromatischer und dicker wird das Gericht.

425 g gewürfelte Tomaten in Saft aus der Dose (wenn ohne Salz, mehr Salz verwenden)

120 g Tomatensauce (oder 65 g Tomatenmark und 80 ml Wasser)

600 ml Gemüsebrühe

2-3 EL Ahornsirup oder Agavendicksaft (oder Kokoszucker)

1 EL scharfe Sauce (optional)

425 g Mais aus der Dose, abgetropft

**ZUM SERVIEREN**
Tortilla-Chips

Scharfe Sauce oder Salsa

Reife Avocado, in Scheiben

Frischer Koriander, gehackt

**07.** Probieren und abschmecken. Ich verwende immer extra Chilipulver und Kreuzkümmel und etwas mehr Süßungsmittel, um die Aromen auszubalancieren.

**08.** Heiß mit den genannten Arten von Garnierungen servieren. Reste halten sich zugedeckt im Kühlschrank 4-5 Tage und in der Tiefkühltruhe 1 Monat.

*10 ZUTATEN ODER WENIGER

# Maisbrot-Chili-Potpies

Als ich zur Schule ging, gab es in der Cafeteria meiner Schule das absolut beste Chili. In der Pause bildete sich immer eine lange Schlange, weil es so beliebt war. Dieses Rezept kombiniert mein 3-Bohnen-Chili und mein beliebtes klassisches veganes Maisbrot vom Blog. Das Ergebnis ist ein vom Pot Pie inspiriertes Gericht, das herzhaft, süß und absolut lecker ist. Guten Appetit!

**6–8 PORTIONEN**

**ZUBEREITUNG 15 MIN | GARZEIT 35 MIN**
**GESAMTZEIT 50 MIN**

1½ Leinsameneier (Seite 6)

200 ml ungesüßte Mandelmilch oder selbstgemachte Mandelmilch (Seite 6)

1 TL frisch gepresster Zitronensaft oder Essig

½ TL Natron

75 g vegane Butter, zerlassen

100 g Rohrzucker in Bio-Qualität oder Kristallzucker in Bio-Qualität

30 g ungesüßtes Apfelmus

½ TL Meersalz

110 g feines gelbes Maismehl

110 g ungebleichtes Allzweckmehl

Ca. 1,3 kg 3-Bohnen-Chili (Seite 118)

**01.** Backofen auf 175 °C vorheizen. 6 mittelgroße Auflaufförmchen (Unterseite ca. 7,5 cm Durchmesser) leicht einfetten oder 8 kleine Auflaufförmchen (Unterseite ca. 5 cm Durchmesser). Auf ein sauberes Backblech stellen. Beiseitestellen.

**02.** Die Leinsameneier in einer großen Schüssel zubereiten. 5 Minuten ruhen lassen.

**03.** Mandelmilch in einem Messbecher abmessen und den Zitronensaft hinzufügen. Zum Gerinnen 5 Minuten stehen lassen, dann das Natron zufügen. Erneut umrühren. Beiseitestellen.

**04.** Zerlassene Butter und den Zucker in die Schüssel mit dem Leinsamenei geben. Sehr gut verrühren. Apfelmus zugeben und erneut verrühren. Mandelmilchgemisch zugeben und kräftig umrühren.

**05.** Salz, Maismehl und Mehl zugeben. Mit einem Rührlöffel umrühren, bis keine Klumpen mehr vorhanden sind.

**06.** Die Auflaufförmchen etwas weniger als Dreiviertel mit Chili (kalt oder lauwarm) füllen, dann den Maismehlteig daraufgeben, dabei darauf achten, dass die Förmchen nicht zu voll werden. (*Siehe Anmerkungen zu Teigresten.)

**07.** Die Potpies auf ein Backblech legen, damit nichts in den Ofen tropfen kann, falls die Förmchen überlaufen (abhängig von der Größe Ihrer Förmchen). 32-38 Minuten backen, bis die Ränder des Maisbrots goldbraun sind und die Mitte gar erscheint.

**08.** Aus dem Ofen nehmen und vor dem Servieren 5-10 Minuten abkühlen lassen. Etwas vegane Butter und Ahornsirup oder einer Prise scharfe Sauce (optional) daraufsetzen. Schmeckt am besten frisch zubereitet.

### Anmerkungen

*Übrig gebliebener Teig in mit Papier ausgelegten oder leicht gefetteten Muffin-Förmchen 22-28 Minuten bei 175°C backen, bis ein in die Mitte gestochener Zahnstocher sauber wieder herauskommt.

**\*10** ZUTATEN ODER WENIGER
**\*GF** GLUTENFREI

# Kichererbsen-Fesendschan

Seitdem Johns Tante uns in ein persisches Restaurant in San Diego eingeladen hat, machen wir Fesendschan oft zum Abendessen. Wir verliebten uns sofort in alles, was wir aßen. Dieses Gericht ist eigentlich ein Eintopf, perfekt ausgewogen zwischen herzhaft und süß. Durch die Kichererbsen erhält das Gericht pflanzliche Ballaststoffe und Proteine. Genießen Sie es als Eintopf oder zu Reis – wie wir es bevorzugen und wie es traditionell gegessen wird.

**4 PORTIONEN**

**ZUBEREITUNG 10 MIN | GARZEIT 45 MIN**
**GESAMTZEIT 55 MIN**

180 g rohe Walnüsse

70 ml Granatapfelmelasse (oder 235 ml Granatapfelsaft)

2 EL Olivenöl, Traubenkernöl oder Kokosöl

1 große gelbe Zwiebel, gewürfelt

Je ¼ TL Meersalz und schwarzer Pfeffer, mehr nach Geschmack

425 g Kichererbsen aus der Dose, abgespült und abgetropft

480 ml Gemüsebrühe

2-4 EL Ahornsirup oder Agavendicksaft (oder Kokoszucker)

½ Teelöffel gemahlener Kurkuma und Zimt

1 Prise Muskatnuss (optional)

**ZUM SERVIEREN (OPTIONAL)**

180 g ungekochter Jasminreis\* (oder Blumenkohlreis, Seite 8)

185 g Granatapfelkerne

60 g frische Petersilie, gehackt

**01.** Den Backofen auf 175 °C vorheizen.

**02.** Walnüsse auf ein Backblech geben. 10 Minuten backen.

**03.** Wenn Sie Granatapfelmelasse aus Granatapfelsaft machen, Saft in einen kleinen Topf geben und bei mittlerer Hitze aufkochen. Ca. 30 Minuten weiterköcheln, bis die Farbe dunkler wird und die Menge auf ca. 70 ml reduziert ist. Auf mittlere bis geringe Hitze reduzieren, wenn der Saft zu stark kocht.

**04.** Die Walnüsse nach dem Rösten etwas abkühlen lassen und in einer Küchenmaschine oder in einem Mixer zu feinem Mehl verarbeiten. Beiseitestellen.

**05.** Eine extra große Pfanne (oder einen Topf) bei mittlerer Hitze erhitzen und Olivenöl und Zwiebel hineingeben. Mit je einer Prise Salz und Pfeffer würzen und umrühren. Ca. 4-5 Minuten garen, bis die Zwiebeln glasig und weich sind.

**06.** Kichererbsen, Brühe, Walnussmehl, Granatapfelmelasse, Ahornsirup, Kurkuma, Zimt, ¼ TL Salz, ¼ TL Pfeffer und Muskatnuss hinzufügen. Verrühren und aufkochen. Hitze reduzieren und weitere 10-15 Minuten köcheln lassen, bis die Masse dickflüssig ist und aromatisch riecht. Gelegentlich umrühren. Probieren und abschmecken.

**07.** Fesendschan auf gekochtem Reis* servieren und mit Granatapfelkernen und frisch gehackter Petersilie (optional) garnieren oder als Eintopf genießen.

**08.** Reste halten sich im Kühlschrank 3-4 Tage, aber der Geschmack ist am besten frisch zubereitet.

### Anmerkungen

*Jasmin-Reis zubereiten, während die Walnüsse rösten. In einem großen Topf 180g Reis mit 480ml Wasser zum Kochen bringen. Dann die Hitze reduzieren und zugedeckt 15-20 Minuten köcheln lassen, bis der Reis gar ist. Lesen Sie die Anweisungen auf der Verpackung, da die Kochzeiten je nach Reisart unterschiedlich sein können.

*Als Beilage empfehle ich grünen Salat oder Pita-Brot.

*1 SCHÜSSEL ODER TOPF
*GF GLUTENFREI

# Karotten-Linsen-Suppe mit Curry

Diese robuste 1-Topf-Suppe besitzt ein starkes Curry-Aroma und ist durch die Kokosmilch sehr sahnig und cremig. Die Linsen sorgen für Protein, Eisen und Ballaststoffe, sodass die Suppe ebenso sättigend wie gesund ist. Diese Suppe schmeckt hervorragend als eigenständiges Gericht, kann aber auch zu anderen indischen Hauptgerichten gereicht werden.

**4 PORTIONEN**

**ZUBEREITUNG 10 MIN | GARZEIT 50 MIN**
**GESAMTZEIT 60 MIN**

2 EL Kokosöl

½ mittelgroße weiße oder gelbe Zwiebel, gewürfelt

4 Knoblauchzehen, gehackt

130 g Karotten, fein gewürfelt

Je ¼ TL Meersalz und schwarzer Pfeffer, mehr nach Geschmack

3 EL grüne Currypaste

190 g grüne Trockenlinsen, in einem feinmaschigen Sieb abgespült

720 ml Gemüsebrühe, nach Bedarf etwas mehr

235 ml fettarme Kokosmilch, nach Bedarf etwas mehr

3 EL Ahornsirup (oder ersatzweise Kokoszucker), mehr nach Geschmack

1 TL gemahlene Kurkuma, mehr nach Belieben

**01.** Einen großen Topf bei mittlerer Hitze erwärmen. Kokosöl, Zwiebeln, Knoblauch und Karotten hinzufügen. Mit Salz und Pfeffer abschmecken. Unter häufigem Rühren weiterkochen, bis die Zwiebeln glasig und leicht braun sind, ca. 4-5 Minuten.

**02.** Die Currypaste unter Rühren hinzufügen. Linsen dazugeben und nochmals umrühren.

**03.** Brühe, Kokosmilch, Ahornsirup und Kurkuma zugeben. Bei starker Hitze aufkochen, dann Hitze reduzieren und zugedeckt 30-45 Minuten köcheln lassen, bis die Linsen weich sind. Wenn die Suppe zu dick ist, etwas mehr Kokosmilch oder Brühe zum Verdünnen zugeben.

**04.** Mit Salz, Pfeffer, Kurkuma oder Süßungsmittel abschmecken.

**05.** OPTIONAL: Die Suppe wird cremiger, wenn Sie eine Hälfte der Suppe in einem Mixer (oder mit einem Pürierstab im Topf) pürieren (das Ergebnis ist ähnlich). Wieder in den Topf geben und gut umrühren.

**06.** Pur oder mit frischem Koriander, Frühlingszwiebelringen, Zitronen- oder Limettensaft und/oder Granatapfelkernen servieren. Reste halten sich zugedeckt im Kühlschrank 5 Tage und in der Tiefkühltruhe 1 Monat.

# Masala-Kichererbsen-Curry

*30 MINUTEN ODER WENIGER
*GF GLUTENFREI

Falls Sie es noch nicht gemerkt haben sollten – ich bin ein großer Fan von Kichererbsen und Curry. Dieses Gericht vereint beide Zutaten auf köstlichste Weise. Dank der pürierten Karotten und der Kokosmilch ist die Sauce cremig und üppig. Die Masala-Gewürzmischung verleiht kräftiges Aroma, und die Kichererbsen geben Biss. Mit Reis serviert ist es ein perfektes vegetarisches Gericht.

**4 PORTIONEN**

**ZUBEREITUNG 5 MIN | GARZEIT 25 MIN
GESAMTZEIT 30 MIN**

- 2½ EL Kokosöl
- ½ mittelgroße weiße oder gelbe Zwiebel, gewürfelt
- 5 Knoblauchzehen, fein gehackt
- 1 EL fein geriebener Ingwer
- 190 g Karotten, fein gewürfelt
- Je ¼ TL Meersalz und schwarzer Pfeffer, mehr nach Geschmack
- 4 EL Garam Masala Gewürzmischung*
- 235 ml fettarme Kokosmilch
- 240 ml Gemüsebrühe
- 2–3 EL Ahornsirup (oder ersatzweise Kokoszucker), nach Belieben
- 425 g Kichererbsen aus der Dose, abgespült und abgetropft >>>

**01.** Wenn Sie Reis dazu reichen, den Reis gemäß den Angaben auf der Verpackung zubereiten.

**02.** In der Zwischenzeit eine große Pfanne oder einen großen Topf bei mittlerer Hitze erwärmen. 2 EL Kokosöl, Zwiebeln, Knoblauch, Ingwer und die Karotten hineingeben. Mit je ¼ TL Prise Salz und Pfeffer würzen. Vermengen.

**03.** Zugedeckt unter häufigem Umrühren 4–5 Minuten kochen, bis die Karotten bissfest und die Zwiebeln glasig sind.

**04.** 2½ EL Garam Masala hinzufügen. Vermengen. Kokosmilch, Brühe und Ahornsirup zugeben. Aufkochen. Hitze reduzieren und zudecken. Weitere 5 Minuten garen.

**05.** Die Masse in einer Küchenmaschine oder in einem Mixer zu einer glatten, cremigen Sauce verarbeiten. Mit Salz, Pfeffer und Ahornsirup abschmecken.

**06.** Die Sauce im Mixer lassen und die Kichererbsen zusammen mit ½ EL Kokosöl in den bereits verwendeten Topf geben. Bei mittlerer Hitze kochen. >>>

**ZUM SERVIEREN (OPTIONAL)**

475 g gekochter Reis, Quinoa oder Blumenkohlreis (Seite 8)

Frischer Koriander, Petersilie oder Minze, gehackt

Frisch gepresster Limetten- oder Zitronensaft

**07.** Die verbleibenden 1½ EL des Garam Masala und eine kräftige Prise Salz zugeben.

**08.** 3 Minuten kochen lassen, dann 90 g der Kichererbsen zum Garnieren entnehmen.

**09.** Currysauce zurück in den Topf geben, Kichererbsen zugeben und zugedeckt weitere 10-15 Minuten (bis zu 20-30 Minuten) köcheln lassen. Je länger die Currysauce vor sich hinköchelt, desto intensiver der Geschmack der Sauce und Kichererbsen. In der Zwischenzeit die Garnierungen zubereiten.

**10.** Zum Servieren Sauce auf den Reis geben und mit den zurückbehaltenen Kichererbsen garnieren. Um das Aroma dieses Gerichts zu unterstreichen, eignen sich frischer Limetten- oder Zitronensaft und frische Kräuter - ich empfehle eine großzügige Verwendung.

**11.** Reste halten sich zugedeckt im Kühlschrank 2-3 Tage; frisch zubereitet schmeckt es jedoch am besten. Hält sich bis zu 1 Monat im Gefrierschrank.

**Anmerkungen**

*Selbstgemachtes Garam Masala: 3 EL Kreuzkümmel, 2 EL Knoblauchpulver, 2 EL Paprikapulver, 2 TL Koriander, 2 TL Kardamom, 1 TL Zimt, ½ TL gemahlene Nelken und eine Prise Cayennepfeffer oder rotes Chilipulver.

# Karotten-Kartoffel-Kichererbsen-Curry

*1 SCHÜSSEL ODER WENIGER
*GF GLUTENFREI

Dieses tomatenrote Curry auf pflanzlicher Basis besitzt ein kräftiges Curry-Aroma, ohne zu scharf zu sein. Es ist so sättigend und herzhaft, dass es zusammen mit Reis eine komplette Mahlzeit darstellt. Dieses Gericht schmeckt Veganern und Fleischessern gleich gut. Als Beilage eignen sich Chili-Mangos hervorragend.

**4 PORTIONEN**

**ZUBEREITUNG 10 MIN | GARZEIT 35 MIN
GESAMTZEIT 45 MIN**

2 EL Olivenöl, Traubenkernöl oder Kokosöl

3 Knoblauchzehen, gehackt

½ mittelgroße weiße oder gelbe Zwiebel, gewürfelt

190 g Karotten, grob gewürfelt

6 rote oder gelbe kleine Kartoffeln, in mundgerechte Stücke geschnitten

Je eine kräftige Prise Meersalz und schwarzer Pfeffer, mehr nach Geschmack

425 g Kichererbsen aus der Dose, gut abgespült und abgetropft

80 g rote Currypaste, mehr nach Geschmack

170 g Tomatenmark

360 ml Gemüsebrühe

240 ml Wasser   >>>

**01.** Einen großen Topf bei mittlerer Hitze erwärmen. Olivenöl, Zwiebeln, Knoblauch, Karotten und Kartoffeln hinzufügen. Mit Salz und Pfeffer würzen. Zugedeckt ca. 4 Minuten kochen.

**02.** Kichererbsen und Currypaste zugeben. Vermengen. Noch zwei Minuten kochen, dann vom Herd nehmen.

**03.** Tomatenmark, Brühe, Wasser, Kokoszucker und Kurkuma zugeben. Umrühren. Zurück auf den Herd bei mittlerer Hitze stellen und zudecken. Die Zutaten sollten gerade von der Flüssigkeit bedeckt sein - eventuell etwas mehr Wasser zugeben und aufkochen.

**04.** Hitze reduzieren und zugedeckt weitere 20-25 Minuten köcheln lassen, bis die Kartoffeln gar sind und die Kichererbsen und das Gemüse das Aroma aufgenommen haben.

**05.** Während das Curry kocht, Beilagen und Garnierungen nach Wunsch zubereiten - z.B. Basmatireis, Blumenkohlreis (Seite 8) oder Eingelegte Zwiebeln (Seite 11).

**06.** Abschmecken und eventuell nachwürzen: mehr Curry für ein kräftigeres Aroma und Schärfe, mehr Salz, oder Kokoszucker für mehr Süße.   >>>

2 EL Kokoszucker (oder ersatzweise Rohrzucker in Bio-Qualität oder Ahornsirup), mehr nach Geschmack

½ TL gemahlener Kurkuma

**ZUM SERVIEREN (OPTIONAL)**

Eingelegte Zwiebeln
(Seite 11)

360 g gekochter Basmatireis oder Blumenkohlreis
(Seite 8)

Frisch gehackter Koriander oder frisch gehackte Petersilie

Mit Chilipulver bestreute Mangoscheiben

**07.** Entweder ohne oder mit Beilagen und Garnierungen servieren. Reste bleiben im Kühlschrank 3–4 Tage und im Gefrierschrank 1 Monat frisch. Schmeckt am besten frisch zubereitet.

# Kichererbsen-Nudelsuppe

*1 SCHÜSSEL ODER TOPF
*10 ZUTATEN ODER WENIGER
*GF GLUTENFREI

Jeder braucht eine gute, selbstgemachte Nudelsuppe im Repertoire, besonders wenn einer mal krank wird. Karotten und Selleriestangen liefern Farbe und Ballaststoffe, glutenfreie Nudeln und Kichererbsen sorgen für Protein und Biss und Thymian und Lorbeer bringen die Aromen zusammen. Genießen Sie einen Teller dieser pflanzlichen, einfachen 1-Topf-Suppe.

**6 PORTIONEN**

**ZUBEREITUNG 10 MIN | GARZEIT 50 MIN
GESAMTZEIT 60 MIN**

½ mittelgroße weiße oder gelbe Zwiebel, gewürfelt

4 Knoblauchzehen, grob gehackt

2 EL Olivenöl, Traubenkernöl oder Avocadoöl

5 Karotten, sauber geschrubbt und grob kleingeschnitten

4 Stangen Staudensellerie, grob kleingeschnitten

Je ¼ TL Meersalz und schwarzer Pfeffer, mehr nach Geschmack

1,7–1,9 l Gemüsebrühe (je nach gewünschter Konsistenz)

425 g Kichererbsen aus der Dose, abgespült und abgetropft

4 Stängel Thymian

225 g glutenfreie vegane Spaghetti (oder eine andere Nudelform)

**OPTIONAL**
1 Lorbeerblatt

**01.** Olivenöl, Zwiebeln und Knoblauch in einen großen Topf geben und bei mittlerer Hitze unter häufigem Rühren 5 Minuten anbraten.

**02.** Karotten, Staudensellerie, Salz und Pfeffer zugeben. Umrühren. Zugedeckt 5 Minuten unter gelegentlichem Umrühren kochen lassen.

**03.** Brühe, Kichererbsen, Thymianstängel und Lorbeer (optional) zugeben. Bei geringer Hitze aufkochen. Nudeln in kleine Stücke brechen und in den Topf geben. Beim Kochen gelegentlich umrühren, um zu verhindern, dass die Nudeln zusammenkleben.

**04.** Wenn die Nudeln weich sind (nach ca. 10 Minuten), Hitze reduzieren und zudecken. Weitere 20–30 Minuten köcheln lassen, um die Aromen zu verschmelzen.

**05.** Probieren und ggf. mit Gewürzen abschmecken. Thymian und Lorbeerblatt entfernen und entweder pur oder mit Bauernbrot servieren. Einige Thymianblättern machen die Garnitur farbig.

**06.** Die Reste halten sich 3–4 Tage im Kühlschrank oder 1 Monat im Gefrierschrank.

*10 ZUTATEN ODER WENIGER
*GF GLUTENFREI

# Butternuss-kürbis-Grünkohl-Quinoa-Auflauf

Dieser einfache Quinoa-Auflauf mit 10 Zutaten ist eine Hommage an alles, was ich an Herbst und Winter liebe: kräftige Aromen und Wohlfühlgerichte. Die in Gemüsebrühe gekochte Quinoa hat ein intensives Aroma, der geröstete Butternusskürbis und die Pilze sorgen für Wärme und Erdigkeit, der Grünkohl verleiht Nährstoffe und Farbe. Ideal als Vorspeise oder Beilage, vor allem in der Vorweihnachtszeit.

**6 PORTIONEN**

**ZUBEREITUNG 20 MIN | GARZEIT 35 MIN**
**GESAMTZEIT 55 MIN**

420 g Butternusskürbis, in kleine, mundgerechte Würfel geschnitten (*siehe Anmerkung)

2 EL Traubenkernöl oder Avocadoöl

Meersalz und schwarzer Pfeffer nach Geschmack

140 g weiße Quinoa

360 ml Gemüsebrühe

½ mittelgroße gelbe Zwiebel, in dünne Ringe geschnitten

2 Knoblauchzehen, gehackt

225 g kleine Champignons, geviertelt

60 g Walnüsse, grob gehackt (optional)

200 g Grünkohl, gehackt

2-3 EL veganer Parmesan (Seite 7)

**01.** Eine 20 × 20 cm große Auflaufform (oder vergleichbare Größe) leicht einfetten und den Backofen auf 200 °C vorheizen.

**02.** Ein umrandetes Backblech mit Folie oder Backpapier auslegen. Die Kürbiswürfel und 1 EL Traubenkernöl darauf verteilen. Mit einer kräftigen Prise Salz und Pfeffer würzen.

**03.** Vermengen und 12-14 Minuten backen, bis sie bissfest sind. Den Topf vom Herd nehmen und beiseitestellen.

**04.** Quinoa in der Zwischenzeit gründlich in einem feinmaschigen Sieb abspülen. Zusammen mit der Brühe in einen kleinen Topf geben und bei starker Hitze zum Kochen bringen, dann die Hitze reduzieren und zugedeckt köcheln lassen. Kochen, bis die Flüssigkeit vollständig absorbiert und die Quinoa gar ist, ca. 15 Minuten. Zudecken und beiseitestellen.

**05.** Eine große Pfanne bei mittlerer Hitze erhitzen, dann den restlichen Esslöffel Traubenkernöl, die Zwiebeln und den Knoblauch zugeben. Mit je einer Prise Salz und Pfeffer würzen.

>>>

**06.** Unter häufigem Rühren garen, bis die Zwiebeln weich und glasig sind, ca. 4-5 Minuten. Pilze und Walnüsse (optional) zugeben und erneut mit Salz und Pfeffer würzen. Weitere 5 Minuten garen, bis die Pilze leicht gebräunt sind.

**07.** Inhalt der Pfanne zusammenschieben und den Grünkohl zugeben. Wieder mit Salz und Pfeffer würzen und umrühren. Kochen, bis der Grünkohl beginnt weich zu werden, ca. 3 Minuten. Den Topf vom Herd nehmen und zur Seite stellen.

**08.** Wenn die Quinoa gar ist, mit einer kräftigen Prise Salz und Pfeffer und der Hälfte des veganen Parmesans würzen. Umrühren und nach Belieben abschmecken. Vom Herd nehmen und beiseitestellen.

**09.** Die Ofentemperatur auf 190 °C reduzieren und die gekochte Quinoa in die vorbereitete Auflaufform geben. Die Gemüse-Walnuss-Mischung und den gerösteten Butternusskürbis darübergeben. Vorsichtig vermengen.

**10.** Mit den restlichen 2-3 EL veganem Parmesan bestreuen und ohne Deckel 5-7 Minuten backen. Sofort servieren.

**11.** Reste halten sich zugedeckt 3 Tage, aber das Gericht schmeckt am besten frisch zubereitet.

**Anmerkung**
*Die beste Art Butternusskürbis zu vierteln ist, mit einem großen, sehr scharfen Messer das Ober- und Unterteil abzuschneiden, ihn dann zu halbieren und die Hälften erneut zu halbieren. Mit einem Messer vorsichtig die Schale entfernen. Dann mit einem Löffel die Kerne entfernen. In kleine Würfel schneiden und wie im Rezept angegeben verwenden.

# Tabouli mit gerösteten Kichererbsen

*30 MINUTEN ODER WENIGER
*GF GLUTENFREI

Tabouli ist eine meiner Lieblingsbeilagen, die zu allen mediterranen Gerichten passt. Ich mag den hellen Zitronengeschmack und die leuchtende grüne Farbe der Petersilie. Diese Vorspeise wird durch knusprige, geröstete Kichererbsen zum Hauptgericht. Als eigenständige Mahlzeit oder zusammen mit Ihrem mediterranen Lieblingsgericht reichen. Hummus schmeckt hervorragend dazu.

**2 PORTIONEN ALS HAUPTGERICHT, 4 PORTIONEN ALS BEILAGE**

**VORBEREITUNG 7 MIN | GARZEIT 23 MIN
GESAMTZEIT 30 MIN**

**KICHERERBSEN**

- 425 g Kichererbsen aus der Dose, abgespült und abgetropft
- 1 EL Olivenöl, Traubenkernöl oder Avocadoöl
- 1 TL getrockneter Oregano
- ½ TL gemahlener Zimt
- 1 TL gemahlener Kreuzkümmel
- Je ½ TL Meersalz und schwarzer Pfeffer
- ½ TL geräuchertes Paprikapulver (optional)

**SALAT**

- 180 g frische Petersilie, gehackt
- 55 g gelbe Zwiebeln, fein gewürfelt
- 150 g Kirschtomaten, fein gewürfelt
- 3 EL Olivenöl
- Saft von zwei Zitronen
- Je eine Prise Meersalz und schwarzer Pfeffer >>>

**01.** Den Backofen auf 190 °C vorheizen.

**02.** Kichererbsen mit Olivenöl, Oregano, Zimt, Kreuzkümmel, Salz, Pfeffer und Paprika (optional) vermengen und auf einem Backblech mit Rand verteilen. 20-23 Minuten backen, bis sie geröstet und goldbraun sind. Beiseitestellen.

**03.** In der Zwischenzeit den Tabouli zubereiten: Petersilie, Zwiebeln und Tomaten in eine mittelgroße Schüssel geben und mit Olivenöl und Zitronensaft vermengen. Nach Geschmack mit je einer Prise Salz und Pfeffer abschmecken.

**04.** Dressing: Hummus oder Tahini, Knoblauch, Zitronensaft, Dill und Ahornsirup verrühren. Wasser oder Mandelmilch zugeben, damit eine gießbare Sauce entsteht. Probieren und abschmecken.

**05.** Zum Servieren Kichererbsen (warm oder Raumtemperatur) und Dressing über den Tabouli geben. Pita-Brot eignet sich gut zum „Löffeln" oder Garnieren. >>>

**DRESSING**

60 g Hummus (oder ersatzweise Tahini)

2 Knoblauchzehen, gehackt

Saft einer ½ Zitrone

½ TL getrockneter Dill (oder 1½ TL frischer Dill)

1 EL Ahornsirup oder Agavendicksaft

2-3 EL Wasser oder ungesüßte Mandelmilch (Natur) oder selbstgemachte Mandelmilch (Seite 6)

**06.** Schmeckt am besten frisch zubereitet, hält sich aber 2-3 Tage im Kühlschrank. Die Kichererbsen getrennt vom Salat in einem luftdichten Behälter bei Raumtemperatur aufbewahren.

# Alltagstauglicher Burrito-Teller

*30 MINUTEN OD. WENIGER
*GF GLUTENFREI

Wenn Sie auch süchtig nach Chipotle sind wie wir, dann kann es günstiger sein, wenn man Burrito-Teller selbst zubereitet – und jeder bekommt genau, was er am liebsten mag. Dieses Rezept ist ziemlich einfach und der Beweis dafür, dass man seinen eigenen Burrito-Teller in nur 30 Minuten selbst zubereiten kann. Man muss keine Chips dazu essen. Also gut. Chips muss man auf jeden Fall dazu essen.

**4 PORTIONEN**

**ZUBEREITUNG 5 MIN | GARZEIT 25 MIN
GESAMTZEIT 30 MIN**

**REIS**

200 g weißer ungekochter Reis*

480 ml Wasser

¼ TL Meersalz

Saft einer ½ Limette

2 EL frischer Koriander, gehackt

**SCHWARZE BOHNEN**

425 g schwarze Bohnen aus der Dose*, leicht abgetropft (falls ungesalzen, ¼ TL Salz zufügen)

Je ¼ TL Knoblauchpulver, gemahlener Kreuzkümmel und Chilipulver

**PAPRIKA UND ZWIEBELN**

1 EL Traubenkernöl, Avocadoöl oder Kokosöl

1 grüne Paprika, ohne Kerne, in dünne Scheiben geschnitten

½ mittelgroße rote Zwiebel, in dünne Scheiben geschnitten

Je eine Prise Meersalz und schwarzer Pfeffer  >>>

**01.** Den Reis in einem feinmaschigen Sieb abspülen. Zusammen mit dem Wasser in einen kleinen Topf geben. Aufkochen, Hitze reduzieren und zugedeckt so lange köcheln lassen, bis das gesamte Wasser absorbiert ist, 15-20 Minuten. Den Deckel erst hochheben, wenn der Reis gar ist.

**02.** Während der Reis kocht, die schwarzen Bohnen bei mittlerer Hitze in einen kleineren Kochtopf geben. Zum Köcheln bringen, Knoblauchpulver, Kreuzkümmel und Chilipulver zugeben und umrühren. Hitze reduzieren und unter gelegentlichem Rühren warmhalten.

**03.** Eine große Pfanne bei mittelgroßer Hitze erwärmen und das Traubenkernöl, die Paprika, Zwiebeln, Salz und Pfeffer hineingeben, sobald die Pfanne warm ist. 3-4 Minuten unter häufigem Rühren anbraten, bis das Gemüse gar ist und anfängt braun zu werden. Beiseitestellen.

**04.** Während die Paprika und Zwiebeln garen, die Zutaten für die Mais-Salsa in eine Schüssel geben und vermengen. Probieren und abschmecken. Beiseitestellen.

**05.** Alle Zutaten für die Guacamole in eine kleine Schüssel geben. Mit einer Gabel oder einem Kartoffelstampfer zerdrücken. Probieren und ggf. nachwürzen.  >>>

**MAIS-SALSA\***

150 g Mais, frisch oder aus der Dose

35 g Tomaten, fein gewürfelt

1 Jalapeño, ohne Kerne, fein gewürfelt

25 g rote Zwiebeln, fein gewürfelt

Saft einer ½ Limette

1 EL frischer Koriander, gehackt

Je eine Prise Meersalz und schwarzer Pfeffer, mehr nach Geschmack

**GUACAMOLE**

1 reife Avocado

Saft einer ½ Limette

Je eine Prise Meersalz und schwarzer Pfeffer, evtl. mehr

1 EL frischer Koriander, gehackt

**06.** Wenn der Reis gar ist, vom Herd nehmen. Salz, Limettensaft und Koriander zufügen.

**07.** Zum Servieren: Reis in Schälchen geben und Bohnen, Paprika und, Mais-Salsa, Guacamole und andere Garnierungen darübergeben. Ich mag dazu noch rote Salsa, scharfe Sauce und Tortilla-Chips.

**08.** Reste halten sich separat (zugedeckt) 3-4 Tage im Kühlschrank. Die Mais-Salsa hält sich 5-7 Tage.

Anmerkungen

*Ich verwende am liebsten weißen Reis, da er schneller gar ist und die Zubereitungszeit unter 30 Minuten bleibt. Aber man kann genauso gut Vollkornreis verwenden.

*Um das Gericht etwas abzuwandeln, kann man die schwarzen Bohnen durch vegane gebackene Bohnen oder Pinto-Bohnen ersetzen.

*Statt der Mais-Salsa können Sie auch rote oder grüne Salsa verwenden.

# Quinoa-Stirfry mit Knoblauch und Ananas

*30 MINUTEN ODER WENIGER
*10 ZUTATEN ODER WENIGER
*GF GLUTENFREI

Reis-Stirfry ist eins meiner asiatischen Lieblingsgerichte. Da es aber nicht eins der gesündesten Gerichte ist, bereite ich es wegen des Proteins und der Nährstoffe mit Quinoa zu. Ich habe auch die Idee meiner College-Kommilitonin, die eins der besten Reis-Stirfrys gemacht hat, übernommen und verwende Cashewkerne und Ananas. Die Sauce mit 5 Zutaten kombiniert alles, was eine würzige, herzhafte Vorspeise oder Beilage braucht.

**4 PORTIONEN**

ZUBEREITUNG 10 MIN | GARZEIT 10 MIN
GESAMTZEIT 20 MIN*

**STIRFRY**
210 g ungekochte Quinoa, abgespült*

600 ml Wasser

1 EL geröstetes Sesamöl oder Kokosöl

85 g Frühlingszwiebeln, in Ringen

3 Knoblauchzehen, gehackt

65 g Erbsen, frisch oder gefroren

80 g geröstete, gesalzene Cashewkerne

110 g Ananas, gewürfelt

**SAUCE**
1 EL geröstetes Sesamöl

60 ml Sojasauce oder Tamari

4-5 EL Ahornsirup (oder ersatzweise Rohrzucker in Bio-Qualität)

3 Knoblauchzehen, gehackt

3-4 EL gesalzene natürliche Erdnussbutter, Cashewbutter oder Mandelbutter

**01.** Quinoa und Wasser in einen großen Topf geben. Bei starker Hitze aufkochen, dann die Hitze reduzieren. Zugedeckt köcheln lassen, bis die gesamte Flüssigkeit aufgenommen ist, ca. 15 Minuten. Beiseitestellen.

**02.** Alle Zutaten für die Sauce in einer kleinen Schüssel verrühren und beiseitestellen.

**03.** Eine große Pfanne bei mittlerer Hitze erwärmen, dann Sesamöl, Frühlingszwiebeln, Knoblauch und 1 EL Sauce hinzugeben. 1-2 Minuten anbraten, dann die Erbsen hinzufügen. Weitere 2 Minuten garen. Den Herd auf mittlere Hitze einstellen. Die gekochte Quinoa und zwei Drittel der Sauce hinzugeben (den Rest zum Servieren aufbewahren). Gründlich vermengen. Weitere 1-2 Minuten garen.

**04.** Cashewkerne und Ananas zugeben. Vermengen. Weitere 1-2 Minuten unter häufigem Rühren garen.

**05.** Mit der restlichen Sauce als Beilage servieren. Gehackte Frühlingszwiebeln oder Koriander sorgen für einen Farbtupfer. Schmeckt am besten frisch, aber Reste halten sich 3-4 Tage zugedeckt im Kühlschrank.

### Anmerkungen
*Gesamtzeit berücksichtigt nicht die Garzeit der Quinoa.

**\*30** MINUTEN ODER WENIGER
**\*GF** GLUTENFREI

# Cashew-Sobanudelsalat

Sobanudeln aus Buchweizen sind immer noch relativ unbekannt, aber ich denke, sie verdienen mehr Beachtung. Sie sind schnell und einfach zuzubereiten und nehmen jede Sauce auf, mit der sie serviert werden. Dieser Nudelsalat ist vollgepackt mit Proteinen und gesunden Fetten aus geschälten Edamame und Cashewkernen. Mangos verleihen diesem pflanzlichen 30-Minuten-Gericht Farbe und einen Hauch Süße.

**2 PORTIONEN ALS HAUPTGERICHT, 4 PORTIONEN ALS BEILAGE**

140 g Sobanudeln (ersatzweise glutenfreie Reisnudeln)

155 g geschälte Edamame

130 g Karotten, in dünne Scheiben geschnitten

1 rote Paprika, in dünne Scheiben geschnitten

80 g Zuckerschoten, halbiert

15 g frischer Koriander, gehackt

30 g geröstete gesalzene Cashewkerne, gehackt, und einige zum Servieren

1 Mango, geschält und in mundgerechte Stücke geschnitten

1 Limette, in Scheiben geschnitten, zum Garnieren

**CASHEW-INGWER-DRESSING**

130 g gesalzene, cremige Cashewbutter (ersatzweise Mandel- oder Erdnussbutter – wenn Sie ungesalzene Nussbutter verwenden, nehmen Sie etwas mehr Sojasauce)

2 EL Tamari oder Sojasauce, sowie etwas mehr für die Nudeln

**VORBEREITUNGSZEIT 20 MIN | GARZEIT 10 MIN GESAMTZEIT 30 MIN**

**01.** Sobanudeln gemäß Packungsanweisung kochen. Abgießen, mit kaltem Wasser abspülen und beiseitestellen.

**02.** Während die Nudeln kochen, das Gemüse zubereiten. Edamame 1 Minute zugedeckt in der Mikrowelle oder in einem kleinen Topf mit 1-2 EL Wasser zugedeckt bei mittlerer Hitze garen, ca. 2 Minuten bis sie gut durchgewärmt sind. Beiseitestellen.

**03.** Dressing: Alle Zutaten (außer dem Wasser) mit einem Schneebesen verrühren. Dann ausreichend warmes Wasser (ca. 2-3 EL) zugeben, bis eine gießbare Sauce entsteht. Probieren und ggf. nachwürzen.

**04.** Alle Salatzutaten in eine große Schüssel geben und mit 1 EL Sojasauce und 1 TL geröstetem Sesamöl vermengen. Dann die gewünschte Menge Dressing darübergeben und bei Raumtemperatur oder gekühlt servieren.
Mit Chili-Knoblauchsauce für etwas mehr Schärfe und einigen gerösteten Cashewkernen servieren (optional).

**05.** Reste halten sich 2-3 Tage im Kühlschrank, aber die Nudeln schmecken frisch zubereitet am leckersten.

¾ TL Chili-Knoblauchsauce

2 EL Ahornsirup oder Agavendicksaft (ersatzweise Kokoszucker)

Saft einer ½ Limette

1 TL frisch geriebener Ingwer

1 TL geröstetes Sesamöl, plus etwas mehr für die Nudeln

Heißes Wasser zum Verdünnen

# Geröstete Thai-Süßkartoffeln

*30 MINUTEN ODER WENIGER
*GF GLUTENFREI

Meine Mediterranen Gebackenen Süßkartoffeln sind eines der beliebtesten Rezepte auf unserem Blog und diese Thai-Version basiert auf demselben Rezept. Knusprig würzige Kichererbsen sorgen für viel Eiweiß und Ballaststoffe, und die Ingwer-Tahini-Sauce bildet den perfekten Rahmen. Ein ideales Essen unter der Woche, wenn man wenig Zeit hat, aber trotzdem etwas Leckeres möchte.

**4 PORTIONEN**

**ZUBEREITUNG 5 MIN | GARZEIT 25 MIN**
**GESAMTZEIT 30 MIN**

4 mittelgroße Süßkartoffeln in Bio-Qualität, halbiert

1 EL Traubenkernöl

**KICHERERBSEN**
425 g Kichererbsen aus der Dose, abgetropft

1 TL Knoblauchpulver

1 TL gemahlener Kreuzkümmel

½ TL gemahlener oder frischer Ingwer

¼ TL gemahlener Koriander

1 EL Ahornsirup

1 EL Sojasauce

½ TL Chili-Knoblauchsauce

½ EL Kokosöl

**INGWER-TAHINI-SAUCE**
1 TL frischer Ingwer, gerieben

55 g Tahini (oder Erdnussbutter)

Saft einer 1 Limette

1-2 EL Sojasauce oder Tamari (falls das Gericht glutenfrei sein soll)    >>>

**01.** Den Backofen auf 200 °C vorheizen und die Süßkartoffelhälften von allen Seiten mit Öl einreiben. Auf ein mit Alufolie ausgelegtes Backblech setzen und 25 Minuten backen (je nach Größe der Süßkartoffeln eventuell länger) bis sie weich sind. Beiseitestellen.

**02.** In der Zwischenzeit eine mittelgroße Pfanne bei mittlerer Hitze erwärmen. Kichererbsen mit Knoblauchpulver, Kreuzkümmel, Ingwer, Koriander, Ahornsirup, Sojasauce und Chili-Knoblauchsauce in einer kleinen Schüssel vermengen.

**03.** Kokosöl in die heiße Pfanne geben. Kichererbsen anbraten, bis sie sichtlich gebräunt und leicht getrocknet sind (ca. 5 Minuten). Beiseitestellen.

**04.** Sauce: Alle Zutaten (bis auf das Wasser) in dieselbe Schüssel geben, die Sie für die Kichererbsen verwendet haben. Gut verrühren. Heißes Wasser zugeben, bis die Masse so flüssig ist, dass man sie gießen kann. Probieren und ggf. nachwürzen.

**05.** Die gebackenen Süßkartoffeln zum Servieren auf Teller legen. Vorsichtig in die Mitte der Kartoffeln eine Mulde drücken und die Kichererbsen hineingeben. Sauce darübergeben und nach Wahl garnieren.    >>>

2-3 EL Ahornsirup (oder Kokoszucker oder brauner Zucker in Bio-Qualität)

½ TL Chili-Knoblauchsauce

Heißes Wasser zum Verdünnen (1-4 EL)

**ZUM GARNIEREN (OPTIONAL)**
2 Frühlingszwiebeln, in Ringen

15 g frischer Koriander, fein gehackt

½ Limette, geviertelt

½ TL Chili-Knoblauchsauce (optional)

1 TL Sesamsamen oder gesalzene, geröstete Erdnüsse (optional)

**06.** Reste halten sich separat (zugedeckt) 3 Tage im Kühlschrank. In der Mikrowelle oder im Ofen bei 175 °C aufwärmen (ca. 20 Minuten).

# Gemüse-Tofu-Stirfry

*10 ZUTATEN ODER WENIGER
*GF GLUTENFREI

Wenn man Tofu selbst mariniert, kann man einer Mahlzeit auf einfache Weise viel Geschmack verleihen. Diese einfache Sauce erhält das Aroma durch die Sojasauce, Chili-Knoblauchsauce und das geröstete Sesamöl. Durch frisches Gemüse und weißen, Vollkorn- oder Blumenkohlreis (Seite 8) wird dieses Gericht zu einer kompletten Mahlzeit. Wer es scharf mag, kann dazu Chili-Knoblauchsauce reichen.

**2 PORTIONEN**

**ZUBEREITUNG 2 STD 30 MIN | GARZEIT 15 MIN
GESAMTZEIT 2 STD 45 MIN**

285 g extrafester Tofu

1 EL geröstetes Sesamöl

350 g rohes Gemüse, kleingeschnitten (Brokkoli, Karotten und/oder Blumenkohl)

**MARINADE**
1-2 EL Chili-Knoblauchsauce (weniger, falls zu scharf)

60 ml Ahornsirup oder Agavendicksaft (ersatzweise Kokoszucker)

60 ml Tamari oder Sojasauce (Tamari für ein glutenfreies Gericht)

3 Knoblauchzehen, gehackt

Saft einer Limette

1 EL geröstetes Sesamöl

1 EL Maisstärke oder Pfeilwurzelstärke zum Andicken

**01.** Tofu in ein sauberes, saugstarkes Handtuch einwickeln und einen schweren Gegenstand zum Herausdrücken der Flüssigkeit darauflegen, z.B. eine gusseiserne Pfanne. 15 Minuten ruhen lassen. In der Zwischenzeit die Marinade vorbereiten.

**02.** Alle Zutaten für die Marinade (außer Maismehl) in einen Gefrierbeutel geben und gut schütteln. Den ausgedrückten Tofu würfeln und in die Marinade geben. Vermengen.

**03.** Mindestens 2 Stunden in den Kühlschrank stellen (am besten über Nacht, maximal 48 Stunden). Je länger der Tofu mariniert, desto stärker wird das Aroma.

**04.** Eine große Pfanne bei mittlerer Hitze erwärmen. Sobald sie heiß ist, 1 EL Sesamöl hineingeben. Den Tofu mit einem Schaumlöffel in die Pfanne geben, sodass der größte Teil der Marinade im Beutel verbleibt.

**05.** 4-5 Minuten unter häufigem Rühren garen und 1-2 EL Marinade zum Würzen zugeben. Tofu wenden, damit er von allen Seiten bräunt. Hitze reduzieren, um ein zu schnelles Bräunen zu verhindern. Die Pfanne vom Herd nehmen und den Tofu herausnehmen. Beiseitestellen (siehe Anmerkung).

>>>

**06.** Maismehl in die Marinade im Beutel geben. Inhalt gut vermischen, sodass er andickt.

**07.** Die Pfanne wieder bei mittlerer Hitze aufsetzen. Gemüse und Marinade hineingeben. Gemüse unter häufigem Rühren 1-2 Minuten bissfest garen. Tofu dazugeben und weitere 1-2 Minuten braten.

**08.** Pur oder mit weißem, Vollkorn- oder Blumenkohlreis servieren (Seite 8). Wer es scharf mag, kann dazu Chili-Knoblauchsauce reichen.

**09.** Reste halten sich 3 Tage im Kühlschrank. In der Mikrowelle oder einer kleinen Pfanne bei mittlerer Hitze erwärmen.

---

**Anmerkungen**

*Damit der Tofu nach dem Sautieren noch fester wird, kann er auf einem mit Backpapier ausgelegten Backblech bei 205 °C 20-30 Minuten im Ofen getrocknet werden. Das Garen des Gemüses unterbrechen und danach mit dem Rezept fortfahren.

*10 ZUTATEN ODER WENIGER
*30 MINUTEN ODER WENIGER
*GF GLUTENFREI

# Veganer Cobb-Salat

Ich habe schon immer gern Cobb-Salat gegessen, und diese vegane Version ist eins meiner Lieblingsgerichte. Quinoa, Avocado, Kichererbsen und Pecannüsse auf einem Bett aus Grün – genauso lecker wie gesund. Die Balsamico-Vinaigrette ist die perfekte Abrundung der Aromen. Entweder als eigenständiges Hauptgericht oder als Beilage zu fast jedem Gericht servieren.

**2 PORTIONEN ALS HAUPTGERICHT, 4 PORTIONEN ALS BEILAGE**

- 90 g Quinoa, ungekocht
- ½ EL Traubenkernöl, Avocadoöl oder zerlassenes Kokosöl
- 240 ml Gemüsebrühe oder Wasser
- 140 g Salatgrün oder junger Spinat
- ¼ rote Zwiebel, in dünne Scheiben geschnitten
- 1 reife Avocado, klein geschnitten
- 165 g gekochte Kichererbsen, abgespült und abgetropft
- 75 g Kirschtomaten, halbiert
- 25 g geröstete ungesalzene Pecannüsse*

**ZUBEREITUNG 10 MIN | GARZEIT 20 MIN**
**GESAMTZEIT 30 MIN**

**01.** Quinoa gründlich in einem feinmaschigen Sieb abspülen. Quinoa und Traubenkernöl in einen kleinen Topf geben und 2-3 Minuten unter häufigem Umrühren rösten.

**02.** Brühe hineingeben, aufkochen, Hitze reduzieren, zudecken und 15 Minuten köcheln lassen, bis die Quinoa gar ist und die gesamte Flüssigkeit absorbiert ist. Beiseitestellen.

**03.** Gemüse und Kichererbsen vorbereiten. Beiseitestellen.

**04.** Zum Servieren den Salat in eine große Schüssel oder auf eine große Platte geben, restliche Zutaten darübergeben (Quinoa kann warm oder bei Raumtemperatur serviert werden).

**05.** Vermengen oder mit dem Dressing Ihrer Wahl (siehe Anmerkung) servieren. Zugedeckte Reste halten sich im Kühlschrank 2-3 Tage, aber der Salat schmeckt frisch zubereitet am allerleckersten.

### Anmerkungen

*Wenn die Pecannüsse roh sind, können Sie die Nüsse auf einem Backblech mit Rand 10 Minuten bei 175 °C im Ofen rösten.

*Statt des dargestellten Veganen Caesar-Dressings (Rezept auf 108), können Sie auch eine einfache Balsamico-Vinaigrette verwenden: 45 ml Balsamico-Essig, 2 TL Ahornsirup, je eine Prise Meersalz und schwarzer Pfeffer und 80 ml Olivenöl in ein Einmachglas (oder kleine Schüssel) geben und kräftig schütteln (bzw. verquirlen).

**30** MINUTEN ODER WENIGER
**GF** GLUTENFREI

# Vegane Nachos

Ich habe auf dem Blog eine Version veganer Nachos entwickelt, wollte sie aber mit meiner Veganen 20-Minuten-Quesosauce zusammenbringen, weil sie das Aroma und die Konsistenz einer echten Käsesauce hat. Man kann dazu fast alles reichen, und wenn es selbstgemachte Chips sind, wird daraus ein ziemlich gesunder Snack oder eine Mahlzeit.

**4 PORTIONEN**

**ZUBEREITUNG 10 MIN | GARZEIT 20 MIN**
**GESAMTZEIT 30 MIN**

20 gelbe Mais-Tortillas, in kleine Keile geschnitten (siehe Anmerkung)

Antihaft-Kochspray (zum Einsprühen der Tortillas)

½ TL Meersalz

185 g schwarze Bohnen (falls ungesalzen, nach Belieben mit Salz würzen)

1 Portion Vegane 20-Minuten-Quesosauce (Seite 71), angewärmt

35 g schwarze Oliven, klein geschnitten (optional)

**PICO DE GALLO**
15 g frischer Koriander, gehackt

¼ rote Zwiebeln, gewürfelt

80 g Tomaten, gewürfelt

Saft einer Limette

1 Prise Meersalz

**GUACAMOLE**
1 reife Avocado

Saft einer Limette

1 Prise Meersalz

**01.** Den Backofen auf 190 °C vorheizen (Schritt 01 überspringen, wenn Sie Chips aus dem Supermarkt verwenden). Die Tortillas mit dem Kochspray einsprühen (oder bepinseln) und mit Salz würzen. Vermengen. Auf zwei Backblechen ausbreiten. Portionsweise 10-12 Minuten backen, einmal nach der Hälfte der Zeit umdrehen, um ein gleichmäßiges Garen zu gewährleisten. Beiseitestellen.

**02.** In der Zwischenzeit die schwarzen Bohnen in einem kleinen Topf bei mittlerer Hitze erhitzen. Sobald sie kochen, die Hitze reduzieren, um die Bohnen bei gelegentlichem Umrühren warmzuhalten.

**03.** Alle Zutaten in eine Schüssel geben und vermengen - fertig ist der Pico de Gallo. Vermengen.

**04.** Alle Zutaten für die Guacamole in eine kleine Schüssel geben. Zerdrücken. Probieren und abschmecken.

**05.** Zum Servieren die Chips auf eine große Servierplatte geben und die Quesosauce, schwarze Bohnen, schwarze Oliven (optional), Pico de Gallo, Guacamole und andere Garnierungen wie Koriander, Salsa oder scharfe Sauce darübergeben.

**Anmerkungen**
*Wenn es schnell gehen soll: Verwenden Sie Tortilla-Chips aus dem Supermarkt.

# Scharfe Tofu-Tostadas

*30 MINUTEN ODER WENIGER
*GF GLUTENFREI

Dieses Rezept wurde vom Sofritas Tofu bei Chipotle inspiriert. Wenn Sie kein Tofu-Fan sind, dann wird dieses Rezept Sie vielleicht umstimmen. Es ist voll mit rauchigem Southwest-Aroma, Paprika, Zwiebeln und Tomaten, und die Zubereitung dauert nur 30 Minuten. Lecker in Burrito-Tellern, Tacos, Nachos oder auf knusprigen Tostadas so wie hier.

**3 PORTIONEN (ERGIBT 6 TOSTADAS)**

**ZUBEREITUNG 5 MIN | GARZEIT 25 MIN**
**GESAMTZEIT 30 MIN**

2 EL Traubenkernöl oder Avocadoöl

5 Knoblauchzehen, gehackt

½ weiße oder gelbe Zwiebel, gewürfelt

½ grüne oder rote Paprikaschote, gewürfelt

Je ¼ TL Meersalz und schwarzer Pfeffer, mehr nach Geschmack

285 g extra-festen Tofu, abgetupft und mit einer Gabel zerkrümelt

1½ TL Chilipulver

1½ TL gemahlener Kreuzkümmel

1 TL Knoblauchpulver

1 Chipotle-Schote in Adobo-Sauce, kleingeschnitten, sowie 1 TL Adobo-Sauce (optional)

240 ml Gemüsebrühe

130 g rote Salsa

**TOSTADAS**
6 weiße oder gelbe Mais-Tortillas

1-2 EL Traubenkernöl oder Avocadoöl (zum Bepinseln) >>>

**01.** Eine große Pfanne bei mittlerer Hitze erhitzen. Traubenkernöl, Knoblauch und Zwiebeln und Paprika hineingeben. Mit je einer Prise Salz und Pfeffer würzen. Unter häufigem Rühren 3-4 Minuten garen, bis die Zwiebeln glasig und die Paprika leicht gebräunt sind.

**02.** Hitze erhöhen und zerkrümelten Tofu hineingeben. 5-6 Minuten zum Anbräunen unter häufigem Rühren garen. Dann Chilipulver, Kreuzkümmel und Knoblauchpulver hineingeben. Vermengen.

**03.** Chipotle, Adobo-Sauce (optional), Brühe und Salsa zugeben. Verrühren, Hitze reduzieren, zudecken und mindestens 15 Minuten köcheln lassen. Je länger der Tofu köchelt, desto stärker nimmt er die Aromen auf. Gelegentlich umrühren.

**04.** Garnierungen vorbereiten (falls gewünscht).

**05.** Kurz vor dem Servieren den Ofen auf Grillen vorheizen und ein Rost auf oberster Schiene positionieren.

**06.** Die Mais-Tortillas mit dem Traubenkernöl bepinseln und auf 1 oder 2 Backblechen ausbreiten, darauf achten, dass sie nicht zu voll sind. 2-3 Minuten von jeder Seite grillen, bis sie hellbraun und knusprig sind. Gut aufpassen, dass sie nicht verbrennen. Beiseitestellen. >>>

**GARNIERUNGEN**

Avocado (oder Guacamole)

Salsa Ihrer Wahl

Scharfe Sauce

Rote Zwiebel, gewürfelt

Koriander, gehackt

**07.** Zum Servieren die Tostadas mit Tofu und anderen Garnierungen belegen. Mir gefallen Avocado, Limettensaft, scharfe Sauce, gehackter Koriander und rote Zwiebeln am besten.

**08.** Tofureste halten sich im Kühlschrank 5 Tage, schmecken aber frisch zubereitet am leckersten.

**Anmerkung**

*Der Tofu schmeckt auch gut in Burritos, Tacos oder in Salaten.

# Weltbeste vegane Enchiladas

*10 ZUTATEN ODER WENIGER
*GF GLUTENFREI

Ich habe lange Zeit keine perfekten veganen Enchiladas hinbekommen, aber „gut Ding' braucht anscheinend gut' Weil". Mais-Tortillas bleiben weich mit zart knusprigen Rändern, die Bohnenmus-Poblano-Füllung ist würzig und schlicht und die selbst gemachte Enchiladasoße ist reichhaltig und subtil gewürzt. Ideal für Gäste oder als einfache und schnelle Mahlzeit unter der Woche.

**4 PORTIONEN (ERGIBT 8 TOSTADAS)**

**ZUBEREITUNG 15 MIN | GARZEIT 35 MIN
GESAMTZEIT 50 MIN**

### SAUCE
1 EL Traubenkernöl, Avocadoöl oder Kokosöl

½ weiße Zwiebel, gewürfelt

3 Knoblauchzehen, gehackt

425 g Tomatensauce

1 Chipotle-Schote in Adobo (Dose), gehackt, plus 1 TL Adobo-Sauce (evtl. mehr)

120 ml Wasser (ersatzweise Gemüsebrühe)

1–2 EL Ahornsirup (oder ersatzweise Kokoszucker), evtl. mehr

Meersalz und schwarzer Pfeffer nach Geschmack

### ENCHILADAS
1 EL Traubenkernöl, Avocadoöl oder Kokosöl

½ weiße Zwiebel, gewürfelt

>>>

**01.** Eine große Pfanne bei mittlerer Hitze erhitzen, 1 EL Traubenkernöl, Zwiebeln und Knoblauch zugeben. Unter häufigem Rühren garen, bis die Zwiebeln weich und glasig sind, ca. 4–5 Minuten.

**02.** Tomatensauce, Chipotle-Schote, Adobo-Sauce (mehr nach Geschmack) und Wasser hinzufügen. Hitze reduzieren und 5 Minuten zugedeckt köcheln lassen (um Spritzer zu vermeiden).

**03.** Die Sauce (im Mixer) gut vermischen. Abschmecken und evtl. nachwürzen: mehr Adobo-Sauce für mehr Schärfe, Salz für Geschmackstiefe und Ahornsirup für Süße.

**04.** Die Pfanne leicht abspülen und bei mittlerer Hitze aufsetzen, um die Füllung zuzubereiten. Den Backofen auf 175 °C vorheizen.

**05.** Sobald die Pfanne heiß ist, 1 EL Traubenkernöl, Zwiebeln und Poblano-Schote zugeben. Mit je einer Prise Salz und Pfeffer würzen. Braten, bis die Zwiebel glasig ist und die Poblano-Schote leicht gebräunt, ca. 3–4 Minuten.

>>>

1 Poblano, Samen entfernt, gewürfelt

Meersalz und schwarzer Pfeffer nach Geschmack

425 g vegetarische Bohnenpaste oder Pinto-Bohnen, gut abgetropft

8 weiße oder gelbe Mais-Tortillas

**BELAG (OPTIONAL)**

Limettensaft

Rote Zwiebel, gewürfelt

Reife Avocado, in Scheiben

Koriander, gehackt

**06.** Bohnenpaste zugeben und verrühren. Ca. 90 ml Enchilada-Sauce für zusätzliches Aroma zugeben. Probieren und abschmecken. Den Topf vom Herd nehmen und beiseitestellen.

**07.** Die Tortillas in ein feuchtes Papier- oder Handtuch wickeln und in der Mikrowelle 30 Sekunden erwärmen. (Alternativ können die Tortillas zum Erwärmen 1 Minute direkt auf ein Ofenrost gelegt werden.)

**08.** Etwas Sauce auf den Boden der 23 × 33 cm Auflaufform geben. Gleichmäßig verteilen. Ein Mais-Tortilla in die Form legen. Jeweils eine kleine Menge Füllung daraufgeben (denken Sie daran, dass 8-10 Tortillas gefüllt werden müssen), dann die Tortilla aufrollen. Die Tortillas mit der Nahtseite nach unten an den Rand der Auflaufform legen. Fortfahren, bis alle Tortillas gefüllt und aufgerollt sind, evtl. mehr Sauce verwenden.

**09.** Die restliche Sauce über die Enchiladas geben, sodass ein Streifen Sauce in der Mitte entsteht. Die Kanten mit Öl einpinseln, damit die Kanten knusprig werden (optional).

**10.** Bei 175 °C 15-20 Minuten backen, bis sie durchgewärmt sind. Mit gewünschten Garnierungen belegen und servieren.

**11.** Ich empfehle Limettensaft, rote Zwiebeln, Avocado und Koriander, aber diese Enchiladas sind auch ohne alles köstlich! Reste halten sich im Kühlschrank 3 Tage, aber die Enchiladas schmecken frisch zubereitet am leckersten. Im Ofen 15-20 Minuten bei 175 °C gründlich durchwärmen.

*1 SCHÜSSEL ODER TOPF
*10 ZUTATEN ODER WENIGER
*GF GLUTENFREI

# Taquitos mit schwarzen Bohnen und grünem Chili

Wer sagt, dass Taquitos Junkfood sind? Diese herzhaften Snacks sind randvoll mit schwarzen Bohnen und grünen Chilischoten und knusprig, ganz ohne Frittieren! Mit Salsa oder Guacamole servieren.

**4 PORTIONEN (ERGIBT 9 TAQUITOS)**

**ZUBEREITUNG 10 MIN | GARZEIT 25 MIN
GESAMTZEIT 35 MIN**

1 EL Olivenöl, Traubenkernöl oder Kokosöl, sowie etwas mehr zum Bepinseln der Taquitos

3 Knoblauchzehen, gehackt

½ weiße oder gelbe Zwiebel, gewürfelt

425 g schwarze Bohnen aus der Dose, abgetropft (nicht abgespült)

115 g gehackte milde grüne Chilischoten, abgetropft

½ TL gemahlener Kreuzkümmel

¼ TL Chilipulver

Je eine kräftige Prise Meersalz und schwarzer Pfeffer, mehr nach Geschmack

65 g stückige rote Salsa

9-10 gelbe Mais-Tortillas

**ZUM SERVIEREN (OPTIONAL)**
Guacamole (siehe Anmerkung)

Frischer Limettensaft

Salsa

**01.** Eine große Pfanne bei mittlerer Hitze erwärmen und den Backofen auf 220 °C vorheizen. Ein Backblech mit Antihaft-Spray besprühen oder mit Backpapier auslegen.

**02.** Wenn die Pfanne heiß ist, Olivenöl, Knoblauch und Zwiebeln zugeben. Mit je einer Prise Salz und Pfeffer würzen. Anbraten, bis die Zwiebeln glasig und hellbraun sind, ca. 4-5 Minuten.

**03.** Schwarze Bohnen, grüne Chilischoten, Kreuzkümmel, Chilipulver, Salz, Pfeffer und rote Salsa hinzufügen. Vermengen und mit einem Holzlöffel oder Stampfer den Großteil der schwarzen Bohnen zerdrücken, sodass die Füllung dicker wird.

**04.** Probieren und ggf. nachwürzen. 2-3 Minuten kochen, dann vom Herd nehmen und beiseitestellen.

**05.** Damit die Tortillas geschmeidiger werden, im vorgewärmten Ofen 30-45 Sekunden auf dem Ofenrost anwärmen. Oder die Tortillas in ein feuchtes Handtuch wickeln und sie 20-30 Sekunden in der Mikrowelle anwärmen.

**06.** Die Tortillas nacheinander mit einer kleinen Menge (2-3 EL) der Bohnen-Chili-Masse füllen. Fest (wie eine Zigarre) aufrollen. Mit der „Naht" nach unten auf das Backblech legen. Fortfahren, bis die gesamte Füllung aufgebraucht ist (ca. 10 Taquitos, je nach Größe). Darauf achten, dass die Taquitos gut auf dem Backblech verteilt sind, sodass sie von allen Seiten bräunen können.

**07.** Kräftig mit Koch-Spray oder Öl Ihrer Wahl besprühen oder bepinseln; darauf achten, dass das Öl einen hohen Rauchpunkt hat, wie Traubenkern- oder Rapsöl.

**08.** 14-17 Minuten backen, bis sie knusprig und goldbraun sind. Sofort pur oder mit Salsa und Guacamole servieren. Schmecken am besten frisch zubereitet. Siehe Anmerkungen zum Einfrieren.

### Anmerkungen

\*Verwenden Sie das Guacamole-Rezept beim Alltagstauglichen Burrito-Teller auf Seite 139.

\*Wenn die Taquitos eingefroren werden sollen, nur 5 Minuten backen und dann auskühlen lassen. Dann auf dem Backblech einfrieren, bis sie fest sind und erst dann in einem gefriergeeigneten Behälter einfrieren. Auf einem mit Backpapier ausgelegten oder leicht eingefetteten Backblech bei 220 °C erwärmen, bis sie heiß und goldfarben sind (15-20 Minuten).

# Veganer Thunfisch-Sandwich ohne Thunfisch

*1 SCHÜSSEL ODER TOPF
*30 MINUTEN ODER WENIGER

Diese „thunfischfreie" Version wurde von meinem Kichererbsensalat-Sandwich vom Blog inspiriert und erhält durch die sauren Gurken und Kapern zusätzliches Aroma. Dieser Salat zwischen zwei Scheiben Ihres Lieblingsbrots ergibt eine einfache, aber sättigende Mahlzeit.

**ERGIBT CA. 450 G (ERGIBT 4 PORTIONEN)**

**ZUBEREITUNG 10 MIN | GESAMTZEIT 10 MIN**

425 g Kichererbsen aus der Dose, abgespült u. abgetropft

3 EL vegane Mayonnaise (siehe Anmerkung)

1 EL Tahini

1 TL Dijon- oder scharfer Senf, mehr nach Geschmack

1 EL Ahornsirup oder ersatzweise Kokoszucker, mehr nach Geschmack

15 g rote Zwiebeln, gewürfelt

15 g gewürfelter Staudensellerie

35 g gewürfelte saure Gurke

1 TL Kapern, abgetropft und grob gehackt

Je eine kräftige Prise Meersalz und schwarzer Pfeffer

1 TL geröstete ungesalzene Sonnenblumenkerne (optional)

**ZUM SERVIEREN**

8 Scheiben Weizenbrot

Vegane Mayonnaise

Milder Senf

Römersalat

Tomatenscheiben

Rote Zwiebelringe

**01.** Kichererbsen in eine Schüssel geben und mit einer Gabel so zerdrücken, dass einige ganz bleiben.

**02.** Vegane Mayonnaise, Tahini, Senf, Ahornsirup, rote Zwiebeln, Staudensellerie, saure Gurke, Kapern, Salz, Pfeffer und Sonnenblumenkerne (optional) in die Schüssel geben. Gut verrühren. Probieren und abschmecken. Ich gebe immer ein bisschen mehr Ahornsirup, Salz, Pfeffer und Senf hinzu.

**03.** Brot toasten (optional) und die anderen Sandwich-Belage (z. B. Salat, Tomaten und Zwiebeln) vorbereiten.

**04.** Eine großzügige Menge Kichererbsenmasse auf eine Scheibe Brot geben, mit den gewünschten Dingen belegen, Sauce darübergeben und mit einer zweiten Scheibe Brot belegen. Weitere Sandwiches wie angegeben zubereiten.

**05.** Die Masse hält sich zugedeckt 4-5 Tage im Kühlschrank; ideal für ein schnelles Mittagessen unter der Woche.

### Anmerkungen

*Statt der Mayonnaise können Sie auch 2-3 EL zusätzlichen Tahini verwenden. Gewürze nach Geschmack anpassen.

**\*30 MINUTEN ODER WENIGER**

# Veganer Sandwich

Dieses Rezept basiert auf einem Sandwich, den ich mir gern beim Which Wich Sandwich Shop bestelle. Hummus, Avocado, karamellisierte Zwiebeln, Paprika, Tomaten und eine einfache Senfsauce ohne Honig auf herzhaftem Vollkornbrot – lecker. Alfalfasprossen sorgen für zusätzliche Nährstoffe und Biss, und ein Spritzer Sriracha-Sauce für Schärfe. Dies ist mein typisches Lunch unter der Woche, wenn ich etwas Herzhaftes und Kräftigendes brauche.

**1 PORTIONEN**

**ZUBEREITUNG 15 MIN | GARZEIT 10 MIN**
**GESAMTZEIT 25 MIN**

1 EL Traubenkernöl, Avocadoöl oder Kokosöl

½ weiße oder gelbe Zwiebel, in dünnen Ringen

1 Prise Meersalz

2 Scheiben kräftiges Weizenbrot

2 TL Dijon-Senf (evtl. vegan)

1 TL Ahornsirup

60 g Hummus

2–3 Pepperoncini, in Scheiben geschnitten, oder Bananen-Chilis

2 Tomatenscheiben

¼ reife Avocado, in Scheiben

10 g Alfalfasprossen oder Salat Ihrer Wahl

1 EL scharfe Sauce (z. B. Sriracha)

**01.** Eine große Pfanne bei mittlerer Hitze erwärmen. Traubenkernöl, Knoblauch und Zwiebeln hineingeben und vermengen. Salzen. Garen bis die Zwiebeln weich, glasig und karamellisiert sind, 8-10 Minuten. Hitze reduzieren, wenn die Zwiebeln zu schnell bräunen und eventuell teelöffelweise Wasser zugeben, wenn sie an der Pfanne festkleben. Sie sollten sehr zart und süßlich schmecken. Beiseitestellen.

**02.** Eventuell Brot toasten. Während das Brot toastet, die anderen Zutaten vorbereiten.

**03.** Senf und Ahornsirup in eine kleine Schüssel geben und verrühren. Mehr Senf hinzufügen, wenn es schärfer sein soll und mehr Ahornsirup für mehr Süße.

**04.** Sandwich: Beide Brotscheiben großzügig mit Hummus bestreichen. Karamellisierte Zwiebeln, Pepperoncini, Tomaten, Avocado, Ahornsirup-Dijon-Sauce, Alfalfasprossen und scharfe Sauce daraufgeben.

**05.** Zweite Scheibe Brot darauflegen und leicht andrücken. Zerschneiden und sofort servieren. Schmeckt am besten frisch zubereitet.

# Thai-Quinoa-Fleischbällchen

*1 SCHÜSSEL ODER TOPF
*30 MINUTEN ODER WENIGER

Ähnlich wie bei meinen Thai-Erdnuss-Bratlingen (Seite 174), sind diese „Fleischbällchen" voll mit Thai-Aromen in Häppchenform. Auf Karotten-Nudeln mit Erdnuss-Sauce wird daraus eine eine leckere Mahlzeit voller Geschmack.

**4 PORTIONEN**
**(ERGIBT 23–25 FLEISCHBÄLLCHEN)**

**ZUBEREITUNG 20 MIN | GARZEIT 50 MIN**
**GESAMTZEIT 1 STD 10 MIN**

425 g Kichererbsen aus der Dose, gründlich gespült, abgetropft und abgetupft

90 g gekochte Quinoa*

55 g brauner Zucker in Bio-Qualität (oder ersatzweise Kokoszucker)

2 EL gesalzene Erdnussbutter

2–3 EL Tamari oder Sojasauce (für ein glutenfreies Gericht Tamari verwenden)

15 g frischer Koriander, fein gehackt, plus etwas mehr zum Servieren

40 g Frühlingszwiebeln, fein gewürfelt

1 TL Chili-Knoblauchsauce

100–140 g geröstete gesalzene Erdnüsse, zerkleinert, etwas mehr zum Beschichten und für mehr Biss

**ZUM SERVIEREN (OPTIONAL)**
6–8 Karotten, geschält und in Juliennestreifen oder dünne Scheiben geschnitten

Erdnuss-Sauce (Seite 10) >>>

**01.** Den Backofen auf 175 °C vorheizen. Kichererbsen auf ein mit Backpapier oder Alufolie ausgelegtes Backblech legen. 12-13 Minuten zum Dehydrieren backen, dann beiseitestellen. Den Backofen auf 175 °C warmhalten.

**02.** Gebackene Kichererbsen in die Schüssel einer Küchenmaschine oder in den Mixer geben. Auf kleiner Pulsstufe zermahlen. Oder mit einer Gabel zerdrücken.

**03.** Die Kichererbsenmasse und die restlichen Zutaten in eine mittelgroße Schüssel geben. Verrühren oder vermengen. Probieren und ggf. nachwürzen. Mehr zerkleinerte Erdnüsse zufügen, falls die Masse zu feucht ist (ersatzweise Semmelbrösel verwenden). Ich habe festgestellt, dass 140 g die richtige Menge sind. Der genaue Wert hängt davon ab, wie feucht Quinoa und Erdnussbutter sind.

**04.** Aus esslöffelgroßen Mengen Teig kleine Kugeln formen. In den zusätzlichen Erdnüssen zum Beschichten rollen.

**05.** Das vorher verwendete mit Alufolie belegte Backblech mit Antihaftspray besprühen. Fleischbällchen daraufgeben. 15 Minuten backen, dann vorsichtig drehen, um ein gleichmäßiges Garen zu gewährleisten. Weitere 10-15 Minuten backen, bis sie gar sind. Je länger die Fleischbällchen

>>>

Chili-Knoblauchsauce

Frischer Koriander, gehackt

Limettensaft

garen, desto fester werden sie. Nach dem Abkühlen werden sie sogar noch fester.

**06.** Während die Fleischbällchen garen, die Karotten zubereiten. Einen Topf Wasser zum Kochen bringen, die Karottenstreifen zugeben und 2-3 Minuten kochen, bis sie bissfest sind. Abgießen und beiseitestellen.

**07.** Die Fleischbällchen auf die Karottennudeln setzen und mit Erdnuss-Sauce, Chili-Knoblauchsauce, frischem Koriander und Limettensaft servieren.

**08.** Reste halten sich im Kühlschrank 2-3 Tage, aber der Geschmack ist frisch zubereitet am besten. Bei 175 °C im Backofen aufwärmen. Siehe Anmerkungen zum Einfrieren.

**Anmerkungen**

*Wenn die Quinoa in Gemüsebrühe gekocht wird, erhält sie zusätzlichen Geschmack.

*Einfrieren: die rohen Fleischbällchen auf ein mit Backpapier ausgelegtes Backblech legen und einfrieren, bis sie fest sind. Dann in einen gefriergeeigneten Behälter oder Gefrierbeutel legen und bis zu 1 Monat einfrieren. Auf ein mit Alufolie ausgelegtes Backblech legen und mit Öl beträufeln, damit sie besser bräunen. Im Backofen bei 175 °C 20-30 Minuten backen, bis die Bällchen durchgewärmt sind; nach der Hälfte der Zeit umdrehen, um ein gleichmäßiges Bräunen zu gewährleisten.

# Deftige schwarze Bohnen-Bratlinge mit Kakao

*10 ZUTATEN ODER WENIGER
*GF GLUTENFREI

Ich glaube, dass dies mein populärster Bratling ist. Ich habe mich lange gefragt, ob Kakaopulver und der rauchige schwarze Bohnen-Bratling gut zusammenpassen – und die Antwort ist Ja. Dieser Bratling ist einfach zuzubereiten, enthält gesunde Fette, Proteine und Ballaststoffe und dank der vielen Gewürze reichlich Aroma. Veganer und Fleischliebhaber mögen diesen typisch amerikanischen Burger gleich gern.

## 4 GROSSZÜGIGE PORTIONEN

120 g rohe Walnüsse

2-3 EL Traubenkernöl oder Avocadoöl

½ mittelgroße weiße Zwiebel, fein gewürfelt

3 Knoblauchzehen, gehackt

Je eine Prise Salz und schwarzer Pfeffer, mehr nach Geschmack

1 EL Chilipulver (weniger für weniger Schärfe)

1 EL gemahlener Kreuzkümmel

3 EL ungesüßtes Kakaopulver*

1 EL Kokoszucker (optional)

425 g schwarze Bohnen aus der Dose, gut abgespült, abgetropft und abgetupft*

185 g gekochte Quinoa*

## ZUBEREITUNG 15 MIN | GARZEIT 25 MIN
## GESAMTZEIT 40 MIN

**01.** Den Backofen auf 175 °C vorheizen. Walnüsse auf ein Backblech mit Rand legen. 10 Minuten rösten, bis sie hellgoldbraun sind und duften.

**02.** Eine große Pfanne bei mittlerer Hitze erhitzen, 1 EL Traubenkernöl, Zwiebeln und Knoblauch zugeben. Mit Salz und Pfeffer würzen, 4-5 Minuten sautieren, bis die Zwiebeln glasig sind. Vom Herd nehmen und zur Seite stellen.

**03.** Walnüsse etwas abkühlen lassen und in die Schüssel einer Küchenmaschine oder in den Mixer geben. Chilipulver, Kreuzkümmel, Kakaopulver, je eine Prise Salz und Pfeffer und Kokoszucker (optional) zugeben. Gut verrühren. Beiseitestellen.

**04.** Die abgetropften schwarzen Bohnen in eine große Schüssel geben. Mit einer Gabel gut zerdrücken, einige Bohnen ganz lassen.

**05.** Quinoa, Nuss-Gewürzmischung, Knoblauch, Zwiebeln zugeben und vermengen. Die Masse sollte formbar wie Kuchenteig sein. Falls die Masse zu trocken ist, 1-2 EL Öl oder etwas Wasser zugeben. Sollte sie zu feucht sein, mehr Walnussmehl zugeben (oder Semmelbrösel). Probieren und ggf. nachwürzen.    >>>

**06.** In vier gleich große Bratlinge aufteilen. Eine kleine Tasse (ca. 125ml) mit Frischhaltefolie auslegen und damit ca. 150g abnehmen. Fest in die Tasse drücken, herausheben und mit den Händen flach drücken.

**07.** Die bereits verwendete Pfanne bei mittlerer Hitze erwärmen. Dann ausreichend Traubenkernöl in die Pfanne geben, sodass sich auf dem Boden der heißen Pfanne eine dünne Schicht bildet (ca. 2 EL).

**08.** Bratlinge vorsichtig hineingeben. Von jeder Seite 3-5 Minuten braten, vorsichtig umdrehen und evtl. die Hitze reduzieren.

**09.** Die Bratlinge können entweder sofort serviert werden oder auf ein Backblech gelegt und bei 190°C 10-20 Minuten gebacken werden, damit sie trockener und knuspriger werden. Aber sie schmecken auch so super! Je länger sie gebacken werden, desto fester/trockener werden sie.

**10.** Vor dem Servieren 2-3 Minuten abkühlen lassen (nach dem Abkühlen sind sie fester).

**11.** In einem gerösteten Hamburger-Brötchen (evtl. glutenfrei) mit den gewünschten Garnierungen servieren. Reste halten sich im Kühlschrank 2-3 Tage.
Siehe Anmerkungen zum Einfrieren.

### Anmerkungen

*Gesamtzeit berücksichtigt nicht die Garzeit der Quinoa.

*Der Kakao besitzt zwar kein sehr intensives Aroma, aber wem der Geschmack zu überwältigend ist, kann die Menge reduzieren. Wer es weniger intensiv mag, sollte die Kakaomenge um 1 EL reduzieren.

*Wenn die schwarzen Bohnen nicht gesalzen sind, ¼ TL Salz zur Bratlingmasse geben.

*Eine schnelle Burgersauce erhält man, wenn man 2 Teile vegane Mayonnaise und 1 Teil Ketchup verrührt.

*Zum Einfrieren: Bratlinge von jeder Seite wie angegeben bräunen. Dann vollständig auskühlen lassen und auf einem mit Backpapier ausgelegten Backblech 4-6 Stunden einfrieren, bis sie fest sind. In einen Gefrierbeutel oder einen gefriergeeigneten Behälter geben. Halten sich bis zu 1 Monat im Gefrierschrank. Bei 190°C im Ofen auf einem mit Backpapier ausgelegten Backblech 20-30 Minuten aufwärmen.

**\*10** ZUTATEN ODER WENIGER
**\*GF** GLUTENFREI

# Thai-Erdnuss-Bratlinge

Diese Veggie-Burger enthalten einige meiner Lieblings-Thai-Aromen. Die Kichererbsenbasis ist würzig, Erdnussbutter und Sojasauce sorgen für Geschmack und die Chili-Knoblauchsauce verbindet alles mit einer gewissen Schärfe. Mit Erdnuss-Sauce (Seite 10) und frischen Karotten (extra Süße und Biss) servieren.

**4 PORTIONEN (ERGIBT 8 BRATLINGE)**

**ZUBEREITUNG 25 MIN | GARZEIT 45 MIN**
**GESAMTZEIT 1 STD 10 MIN**

425 g Kichererbsen aus der Dose, gründlich gespült, abgetropft und abgetupft

90 g gekochte weiße Quinoa\*

65 g Frühlingszwiebeln, in Ringen, mehr zum Servieren

65 g gesalzene, cremige Erdnussbutter

70 g geröstete, gesalzene oder leicht gesalzene Erdnüsse, gemahlen/zerdrückt

2-3 EL Tamari oder Sojasauce (für ein glutenfreies Gericht Tamari verwenden)

2-3 TL Chili-Knoblauchsauce

2 EL brauner Zucker in Bio-Qualität (oder ersatzweise Kokoszucker)

1 Prise Meersalz

**ZUM SERVIEREN (OPTIONAL)**
Hamburger-Brötchen

Chili-Knoblauchsauce und/oder Erdnuss-Sauce (Seite 10)

Frühlingszwiebeln, gewürfelt

Karotten, in dünnen Scheiben

Rote Zwiebel, in Ringen

Frischer Koriander

**01.** Ofen auf 190 °C vorheizen und zwei große Backbleche mit Rand leicht einfetten.

**02.** Die Kichererbsen in einer großen Schüssel mit einer Gabel zerdrücken, einige ganz lassen.

**03.** Quinoa, Frühlingszwiebeln, Erdnussbutter, zerkleinerte Erdnüsse, Tamari, Chili-Knoblauchsauce, braunen Zucker und eine Prise Meersalz zugeben.

**04.** Vermengen und abschmecken; mehr Tamari oder Salz für einen salzigeren Geschmack, Chili-Knoblauchsauce für mehr Aroma und mehr braunen Zucker für zusätzliche Süße. Wenn die Masse zu feucht ist, um sie in Bratlinge zu formen, mehr gemahlene Erdnüsse zugeben.

**05.** Zum Formen der Bratlinge eine kleine Tasse mit Frischhaltefolie auslegen. Mit Masse füllen und mit den Händen andrücken, dann die Ränder der Frischhaltefolie übereinanderlegen und zu einem festen Bratling formen. Mithilfe der Folie die Bratlinge aus dem Messbecher heben. Auf ein Backblech setzen. (Oder die Bratlinge mit den Händen formen.) Die Bratlinge etwas flach drücken. Wiederholen, bis die gesamte Masse zu Bratlingen geformt ist.

**06.** 10 Minuten backen, vorsichtig umdrehen und 15-20 Minuten fertig backen. Je länger sie backen, desto fester werden sie.

**07.** Auf Hamburger-Brötchen (evtl. glutenfrei) servieren oder in Salat-Wraps mit Garnierungen nach Wunsch. Man kann auch zwei Bratlinge in ein Brötchen legen.

**08.** Reste halten sich im Kühlschrank 2-3 Tage, aber die Bratlinge schmecken frisch zubereitet am leckersten. Siehe Anmerkungen zum Einfrieren.

**Anmerkungen**

*Gesamtzeit berücksichtigt nicht die Garzeit der Quinoa.

*Zum Einfrieren: die Bratlinge teilweise (20 Minuten) garen und vollständig auskühlen lassen. Auf ein Backblech legen und einfrieren bis sie fest sind. In einen Gefrierbeutel oder -behälter geben; zwischen die Bratlinge Pergamentpapier legen, damit sie nicht aneinanderkleben und bis 1 Monat einfrieren. Zum Erwärmen: Im Ofen bei 190 °C 20-30 Minuten backen, bis sie durchgewärmt sind.

# Scharfe BBQ-Jackfrucht-Sandwiches mit gegrillter Ananas

*30 MINUTEN ODER WENIGER

Nachdem mein Jackfrucht-Sandwich auf dem Blog so erfolgreich war, konnte ich nicht aufhören herumzuexperimentieren. Diese Version ist etwas schärfer, was hervorragend durch die Süße der Ananas ausgeglichen wird. Er ist rauchig, scharf, süß und genauso wie ein Jackfrucht-Sandwich sein sollte.

**4 PORTIONEN**

ZUBEREITUNG 5 MIN | GARZEIT 25 MIN
GESAMTZEIT 30 MIN

2 x 565 g-Dose junge, grüne eingelegte Jackfrucht (Wasser oder Lake) (im Asialaden erhältlich)

2 EL Traubenkernöl oder Avocadoöl

¼ weiße oder gelbe Zwiebel, gewürfelt

190 g BBQ-Sauce (Seite 12), und mehr zum Garnieren (am besten scharfe Variante)

4 Ananasringe, 0,5 cm dicke Scheiben (ohne Zentrum)

4 vegane Hamburger-Brötchen, getoastet oder gegrillt

½ mittelgroße, rote Zwiebel, in dünne Scheiben geschnitten (optional)

Frühlingszwiebeln, in Ringen (optional)

**BBQ-GEWÜRZMISCHUNG**

55 g brauner Zucker in Bio-Qualität (ersatzweise Muscovado- oder Kokoszucker)

2 TL Knoblauchpulver

1½ TL geräuchertes Paprikapulver

1 TL gemahlener Kreuzkümmel

>>>

**01.** Wenn die Jackfrucht in Wasser eingelegt ist, abtropfen lassen, gründlich trocknen und mit Schritt 02 fortfahren. Wenn die Jackfrucht in Salzlake eingelegt ist, gut abspülen, um den Salzgeschmack zu neutralisieren. Dann in einem sauberen Handtuch trocknen.

**02.** Säubern der Jackfrucht: wie bei einer Ananas. Ziel ist, den „Kern" und harte Stellen sowie alle anderen Stellen zu entfernen, die unappetitlich aussehen. Ich entferne meistens alle Teile, die eine merkwürdige Konsistenz haben wie die kleinen birnenförmigen Teile.

**03.** Die geputze Jackfrucht in eine kleine Schüssel geben und mit einer Gabel oder den Fingern auseinanderreißen. Beiseitestellen.

**04.** BBQ-Gewürzmischung in einer separaten Schüssel vermengen: Braunen Zucker, Knoblauchpulver, Paprika, Kreuzkümmel, Salz, Pfeffer, Chilipulver und Cayennepfeffer (optional) hinzufügen. Zur Jackfrucht geben und sehr gut vermengen. In der Zwischenzeit eine mittelgroße Pfanne bei mittlerer Hitze erwärmen.

**05.** Traubenkernöl und Zwiebeln in die heiße Pfanne geben und 4-5 Minuten leicht glasig dünsten. Jackfrucht zugeben und 5 Minuten braten, um die Ränder scharf anzubraten.

>>>

1 TL Meersalz

1 TL schwarzer Pfeffer

1 TL Chilipulver

¼ TL Cayennepfeffer (optional)

**06.** BBQ-Sauce zugeben und so viel Wasser, um die Masse zu einer Sauce zu verdünnen (ca. 60 ml, je nach Flüssigkeitsgrad der BBQ-Sauce).

**07.** Hitze reduzieren und 15-20 Minuten köcheln lassen, bis die Aromen die Jackfrucht durchdrungen haben. Je nach Bedarf mehr BBQ-Sauce und/oder Wasser zugeben.

**08.** In der Zwischenzeit die Ananas grillen oder braten, bis sie leicht karamellisiert ist. Wenn Sie die Ananas grillen, vorher mit etwas Öl einreiben und anschließend von jeder Seite 1-3 Minuten grillen oder bis sie gut gegrillt aussieht. Eine Pfanne bei mittlerer Hitze erwärmen, dann etwas Öl und die Ananas hineingeben. Von jeder Seite 2-3 Minuten braten, bis sie goldbraun und karamellisiert ist. Beiseitestellen.

**09.** Zum Toasten der Brötchen entweder einen Grill oder eine Pfanne verwenden oder mit der Schnittseite auf ein Backblech legen. Bei geringer Hitze 3-4 Minuten im Backofen grillen. Aufpassen, dass sie nicht verbrennen.

**10.** Zum Servieren die gegrillte Ananas auf die getoasteten Brötchen legen. Mit der BBQ-Jackfrucht belegen. Mit zusätzlicher Sauce und Gemüse nach Wahl (wie Zwiebelringe und Frühlingszwiebeln) belegen.

**11.** Jackfrucht-Reste halten sich zugedeckt 4 Tage im Kühlschrank.

# Pizza-Burger

*30 MINUTEN ODER WENIGER
*10 ZUTATEN ODER WENIGER

Ein Veggie-Burger, der nach Pizza schmeckt, mag ungewöhnlich sein, ist aber extrem lecker. Die Basis bilden Kichererbsen, Knoblauch und italienische Gewürze sorgen für viel Geschmack. Auf einem Ciabatta-Brötchen mit Pizzasauce servieren, sodass ein pizza-ähnliches Sandwich entsteht.

**4 PORTIONEN**

**ZUBEREITUNG 10 MIN | GARZEIT 20 MIN
GESAMTZEIT 30 MIN**

2 Schalotten, gehackt

3 Knoblauchzehen, gehackt

4 EL Oliven- oder Traubenkernöl, evtl. mehr

425 g Kichererbsen aus der Dose, abgespült und abgetropft

20 g veganer Parmesan (Seite 7), und etwas mehr zum Bestreuen

2 TL Italienische Gewürzmischung (oder je 1 TL getrockneter Oregano und getrocknetes Basilikum)

15 g frische Petersilie, fein gehackt

75 g vegane Semmelbrösel, mehr zum Panieren

3 EL Marinarasauce (oder Pizzasauce), (*siehe Anmerkung)

Je ¼ TL Meersalz und schwarzer Pfeffer

**ZUM SERVIEREN**

250 g Marinara- oder Pizzasauce

4 Ciabatta-Brötchen, getoastet

Frische Petersilie

Rote Zwiebel

**01.** Eine große Pfanne bei mittlerer Hitze erwärmen und 1 EL Olivenöl, Schalotten und Knoblauch hineingeben und unter häufigem Umrühren 3-4 Minuten glasig dünsten.

**02.** Gare Schalotten und Knoblauch in eine mittelgroße Schüssel geben. Kichererbsen zugeben und mit einer Gabel oder einem Teigmischer vermischen/zerkleinern. Die Konsistenz sollte teigähnlich sein und nur einige Bohnen sollten ganz bleiben.

**03.** 2 EL Olivenöl, veganen Parmesan, italienische Gewürzmischung, Petersilie, Semmelbrösel, Marinara, Salz und Pfeffer zugeben. Umrühren. Es sollte ein formbarer „Teig" entstehen. Falls zu trocken, mehr Olivenöl zugeben und mehr Semmelbrösel oder Parmesan, falls er zu feucht ist. Probieren und ggf. nachwürzen.

**04.** Die bereits verwendete Pfanne bei mittlerer Hitze erwärmen.

**05.** Die Bratlingmasse in vier gleichgroße Bratlinge teilen. Eine kleine Tasse (ca. 125 ml) mit Frischhaltefolie auslegen und mit der Bratlingmasse füllen. Andrücken, dann mithilfe der Folie herausheben und mit den Händen flachdrücken. Oder mit den Händen 2,5 cm dicke Bratlinge formen.

**06.** Die Bratlinge vorsichtig von beiden Seiten mit den zusätzlichen Semmelbröseln und veganem Parmesan panieren (optional). Vorsichtig handhaben, da sie zerbrechlich sein können. >>>

**07.** Ausreichend Öl (ca. 1 EL) in die Pfanne geben, sodass sich auf dem heißen Pfannenboden eine dünne Schicht bildet, dann die panierten Bratlinge hineinsetzen. Von beiden Seiten ca. 5 Minuten braten, die Hitze reduzieren, wenn die Bratlinge zu braun werden.

**08.** Die Bratlinge so servieren oder sie auf ein Backblech legen und bei 190 °C im Ofen 10-20 Minuten backen, damit sie trockener und knuspriger werden.

**09.** In der Zwischenzeit 250 ml Marinarasauce erwärmen, die Ciabatta-Brötchen toasten und die Petersilie und Zwiebeln vorbereiten.

**10.** Zum Servieren: Petersilie auf das Brötchenunterteil legen, Bratling, Zwiebeln, Marinarasauce und zusätzlichen Parmesan daraufgeben.

**11.** Reste halten sich im Kühlschrank 3-4 Tage, aber der Geschmack ist am besten frisch zubereitet. Bei 175 °C im Backofen 20 Minuten aufwärmen, bis sie gut durchgewärmt sind.

**Anmerkungen**

*Wenn Sie die Pizzasauce selbst zubereiten möchten, 245 g Tomatensauce in einem kleinen Topf bei mittlerer Hitze erwärmen. Mit je 1 TL getrocknetem Oregano, Basilikum, Knoblauch, Süßungsmittel Ihrer Wahl und einer kräftigen Prise Salz und Pfeffer würzen. Gut verrühren. Probieren und abschmecken. Warm servieren.

# Rauchige BBQ-Veggie-Burger

*30 MINUTEN ODER WENIGER

Barbecuesauce ist wahrscheinlich meine liebste Würzsauce überhaupt. Daher ist es gar nicht verwunderlich, dass ich einen Weg gefunden habe, einen Veggie-Burger mit diesem Aroma zu entwickeln. Diese Quinoa- und Kichererbsenbratlinge sind deftig, rauchig und in nur 30 Minuten zubereitet. Auf einem Brötchen mit BBQ-Sauce oder mit klassischen Beilagen wie gebackenen Bohnen und gegrilltem Mais wird daraus ein rein pflanzliches Hauptgericht.

**4 PORTIONEN**

**ZUBEREITUNG 10 MIN | GARZEIT 20 MIN
GESAMTZEIT 30 MIN**

425 g Kichererbsen aus der Dose, abgespült und abgetropft

140 g gekochte Quinoa (*siehe Anmerkung)

20–30 g Semmelbrösel (*siehe Anmerkung)

1 TL Knoblauchpulver, mehr nach Geschmack

1 TL geräuchertes Paprikapulver, mehr nach Geschmack

1 TL gemahlener Kreuzkümmel, mehr nach Geschmack

1¾ TL Meersalz, mehr nach Geschmack

1 TL Chilipulver, evtl. mehr

1 Prise Cayennepfeffer (optional)

1 EL Kokoszucker (oder ersatzweise brauner Zucker in Bio-Qualität), mehr nach Belieben

2–3 EL BBQ-Sauce (Seite 12)

2 EL Traubenkernöl oder Avocadoöl, nach Bedarf mehr

>>>

**01.** Kichererbsen in eine mittelgroße Schüssel geben und mit einer Gabel, einem Teigmischer oder mit einem Ausstechförmchen zerdrücken. Einige Bohnen für eine stückige Konsistenz ganz lassen. Gekochte Quinoa, Semmelbrösel, Knoblauchpulver, Paprika, Kreuzkümmel, Salz, Chilipulver, Cayennepfeffer (optional), Kokoszucker und 2 EL BBQ-Sauce zugeben.

**02.** Mit einem Holzlöffel vermengen/zerdrücken. Wenn die Masse zu flüssig ist, mehr Semmelbrösel zugeben. Wenn die Masse zu trocken ist, mehr BBQ-Sauce oder etwas Traubenkernöl zugeben. Probieren und eventuell mit Salz, Zucker für mehr Süße oder anderen Gewürzen nachwürzen.

**03.** Eine große Pfanne bei mittlerer Hitze erwärmen und die Bratlinge formen. 4 große Bratlinge: eine kleine Tasse (ca. 125 ml) mit Frischhaltefolie auslegen und mit der Bratlingmasse füllen. Fest andrücken. Herausheben und die Bratlinge etwas flach drücken. Auf einen sauberen Teller legen. Wiederholen, bis Sie vier Bratlinge haben. Wenn Sie 6 Bratlinge möchten, eine kleinere Tasse verwenden.

**04.** Traubenkernöl in die heiße Pfanne geben, sodass der Boden gut bedeckt ist (ca. 2 EL). Die Oberseite der Bratlinge mit etwas mehr Salz und Chilipulver bestreuen.

>>>

**SERVIEREN**

Brötchen oder Salatblätter

Salat, Zwiebeln und/oder Krautsalat

BBQ-Sauce

**05.** Die gewürzte Seite vorsichtig nach unten legen. 3-4 Minuten braten, bis sie goldbraun sind. Die Oberseite erneut mit Salz und Chilipulver würzen, dann umdrehen und weitere 3-4 Minuten von der anderen Seite braten. Hitze reduzieren, um ein zu schnelles Bräunen zu verhindern.

**06.** Die Bratlinge entweder sofort servieren oder auf einem Backblech bei 175 °C 15-30 Minuten weitergaren. Je länger die Bratlinge im Ofen backen, desto fester und knuspriger werden sie. Dieser Schritt ist optional und hängt von Ihrer Vorliebe ab.

**07.** Die Bratlinge auf leicht getoasteten Brötchen mit Belag nach Wunsch servieren.

**08.** Die Burger schmecken am besten frisch zubereitet, halten sich aber auch im Kühlschrank 3-4 Tage. Eingefrorene Reste halten sich 3-4 Wochen im Gefrierschrank. Bei 175 °C im Backofen aufwärmen.

**Anmerkungen**

*Gesamtzeit berücksichtigt nicht die Garzeit der Quinoa.

*Wenn die Quinoa in Gemüsebrühe gekocht wird, erhält sie zusätzlichen Geschmack.

*Falls Sie keine Semmelbrösel zur Hand haben, können Sie altes Brot oder 2-3 der Hamburger-Brötchen in der Küchenmaschine oder dem Mixer zu Semmelbröseln verarbeiten.

# Schüssel-Pizza mit Tofu-Ricotta

*10 ZUTATEN ODER WENIGER

Bevor ich vollständig auf Milchprodukte verzichtete, habe ich für meinen Blog eine Schüssel-Pizza entwickelt, die eins unserer beliebtesten Rezepte geworden ist. Für dieses Kochbuch habe ich eine vegane Version mit veganem Parmesan (Seite 7) und Tofu-Ricotta entwickelt. Der Teig wird in einer gusseisernen Pfanne goldbraun und knusprig, Tomatensauce verleiht ihr ein reiches, süßes Aroma, und die Kombination der beiden veganen Käsesorten rundet dieses Gericht ab. Der gemütliche Pizza-Abend ist gerade noch leckerer geworden.

**4 PORTIONEN**

**ZUBEREITUNG 15 MIN | GARZEIT 30 MIN**
**GESAMTZEIT 45 MIN**

1½ EL Olivenöl, sowie mehr zum Bedecken des Pfannenbodens

450 g gekaufter veganer Pizzateig

185 g Pizzasauce (*siehe Anmerkung)

170 g extra-fester Tofu, abgetropft und 10 Minuten in einem sauberen Handtuch ausgedrückt

Saft von 1 ½ Zitronen, mehr nach Geschmack

2 EL Hefeflocken, evtl. mehr

30 g frisches Basilikum, gehackt (oder ersatzweise 1 EL getrocknetes Basilikum)

1½ TL getrockneter Oregano

Je ½ gestrichener TL Meersalz und schwarzer Pfeffer, mehr nach Geschmack

6 EL veganer Parmesan (Seite 7)

**01.** Backofen auf 230 °C vorheizen. In eine gusseiserne Pfanne mit 30 cm Durchmesser ausreichend Olivenöl geben, sodass der Boden gerade bedeckt ist. Boden und Seiten mit einer Knoblauchzehe auswischen (optional).

**02.** Pizzasauce abmessen (oder eventuell selbst zubereiten) und den Pizzateig weich werden lassen.

**03.** Tofu-Ricotta: Tofu, Zitronensaft, Hefeflocken, Olivenöl, Basilikum, Oregano, Salz, Pfeffer und 2 EL Parmesan in die Schüssel einer Küchenmaschine oder in den Mixer geben.

**04.** Pulsierend verarbeiten und bei Bedarf die Masse von den Seiten herunterschieben. Die Masse sollte halbpüriert sein, mit Stückchen von Basilikum. Probieren und ggf. nachwürzen: Mehr Salz und Pfeffer für mehr Tiefe, Hefeflocken für intensiveren Käsegeschmack und Zitronensaft für mehr Helligkeit. Im Kühlschrank kühlstellen und in der Zwischenzeit die restlichen Zutaten zubereiten.

**05.** Pizzateig in die vorbereitete Pfanne drücken. An den Rändern ca. 3,5-4 cm hochdrücken und mit 2 EL Parmesan bestreuen.           >>>

**06.** Pizzasauce zugeben, Tofu-Ricotta esslöffelweise in Klecksen daraufgeben. Wahrscheinlich bleibt Ricotta übrig, das Sie entweder für weitere Pizzas oder andere italienische Gerichte wie meine Klassische vegane Lasagne (Seite 205) verwenden können. Reste halten sich 7-10 Tage im Kühlschrank.

**07.** Die restlichen 2 EL veganen Parmesan daraufgeben und auf der mittleren Schiene 25-30 Minuten backen, bis der Teig goldbraun ist und die Sauce Blasen wirft.

**08.** Vor dem Servieren 5 Minuten ruhen lassen. Reste halten sich im Kühlschrank 1-2 Tage, aber der Geschmack ist frisch zubereitet am besten. Reste bei 175 °C 10-15 Minuten aufwärmen.

**Anmerkungen**

*Rezept für die Pizzasauce: 185 g Tomatensauce sowie je 1 TL getrocknetes Basilikum, getrockneten Oregano, Knoblauchpulver und Rohrzucker in Bio-Qualität oder Ahornsirup zugeben. Meersalz nach Belieben zugeben und verrühren. Die Tomatensauce kann auch durch 170 g Tomatenmark und 240 ml Wasser ersetzt werden.

**\*30 MINUTEN ODER WENIGER**

# Spaghettini mit Harissa-Romesco

Dies ist eins meiner absoluten Lieblingsnudelrezepte! Die Romesco-Sauce wird durch geröstete Mandeln, rote Paprikaschoten und Tomaten zum Geschmacksfeuerwerk. Knoblauch, Rotweinessig und Harissa sorgen für geschmackliche Tiefe. Wer möchte, kann glutenfreie Nudeln verwenden. Guten Appetit!

**4 PORTIONEN**

285 g Nudeln Spaghettini oder Linguini (*siehe Anmerkung)

1 reife Tomate

2 rote Paprikaschoten

55 g rohe Mandeln

4 Knoblauchzehen, mit Schale

1 EL Traubenkernöl oder Avocadoöl

60 ml Olivenöl

1-2 EL Rotweinessig (Reduzieren verringert die Säure)

¼ TL geräuchertes Paprikapulver

½ TL Meersalz

1-2 EL Ahornsirup

1-2 TL Harissa oder ¼ TL rote Chiliflocken

**ZUM SERVIEREN (OPTIONAL)**
2-3 EL Veganer Parmesan (Seite 7)

Frische Petersilie oder frischen Koriander, gehackt

**ZUBEREITUNG 10 MIN | GARZEIT 20 MIN**
**GESAMTZEIT 30 MIN**

**01.** Backofen auf 220 °C vorheizen.

**02.** In der Zwischenzeit die Nudeln nach Packungsanleitung kochen, abgießen und beiseitestellen. Nudeln zum Warmhalten mit einem Handtuch abdecken.

**03.** Ganze Tomate und Paprika mit Stielen auf die eine Hälfte eines Backblechs geben und auf die andere die Mandeln und den Knoblauch (mit Schale). Knoblauch leicht mit Traubenkernöl beträufeln.

**04.** Backblech in den Ofen geben und die Mandeln 8-10 Minuten rösten, dann vom Blech nehmen und beiseitestellen. Den Knoblauch weitere 5-8 Minuten backen, dann herausnehmen und beiseitestellen.

**05.** Tomate und rote Paprika so lange rösten, bis die Schale Blasen wirft und fast ganz schwarz ist, dabei von Zeit zu Zeit wenden, damit sie von allen Seiten bräunen.

**06.** Die gerösteten und geschwärzten roten Paprika in Folie wickeln und 2-3 Minuten dämpfen, dann die Schale, Kerne und das Zentrum entfernen. Tomate entkernen und die Schale vom Knoblauch abziehen.

**07.** Abgezogenen Paprika, entkernte Tomate, Mandeln, Knoblauch, Olivenöl, Essig, Paprika, Salz, Ahornsirup und Harissa in einen Mixer oder eine Küchenmaschine geben. Zu einer glatten Masse verarbeiten, evtl. die Masse von

den Seiten herunterschaben. Abschmecken und evtl. mehr Harissa (Schärfe), Essig (Säure) oder Salz (Gleichgewicht) zugeben.

**08.** Zu Nudeln mit veganem Parmesan und frischen Kräutern servieren. Reste halten sich im Kühlschrank 3-4 Tage, aber der Geschmack ist am besten frisch zubereitet.

### Anmerkungen
*Damit dieses Gericht glutenfrei bleibt, können Sie glutenfreie Nudeln verwenden - je dünner, desto besser

# Butternusskürbis Knoblauch-Mac'n'Cheese

*30 MINUTEN ODER WENIGER
*10 ZUTATEN ODER WENIGER
*GF GLUTENFREI

Dieses Rezept ist umwerfend! Wenn Sie wirklicher Mac'n'Cheese-Fan sind, dann müssen Sie dieses Rezept ausprobieren. Der Butternusskürbis ist verantwortlich für die leuchtende Farbe und cremige Konsistenz und die Hefeflocken sorgt für intensiven Käsegeschmack. Wenn glutenfreie Nudeln verwendet werden, ist das Gericht glutenfrei und da sie so proteinreich sind, eine sättigende und vollständige Mahlzeit.

**2 PORTIONEN ALS HAUPTGERICHT, 4 PORTIONEN ALS BEILAGE**

**ZUBEREITUNG 10 MIN | GARZEIT 20 MIN
GESAMTZEIT 30 MIN**

Meersalz, nach Belieben

225 g glutenfreie Quinoa-Fusilli (ersatzweise Weizenvollkorn)

280 g Butternusskürbis, gewürfelt (*siehe Anmerkung)

2 EL Traubenkernöl oder Avocadoöl

Schwarzer Pfeffer nach Belieben

4 Knoblauchzehen, gehackt

180 ml ungesüßte Mandelmilch (Natur) oder selbstgemachte Mandelmilch (Seite 6)

45 ml Gemüsebrühe

3-4 EL Hefeflocken, mehr nach Geschmack

¼ TL Chili-Knoblauchsauce oder scharfe Sauce (optional)

**ZUM SERVIEREN (OPTIONAL)**
Veganer Parmesan (Seite 7)

Frische Petersilie, gehackt

Rote Chiliflocken

**01.** Backofen auf 200 °C vorheizen. Einen großen Topf Wasser aufkochen, kräftig salzen. Nudeln hineingeben und gemäß Anweisungen auf der Packung kochen, abgießen und beiseitestellen. Zum Warmhalten mit einem Handtuch zudecken.

**02.** Während die Nudeln kochen, Butternusskürbis auf das mit Alufolie belegte Backblech legen. Mit 1 EL Traubenkernöl beträufeln und je einer kräftigen Prise Salz und Pfeffer. Vermengen.

**03.** 12-14 Minuten backen, bis der Kürbis bissfest ist. Aus dem Ofen nehmen und in die Schüssel einer Küchenmaschine oder in den Mixer geben. Beiseitestellen.

**04.** Bereits vorher verwendeten Topf, um die Nudeln zu kochen, auf mittlere Hitze erwärmen und den restlichen 1 Esslöffel Traubenkernöl und Knoblauch zugeben. 2 Minuten anbraten, bis es duftet. Häufig umrühren.

**05.** Knoblauch in den Mixer oder in die Küchenmaschine zum Butternusskürbis geben. Noch je eine kräftige Prise Salz und Pfeffer, Mandelmilch, Brühe und Hefeflocken hinzufügen. Zu einer glatten, cremigen Masse verarbeiten. Die Sauce sollte dick aber gießbar sein; bei Bedarf mehr Brühe oder Mandelmilch zum Verdünnen zugeben.

>>>

Probieren und nach Belieben mehr Hefeflocken für einen intensiveren Käsegeschmack oder etwas Chili-Knoblauchsauce oder scharfe Sauce für mehr Schärfe (optional) hinzufügen.

**06.** Die Masse wieder zurück in den Topf geben. Bei mittlerer Hitze zum leichten Köcheln bringen. Unter häufigem Rühren 5 Minuten zum Andicken köcheln lassen.

**07.** Gekochte, abgetropfte Nudeln in die Sauce geben und vermengen. Sofort mit veganem Parmesan, rote Chiliflocken und frischer Petersilie (optional) servieren.

**08.** Reste halten sich im Kühlschrank 2-3 Tage, aber der Geschmack ist frisch zubereitet am besten.

### Anmerkungen

*Die beste Art Butternusskürbis zu vierteln ist, mit einem großen, sehr scharfen Messer das Ober- und Unterteil abzuschneiden. Dann der Länge nach halbieren. Mit einem Messer vorsichtig die Schale entfernen. Dann mit einem Löffel die Kerne entfernen. In kleine Würfel schneiden und wie im Rezept angegeben verwenden.

# Erdnussbutter-Pad Thai

*10 ZUTATEN ODER WENIGER
*GF GLUTENFREI

Seit mehreren Jahren mache ich fast jede Woche einmal Pad Thai zum Abendessen. Die klebrigen Reisnudeln in Kombination mit der würzig-süßen Sauce machen süchtig. Diese Version erhält durch die Erdnussbutter ein cremiges, würziges Aroma. Knusprig gebackener Tofu sorgt für zusätzliches Protein und mehr Biss, und frische Karotten und Frühlingszwiebeln geben Farbe.

**2 PORTIONEN ALS HAUPTGERICHT,
4 PORTIONEN ALS BEILAGE**

340 g extra-fester Tofu (siehe Anmerkung)

170 g dünne Reisnudeln

3 Knoblauchzehen, gehackt

1 großes Bund Frühlingszwiebel, fein gehackt

2 Karotten, mit einem Sparschäler in Streifen geschnitten oder fein gewürfelt

**SAUCE**

2 EL cremige, gesalzene Erdnussbutter

3 EL Tamarindenkonzentrat oder -paste (*siehe Anmerkung)

4½ EL Tamari oder Sojasauce (Tamari für ein glutenfreies Gericht)

3-4 EL Ahornsirup (oder ersatzweise Kokoszucker)

1 ½ TL Chili-Knoblauchsauce, sowie etwas mehr zum Servieren

**ZUM SERVIEREN (OPTIONAL)**

Erdnuss-Sauce (Seite 10)

Chili-Knoblauchsauce

Frisch gepresster Limettensaft

**ZUBEREITUNG 10 MIN | GARZEIT 40 MIN
GESAMTZEIT 50 MIN**

**01.** Den Backofen auf 200 °C vorheizen und ein Backblech mit Backpapier auslegen.

**02.** Tofu in ein sauberes, saugstarkes Handtuch einwickeln und einen schweren Gegenstand zum Herausdrücken der Flüssigkeit darauflegen, wie z.B. eine gusseiserne Pfanne.

**03.** Sobald der Ofen heiß ist, den Tofu in mundgerechte Würfel schneiden und auf das Backblech legen. 28-30 Minuten backen. Je nach Festigkeit des Tofu können die Garzeiten variieren. Je länger er backt, desto fester und zäher wird er, was ich besser finde. Nach 28 Minuten die Garstufe überprüfen und evtl. noch länger backen.

**04.** In der Zwischenzeit die Sauce zubereiten. Erdnussbutter, Tamarindenkonzentrat, 3 EL Tamari, 3 EL Ahornsirup und 1 TL Chili-Knoblauchsauce in eine kleine Pfanne geben. Bei mittlerer Hitze erwärmen. Wenn die Sauce beginnt, Blasen zu werfen, umrühren und die Hitze reduzieren. 5 Minuten köcheln lassen, dann den Herd ausschalten und ruhen lassen. Probieren und ggf. nachwürzen: mehr Chili-Knoblauchsauce für zusätzliche Schärfe, mehr Ahornsirup für mehr Süße und Tamari für einen salzigeren Geschmack zugeben. Das Aroma sollte süß-sauer sein. >>>

**05.** Wenn der Tofu fast fertig gebacken ist, die Reisnudeln gemäß Packungsanweisung kochen. Gut abtropfen lassen und beiseitestellen.

**06.** Eine große Pfanne bei mittlerer Hitze erwärmen und den gebackenen Tofu, 1 EL Erdnussbutter-Pad Thai-Sauce, 1 EL Tamari und die restlichen ½ TL Chili-Knoblauchsauce zugeben. Häufig umrühren und so lange garen, bis der Tofu von allen Seiten braun ist, ca. 4 Minuten. Vom Herd nehmen und zur Seite stellen.

**07.** Knoblauch und Frühlingszwiebeln (eine kleine Menge zum Garnieren zurückbehalten) und ½ Esslöffel mehr Tamari in die Pfanne geben. 2-3 Minuten unter häufigem Rühren anbraten. Gekochte Nudeln und restliche Pad Thai-Sauce zugeben und mit einer Nudelzange vermengen. Bei mittlerer bis hoher Hitze 2-3 Minuten unter häufigem Umrühren kochen. Den Tofu in der letzten Minute zum Durchwärmen zugeben.

**08.** Vom Herd nehmen und mit den Karotten, restlichen Frühlingszwiebeln, Erdnuss-Sauce (optional) und zusätzlicher Chili-Knoblauchsauce servieren.

**09.** Reste halten sich im Kühlschrank 2-3 Tage, aber der Geschmack ist frisch zubereitet am besten.

### Anmerkungen

*Tamarindenkonzentrat wird im Online-Handel oder in asiatischen Lebensmittelgeschäften angeboten. Es ist eine eher selten gebrauchte Zutat, aber ich habe immer etwas vorrätig, falls ich ein asiatisches Gerichte kochen möchte - vor allem Pad Thai.

# Süßkartoffel-Salbei-Ravioli

*10 ZUTATEN ODER WENIGER

Ravioli selbst zu machen ist wirklich ganz einfach! Diese Version mit Süßkartoffeln ist etwas zeitintensiver als meine anderen Rezepte, aber das Ergebnis ist den Aufwand wert. Und wenn Sie die gesamte Menge machen, dann können Sie die Reste einfrieren, um ein leckeres Gericht zur Hand zu haben, wenn es mal schnell gehen muss. Die Füllung ist süß, durch die Walnüsse erhält sie nussigen Biss und der Salbei sorgt für einen Hauch Herbstaroma.

**6 PORTIONEN**
**(ERGIBT 50 CA. RAVIOLI)**

**ZUBEREITUNG 40 MIN | GARZEIT 1 STD 30 MIN**
**GESAMTZEIT 2 STD 10 MIN**

**FÜLLUNG**
2 große Süßkartoffeln in Bio-Qualität

¼ TL Meersalz

2 EL Kokoszucker oder Rohrzucker in Bio-Qualität

1 TL gemahlener Zimt

**NUDELN**
335 g Semolinamehl, plus etwas mehr zum Ausrollen

70 g rohes ungebleichtes Allzweckmehl

180-240 ml Wasser (Raumtemperatur)

1 TL Olivenöl

**ZUM SERVIEREN**
60 g rohe Walnüsse, grob gehackt

10 g frischer Salbei, grob gehackt

2-3 EL Olivenöl

20 g veganer Parmesan (Seite 7), zum Bestreuen

**01.** Backofen auf 200 °C vorheizen. Die ganzen Süßkartoffeln je nach Größe 60-75 Minuten direkt auf dem Ofenrost backen. Sie sind gar, wenn sie sich weich anfühlen und ein Messer leicht hineingesteckt und herausgezogen werden kann.

**02.** Kartoffeln leicht auskühlen lassen, dann pellen und in eine mittelgroße Schüssel geben und zerdrücken. Mit Salz, Kokoszucker und Zimt würzen. Umrühren und im Kühlschrank abkühlen lassen.

**03.** Anschließend die Nudeln zubereiten. Semolina- und Allzweckmehl in einer großen Schüssel vermischen. In einer zweiten Schüssel Wasser und Olivenöl vermengen. Die trockenen Zutaten löffelweise zugeben und mit einem Holzlöffel unterrühren. Wenn ein lockerer Teig entstanden ist, kein Wasser mehr zugeben.

**04.** Den Nudelteig auf eine mit Semolinamehl bestäubte Oberfläche geben. 3 Minuten kneten bis der Teig elastisch und leicht klebrig ist. In Frischhaltefolie einwickeln und im Kühlschrank 20-30 Minuten ruhen lassen - der Teig hält sich bis zu 2 Tage. (Der Teig hält sich eingefroren bis zu 2 Wochen.)

**05.** Nudelteig auswickeln und halbieren. Eine Hälfte beiseitestellen und die andere Hälfte auf eine gut mit Semolinamehl bestäubte Oberfläche setzen.

>>>

**06.** Den Teig mit einer Teigrolle zu einem großen Quadrat ausrollen, der Teig sollte fast papierdünn ausgerollt werden. Auf die Oberfläche und auf den Teig beim Rollen mehr Mehl geben, um ein Festkleben zu verhindern. Mit einem Pizzarad oder Messer den Nudelteig in 6 gleich große ca. 4 cm breite Streifen schneiden.

**07.** Mit einem Teelöffel kleine Mengen der gekühlten Kartoffelfüllung abnehmen. Kleine Häufchen der Masse auf 3 der 6 Nudelstreifen setzen, dabei jeweils ca. 1 cm Abstand zwischen den einzelnen Häufchen und auch den Rändern lassen, sodass man die Ravioli gut verschließen kann.

**08.** Mit dem nassen Finger oder einem nassen Pinsel die Ränder der Nudelstreifen befeuchten, damit die Nudelplatten besser zusammenkleben. Dann vorsichtig die Streifen ohne Füllung aufnehmen, umdrehen und auf den danebenliegenden Streifen mit Füllung legen. Die Nudeln um die Häufchen herum sanft zusammendrücken, damit das Zertrennen einfacher geht.

**09.** Mit einem Raviolirad (oder Pizzarad oder Messer) die Ravioli in Quadrate schneiden. Mit einer Gabel die Kanten zusammendrücken, sodass die Füllung umschlossen ist und nicht auslaufen kann. Mit einem Ravioli- oder Pizzarad (oder Messer) evtl. zurechtschneiden und die Ravioli auf ein mit Backpapier ausgelegtes Backblech legen.

**10.** So lange fortfahren, bis alle Ravioli gefüllt sind (evtl. Teigreste erneut ausrollen und füllen). Sollte insgesamt ca. 50 Ravioli ergeben.

**11.** Die Ravioli 10-15 Minuten trocknen lassen, damit sie nicht aneinander kleben. (Alternativ können die Ravioli auch im Gefrierschrank für den späteren Verzehr eingefroren werden. Backbleche in den Gefrierschrank stellen. Danach in einen gefriergeeigneten Behälter geben.)

**12.** Einen großen Topf mit Wasser zum Kochen bringen. Gut salzen. Jeweils 9 bis 10 Ravioli in den Topf geben und 3-4 Minuten kochen, wenn sie frisch zubereitet sind und 5-6 Minuten, wenn sie tiefgefroren sind. Mit einem Schaumlöffel die Ravioli herausheben. Beiseitestellen. Fortfahren, bis alle Ravioli gekocht sind.

**13.** Nachdem die Ravioli gar sind, eine große Pfanne bei mittlerer Hitze aufsetzen und die Walnüsse und Salbei vorbereiten.

**14.** 1 EL Olivenöl in die heiße Pfanne geben, dann je 1 EL Walnüsse und Salbei zugeben, den Rest für die übrigen Portionen aufbewahren. Umrühren und 1 Minute sautieren, dann so viele Ravioli in die Pfanne geben, wie bequem hineinpassen. Von beiden Seiten 1-2 Minuten scharf braten. Vorsichtig umdrehen und mehr Öl zugeben, um ein Festkleben zu verhindern.

**15.** Die angebratenen Ravioli auf einer Servierplatte anrichten (evtl. bei 90 °C im Backofen warmhalten). Fortfahren (Öl, Walnüsse und Salbei, dann die Ravioli zugeben) bis alle Ravioli gar sind.

**16.** Mit veganem Parmesan servieren. Reste halten sich 2 Tage zugedeckt im Kühlschrank, aber die Ravioli schmecken frisch zubereitet am leckersten.

**17.** Rohe (ungekochte) Ravioli halten sich im Kühlschrank 1-2 Tage und in der Tiefkühltruhe 1 Monat.

# Marinierter Kräuter-Tofu

*10 ZUTATEN ODER WENIGER
*GF GLUTENFREI

Die Marinade ist einfach zuzubereiten und unglaublich lecker. Sie verleiht jedem Gericht einen Hauch Zitrus-Kräuter-Aroma. Der marinierte Tofu ist die ideale Basis für Tofu-Scramble, Bruschetta usw.!

**7 PORTIONEN**

400 g extra-fester Tofu, abgetupft (*siehe Anmerkung)

600 ml gefiltertes Wasser

3 TL Meersalz

**MARINADE**
½ TL Meersalz

1 Prise schwarzer Pfeffer

60 ml frisch gepresster Zitronensaft

2 Knoblauchzehen, gehackt

1 EL Ahornsirup (optional)

30 g Petersilie

30 g Basilikum

120 ml Olivenöl

**ZUBEREITUNG 3 STD 10 MIN | GESAMTZEIT 3 STD 10 MIN**

**01.** Den Tofu in ein sauberes Handtuch einwickeln/ausdrücken, dann in 2,5 cm große Würfel schneiden. In eine 20 × 20 cm (oder ähnliche Größe) große Auflaufform geben.

**02.** Wasser mit Salz aufkochen und über den Tofu geben. 1 Stunde ohne Deckel bei Raumtemperatur ziehen lassen (max. 3 Stunden).

**03.** In der Zwischenzeit die Marinade in der Schüssel einer Küchenmaschine oder im Mixer zubereiten: Alle Zutaten pulsierend verarbeiten, bis sie gut vermengt sind. Oder die Kräuter und den Knoblauch hacken und in einer großen Schüssel verrühren. Beiseitestellen.

**04.** Den Tofu abgießen und mit einem sauberen Handtuch abtupfen. Den Tofu in eine trockene, flache Schale geben und die Marinade darübergießen. Vermengen. Zugedeckt mindestens 2 Stunden im Kühlschrank ruhen lassen, am besten über Nacht.

**05.** Den marinierten Tofu gekühlt oder bei Raumtemperatur in Salaten servieren. Der marinierte Tofu eignet sich auch perfekt für Tofu-Scramble. Er hält sich 5 Tage zugedeckt im Kühlschrank.

<u>Anmerkungen</u>

*Da der Tofu in diesem Gericht sehr dominant ist, sollte er möglichst frisch und hochwertig sein. Ich empfehle lokale Produkte.

*Der marinierte Tofu kann auch statt Tofu-Ricotta in Gerichten wie Schüssel-Pizza mit Tofu-Ricotta (Seite 185) oder die Klassische vegane Lasagne (Seite 205) verwendet werden.

# Tomaten-Linsen-Ragout

*10 ZUTATEN ODER WENIGER
*GF GLUTENFREI

Dieses einfache Gericht wird durch die nährstoffreichen Linsen zum kulinarischen Highlight. Das Ragout ist deftig, einfach zuzubereiten und schmeckt nach Knoblauch und Italien. Zu glutenfreien Nudeln mit veganem Parmesan und frischem Basilikum wird daraus ein rein pflanzliches Hauptgericht.

**4 PORTIONEN**

**ZUBEREITUNG 10 MIN | GARZEIT 50 MIN**
**GESAMTZEIT 60 MIN**

100 g trockene Linsen (abgespült und abgetropft)
240 ml Wasser (ersatzweise Gemüsebrühe)
65 g Karotten, gewürfelt
½ gelbe oder weiße Zwiebel, gehackt
4 Knoblauchzehen, gehackt
1 EL Olivenöl, Traubenkernöl oder Avocadoöl
Je eine Prise Meersalz und schwarzer Pfeffer
2 400-g-Dosen Tomatensauce
2 EL Italienische Gewürzmischung (oder je 1 TL getrockneter Oregano und getrocknetes Basilikum)
1-2 EL Kokoszucker, (ersatzweise Rohrzucker in Bio-Qualität oder Ahornsirup)
¼ TL Rote Chiliflocken, für Schärfe (optional)

**ZUM SERVIEREN (OPTIONAL)**
Nudeln (evtl. glutenfrei)
Frisches Basilikum, gehackt
Veganer Parmesan (Seite 7)

**01.** Linsen und Wasser (oder Brühe für mehr Geschmack) in einen kleinen Topf geben. Aufkochen und dann die Hitze reduzieren, zudecken und die Linsen gar köcheln lassen bis die gesamte Flüssigkeit absorbiert ist, ca. 35-40 Minuten.

**02.** In der Zwischenzeit einen großen Topf oder eine gusseiserne Pfanne bei mittlerer Hitze erwärmen. Karotten, Zwiebeln und Knoblauch vorbereiten.

**03.** Wenn der Topf heiß ist, Olivenöl, Karotten, Zwiebeln und Knoblauch zugeben. Mit einer kräftigen Prise Salz und Pfeffer würzen. Umrühren, bis sich alles vermischt hat und zudecken. Unter gelegentlichem Umrühren 4 Minuten kochen.

**04.** Deckel entfernen und Tomatensauce, Italienische Gewürzmischung und Kokoszucker (und evtl. rote Chiliflocken) und je eine weitere Prise Salz und Pfeffer zugeben. Umrühren, Hitze reduzieren und unter gelegentlichem Umrühren 10-15 Minuten köcheln lassen.

**05.** Die Hälfte der Sauce in die Schüssel einer Küchenmaschine oder in den Mixer geben und pürieren. Wenn die Sauce stückig sein soll, diesen Schritt überspringen. >>>

**06.** Die Sauce wieder zurück in den Topf geben. Bei mittlerer Hitze zum leichten Köcheln bringen. Probieren und eventuell mehr Kräuter für mehr Tiefe, mehr Kokoszucker für mehr Süße, rote Chiliflocken für mehr Schärfe oder Salz zum Ausbalancieren zugeben.

**07.** Die gekochten Linsen zugeben und 5 Minuten köcheln lassen, dann servieren. Alternativ können die Linsen auch separat auf der Sauce gereicht werden.

**08.** Dies ist eine perfekte herzhafte Sauce für ein schnelles Nudelgericht unter der Woche. Mit glutenfreien Nudeln (Quinoa- oder Vollkornreisnudeln mag ich am liebsten) servieren, sodass das Gericht mehr Protein erhält.

**09.** Reste halten sich zugedeckt im Kühlschrank 5 Tage und in der Tiefkühltruhe 1 Monat.

# Klassische vegane Lasagne

*10 ZUTATEN ODER WENIGER

Wenn ich eine Henkersmahlzeit wählen müsste, dann wäre es Lasagne. Ich liebe die verschiedenen Schichten aus Ricotta, Nudeln und Tomatensauce. Dies ist meine vegane Version, bei der ich Tofu-Ricotta für die Füllung verwende, Nudeln, die man nicht kochen muss und Fertigtomatensauce, um Zeit zu sparen. Insgesamt braucht man zum Zubereiten dieses Rezepts nur etwas mehr als eine Stunde, und ich verspreche Ihnen, dass Sie die Milch nicht vermissen werden.

**9 PORTIONEN**

Saft von zwei Zitronen, mehr nach Geschmack

340 g extra-festen Tofu, abgetropft und 10 Minuten in einem sauberen Handtuch ausgedrückt

3 EL Hefeflocken, evtl. mehr

30 g frisches Basilikum, fein gehackt

1 EL getrockneter Oregano

3-4 EL Olivenöl

Je ½ TL Meersalz und schwarzer Pfeffer, mehr nach Geschmack

20 g veganer Parmesan (Seite 7), und etwas mehr zum Bestreuen

735 ml Marinarasauce (*siehe Anmerkung)

8-10 Lasagneplatten ohne Vorkochen (Anzahl hängt von der Größe ab, *siehe Anmerkung)

**ZUBEREITUNG 25 MIN | GARZEIT 45 MIN**
**GESAMTZEIT 1 STD 10 MIN**

**01.** Backofen auf 190 °C vorheizen und eine 20 × 20 cm große (oder ähnliche Größe) Auflaufform leicht einfetten.

**02.** Zitronensaft, Tofu, Hefeflocken, Basilikum, Oregano, Olivenöl, Salz, Pfeffer und veganen Parmesan in die Schüssel einer Küchenmaschine oder in den Mixer geben. Pulsierend verarbeiten und bei Bedarf die Masse von den Seiten herunterschieben. Die Masse sollte halbpüriert sein, mit Stückchen von Basilikum.

**03.** Probieren und bei Bedarf nachwürzen: mehr Salz und Pfeffer, Hefeflocken für einen intensiveren Käsegeschmack oder Zitronensaft für mehr Säure. Beiseitestellen.

**04.** Eine dünne Schicht Marinarasauce auf den Boden der Auflaufform geben und eine Schicht Lasagneplatten (ohne Vorkochen) darauflegen.

**05.** Eine großzügige Menge (ca. 75 g) der Tofu-Ricotta-Füllung daraufgeben und gleichmäßig verteilen. Eine großzügige Schicht Marinarasauce daraufgeben.

**06.** Lasagneplatten in entgegengesetzter Richtung zur ersten Schicht darüberlegen (zur Stabilisierung der Lasagne) und mit Füllung, Sauce und einer weiteren Schicht Nudeln (in entgegengesetzter Richtung zur zweiten Schicht) belegen. So fortfahren, bis die gesamte Füllung aufgebraucht ist.

>>>

**07.** Sicherstellen, dass die oberste Schicht Nudeln mit Marinarasauce und einer Prise veganem Parmesan bedeckt ist.

**08.** Mit Folie abdecken und 30 Minuten backen. Folie entfernen und weitere 10-15 Minuten backen oder bis die Sauce Blasen wirft und warm ist, und die Nudeln gar sind.

**09.** Aus dem Ofen nehmen und 10-15 Minuten vor dem Servieren ruhen lassen. Eventuell mit zusätzlichem veganen Parmesan und frischem Basilikum servieren.

**10.** Reste halten sich im Kühlschrank 2-3 Tage, aber die Lasagne schmeckt frisch zubereitet am leckersten.

**Anmerkungen**

*Wenn Sie lieber Ihre eigene Marinarasauce herstellen möchten, können Sie mein Saucenrezept vom Tomaten-Linsen-Ragout auf Seite 203 verwenden und einfach die Linsen weglassen.

*Wenn Sie keine Nudeln ohne Vorkochen finden: Lasagneplatten kochen, abtropfen lassen und mit dem Rezept wie angegeben fortfahren, aber die Backzeit muss um ca. 15 Minuten reduziert werden. Alternativ können die Nudeln auch durch ganz dünne, leicht gebratene Auberginenscheiben ersetzt werden.

*Wer mehr Gemüse möchte, kann zwischen jede Schicht Tofu-Ricotta und Sauce gedünstete gelbe oder grüne Zucchini legen.

*Wenn die Lasagne nur für 2-4 Personen gedacht ist, einfach alle Zutaten halbieren und eine 23 × 12 cm Auflaufform verwenden.

# Desserts

Ich liebe Desserts, und dieses Kochbuch wäre ohne ein paar süße Nachspeisen nicht vollständig.

Auf den folgenden Seiten finden Sie einige saisonale Gerichte, obsthaltige Knabbereien und Schokoladiges. Außerdem habe ich ein paar vom Herbst inspirierte Leckereien aufgenommen, damit Sie gut durch die Vorweihnachtszeit kommen.

Die Auswahl ist groß und alles ist sehr lecker. Vergessen Sie die Kokos-Schlagsahne nicht!

POPCORN MIT GERÖSTETEN KOKOSFLOCKEN
UND DUNKLER SCHOKOLADE  210

PFEFFERMINZ-TALER  212

1-SCHÜSSEL-JUMBO-SCHOKOKEKSE  214

MANDEL-KOKOS-TALER MIT DUNKLER SCHOKOLADE  217

ERDNUSSBUTTER-KEKSE MIT SCHOKOLADENÜBERZUG  221

BROMBEER-VANILLE-PIE  223

SÜSSKARTOFFEL-PIE AUS DEM MIXER  227

1-SCHÜSSEL VEGANER TIRAMISU  229

APRIKOSENTÖRTCHEN  233

KÜRBIS-APFEL-KOPFÜBER-KUCHEN  237

VEGANE VANILLE-CUPCAKES  239

ERDBEER-TORNADO-EISCREME*  242

ERDNUSSBUTTER-GELEE-EISCREME-SANDWICHES  244

KIRSCH-CHIA-LASSI-POPS  246

ERDNUSSBUTTER-FUDGE-EISCREME*  249

SCHOKO-BROTPUDDING AUS DER PFANNE  251

PUFFREISRIEGEL MIT ERDNUSSBUTTER  254

ERDBEER-CHEESECAKE-RIEGEL OHNE BACKEN  257

KIRSCH-SCHOKOTRÖPFCHEN-EISCREME  259

KOKOSZUCKER-KARAMELLSAUCE  263

*EISMASCHINE ERFORDERLICH

*30 MINUTEN ODER WENIGER
*10 ZUTATEN ODER WENIGER
*GF GLUTENFREI

# Popcorn mit gerösteten Kokosflocken und dunkler Schokolade

Wenn Sie Popcorn noch nie selbst gemacht haben, ist dieses Rezept eine gute Gelegenheit! In diesem einfachen Dessert werden zwei meiner Lieblingsaromen kombiniert: Schokolade und geröstete Kokosflocken. Es ist schnell gemacht und eignet sich als Snack oder Nachtisch für Gäste.

**6 PORTIONEN**

**ZUBEREITUNG 5 MIN | GARZEIT 15 MIN**
**GESAMTZEIT 20 MIN**

80 g ungesüßte Kokosflocken

4 EL zerlassenes Kokosöl

1 EL Ahornsirup oder Agavendicksaft

120 g vegane dunkle Schokolade, gehackt

300 g Popcornmais

Meersalz

**01.** Den Backofen auf 175 °C vorheizen. Kokosflocken, 1 EL zerlassenes Kokosöl und Ahornsirup in eine Schüssel geben. Vermengen. Auf einem Backblech verteilen und 3-5 Minuten backen, dabei gut aufpassen, dass sie nicht verbrennen, da sie schnell bräunen. Aus dem Ofen nehmen und zur Seite stellen.

**02.** Schokolade im Wasserbad oder in der Mikrowelle in 30-Sekunden-Schritten schmelzen. Wenn vollständig geschmolzen, beiseitestellen.

**03.** Einen großen Topf oder eine Pfanne bei starker Hitze erwärmen und eine große Schüssel zum Servieren bereitstellen. Wenn der Topf heiß ist, die Hitze leicht reduzieren und 1 Esslöffel Kokosöl hineingeben. Sofort 100 g Popcornmais und eine gesunde Prise Salz hineingeben. Den Topf zum Vermengen hin- und herbewegen.

**04.** Sobald die ersten Maiskörner poppen, mit einem Deckel zudecken und alle 10 Sekunden schütteln, damit die ungepoppten Körner auf den Boden gelangen. Weiter alle 10 Sekunden schütteln, bis das Poppen fast aufgehört hat, ungefähr 45 Sekunden. Sofort in die große Schüssel geben und mit noch einer Prise Salz bestreuen. Wenn die Körner verbrannt sind, diese wegwerfen, die Hitze reduzieren und erneut versuchen.

**05.** Wiederholen Sie diesen Vorgang: 1 EL Kokosöl pro 100 g Maiskörner, bis das gesamte Popcorn gepoppt ist.

**06.** Wenn Sie genug Popcorn haben, mit den gerösteten Kokosflocken bestreuen und mit der geschmolzenen dunklen Schokolade beträufeln. Sofort servieren. Schmeckt am besten, wenn es noch warm ist.

*30 MINUTEN ODER WENIGER
*10 ZUTATEN ODER WENIGER
*GF GLUTENFREI

# Pfefferminz-Taler

Diese pflanzlichen Leckerbissen sind kühl und minzig und besitzen einen dekadenten Überzug aus dunkler Schokolade. Lecker als erfrischendes Dessert oder als Snack – damit liegen Sie immer richtig!

**ERGIBT 14 TALER**

**ZUBEREITUNG 29 MIN | GARZEIT 1 MIN**
**GESAMTZEIT 30 MIN**

240 g ungesüßte Kokosflocken

2 EL Ahornsirup

½–¾ TL Pfefferminzextrakt (verwenden Sie nur lebensmittelverträgliches Öl)

2 TL Kokosöl

120 g vegane dunkle Schokolade, gehackt

**01.** Kokosraspel in die Schüssel einer Küchenmaschine oder in einen Mixer geben. Verarbeiten und bei Bedarf die Kokosflocken von der Seite herunterschieben. Die Konsistenz sollte wie Teig sein, wenn man ihn zwischen den Fingern drückt. Eventuell muss man die Masse von den Seiten beim Verarbeiten herunterschieben.

**02.** Ahornsirup, Pfefferminzextrakt und 1 TL zerlassenes Kokosöl hinzugeben. Gut vermischen. Die Konsistenz sollte teigartig sein. Bei Bedarf die Masse an den Seiten herunterschieben. Herausnehmen und mit einem Esslöffel zusammendrücken. Zwischen den Handflächen Kugeln daraus formen und vorsichtig mit den Fingern flachdrücken, sodass sie nicht zu hoch sind.

**03.** Die Taler auf ein mit Backpapier ausgelegtes Backblech oder einen Teller legen; es sollten 14 Taler entstehen. Im Tiefkühlfach 10 Minuten durchkühlen lassen.

**04.** Schokolade zusammen mit dem restlichen Kokosöl (1 TL) im Wasserbad oder in der Mikrowelle in 30-Sekunden-Schritten schmelzen.

**05.** Jeden Taler einzeln auf eine Gabel legen und in die Schokolade tauchen. Abtropfen lassen und auf das Backpapier setzen. Fortfahren, bis alle Taler mit Schokolade überzogen sind.

**06.** 8-10 Minuten im Kühlschrank oder Gefrierfach ruhen lassen, bis die Schokolade fest ist.

**07.** Taler vom Papier nehmen und auf einen Servierteller legen. Bei Raumtemperatur oder gekühlt servieren. Die Taler halten sich in einem geschlossenen Behälter bei Raumtemperatur 3-4 Tage oder bis zu 1 Monat in der Tiefkühltruhe. Die Taler schmecken am besten frisch zubereitet.

# 1-Schüssel Jumbo-Schokokekse

Manchmal hilft nur noch ein Schokokeks. Diese veganen Kekse haben einen weichen Kern, knusprige Ränder und unglaublich viel Geschmack. Eine Prise Meersalz bringt die perfekte Mischung von süß und salzig.

**ERGIBT 12 GROSSE KEKSE**

**ZUBEREITUNG 30 MIN | GARZEIT 16 MIN**
**GESAMTZEIT 46 MIN**

- 110 g vegane Butter, weich (*siehe Anmerkung)
- 2 EL Rohrzucker in Bio-Qualität
- 110 g brauner Zucker in Bio-Qualität
- 1 TL Vanilleextrakt
- 3 EL Kürbispüree oder ungesüßtes Apfelmus (*siehe Anmerkung)
- 220 g ungebleichtes Allzweckmehl
- 1½ TL Maisstärke oder Pfeilwurzelstärke
- 1 TL Backpulver
- ½ TL Natron
- ¼ TL Meersalz, sowie mehr zum Bestreuen
- 90 g vegane dunkle Schokotröpfchen

**01.** Die weiche Butter in eine große Schüssel geben und mit einem Mixer 1 Minute schaumig schlagen.

**02.** Rohrzucker, braunen Zucker und Vanille zugeben. 1 Minute weiterrühren. Kürbispüree zugeben und erneut verrühren.

**03.** Mehlsieb (*siehe Anmerkung) über ein Stück Papier oder Ähnliches halten und Allzweckmehl, Maisstärke, Backpulver, Natron und Salz hineingeben. Zutaten mit einem Löffel vorsichtig vermengen, dann in die feuchten Zutaten sieben.

**04.** Kurz zum groben Vermengen auf mittlerer Stufe verrühren, aufpassen, dass nicht zu lange gerührt wird. Schokotröpfchen unterheben, zudecken und den Teig 15 Minuten einfrieren oder 30 Minuten im Kühlschrank kaltstellen (oder über Nacht).

**05.** Den Backofen auf 175 °C vorheizen. Backofenrost auf mittlerer Schiene positionieren.

**06.** Jeweils 2½ EL Teig zu Bällchen rollen und flachdrücken. Für kleinere Kekse nur einen gehäuften Esslöffel verwenden.

**07.** Mit etwas Salz bestreuen und auf ein Backblech mit jeweils 5 cm Abstand setzen, da die Kekse aufgehen. >>>

**08.** Auf mittlerer Schiene 12-16 Minuten (8-10 Minuten bei kleineren Keksen) backen, bis die Ränder leicht goldbraun sind. Aus dem Ofen nehmen und auf dem Backblech 3 Minuten ruhen lassen, dann zum vollständigen Auskühlen auf ein Gitter legen.

**09.** Die Kekse schmecken am besten ganz frisch, halten sich aber in einem verschlossenen Behälter 3-4 Tage. Einfrieren, wenn sie länger aufbewahrt werden sollen.

### Anmerkungen

*Damit die vegane Butter schneller weich wird, in 0,5 cm große Stücke schneiden.

*Wenn Sie kein Kürbispüree zur Hand haben, können Sie ersatzweise dieselbe Menge Apfelmus oder 1 Leinsamenei verwenden. (Seite 6).

*Wenn Sie kein Sieb besitzen, einfach die trockenen Zutaten in einer Schüssel vermengen und wie angegeben zu den nassen Zutaten geben.

# Mandel-Kokos-Taler mit dunkler Schokolade

*30 MINUTEN ODER WENIGER
*10 ZUTATEN ODER WENIGER
*GF GLUTENFREI

Diese Taler sind eines meiner absoluten Lieblingsdesserts! Dies ist meine Version der Almond Joys für Faulpelze. Die Basis ist ein natürlich gesüßter Kokos-Taler ohne Backen, der in dunkle Schokolade getaucht ist, mit einer gerösteten Mandel und noch mehr Schokolade garniert wird. Diese köstlichen Häppchen sind lecker als einfaches Dessert oder unter der Woche als Snack, den man (fast) ohne schlechtes Gewissen genießen kann!

**ERGIBT 20 TALER**

**ZUBEREITUNG 25 MIN | GARZEIT 1 MIN**
**GESAMTZEIT 26 MIN**

240 g ungesüßte Kokosflocken

2 EL Ahornsirup

¼ TL Vanilleextrakt

20 geröstete ungesalzene Mandeln oder rohe Mandeln (*siehe Anmerkung)

90 g vegane dunkle Schokolade, gehackt

**OPTIONAL**
Prise Meersalz, zum Garnieren

**01.** Kokosflocken in die Schüssel einer Küchenmaschine oder in den Mixer geben. Verarbeiten und bei Bedarf die Kokosflocken von der Seite herunterkratzen. Die Konsistenz sollte wie Teig sein, wenn man ihn zwischen den Fingern drückt. Eventuell muss man die Masse beim Verarbeiten von den Seiten herunterschieben.

**02.** Ahornsirup und Vanille zugeben. Zu einer glatten Masse verarbeiten.

**03.** Den Teig esslöffelweise abnehmen und mit der Hand herunterdrücken, sodass Halbmonde entstehen. Mit dem Finger vom Löffel herunterschieben. Eventuell wieder zu einer kleinen Scheibe formen, wenn der Taler die Form verliert.

**04.** Die Taler auf ein mit Backpapier ausgelegtes Backblech legen. Fortfahren, bis die gesamte Kokosmasse verarbeitet ist; es sollten ca. 20 Kokostaler entstehen.

**05.** Je eine Mandel sanft in jeden Taler drücken, ohne dass dabei durch den Druck am Rand ein Riss entsteht. Beiseitestellen.

**06.** Schokolade im Wasserbad oder in der Mikrowelle in 30-Sekunden-Schritten schmelzen. Dann einen Kokostaler auf eine Gabel legen >>>

und über die Schüssel halten. Mit einem Löffel die Schokolade über den Taler träufeln. Zurück auf das Backpapier setzen und fortfahren, bis alle Taler mit Schokolade überzogen sind. Eine kleine Prise Salz als geschmacklichen Kontrast darüberstreuen (optional).

**07.** Die Taler in Kühlschrank oder Gefrierfach in ca. 8-10 Minuten fest werden lassen. Dann die Taler mit einem Löffel hochnehmen und die Unterseite mit der restlichen geschmolzenen Schokolade bestreichen.

**08.** Wieder auf das Backpapier legen und fortfahren, bis alle Taler überzogen sind. Ins Gefrierfach legen und weitere 10 Minuten erkalten lassen.

**09.** Backpapier abziehen und die Taler auf einen Teller legen. Bei Raumtemperatur oder gekühlt servieren. Reste halten sich zugedeckt im Kühlschrank 3-4 Tage und in der Tiefkühltruhe 1 Monat.

---

**Anmerkungen**

*Wenn die Mandeln roh sind, können sie auf einem Backblech mit Rand im Ofen bei 175 °C 8-10 Minuten geröstet werden, bis sie aromatisch duften und leicht gebräunt sind.

# Erdnussbutter-Kekse mit Schokoladenüberzug

*1 SCHÜSSEL ODER TOPF

Erdnussbutter und Schokolade sind die perfekte Kombination – besonders bei Keksen. Diese salzig-süßen Leckerbissen sind innen weich und an den Rändern knusprig zart und in dunkle Schokolade getaucht. Was braucht man noch mehr? Vielleicht ein Glas Mandelmilch. Das perfekte Dessert!

**ERGIBT 20 KEKSE**

**ZUBEREITUNG 55 MIN | GARZEIT 15 MIN**
**GESAMTZEIT 1 STD 10 MIN**

- 110 g vegane Butter, weich (*siehe Anmerkung)
- 130 g cremige, gesalzene Erdnussbutter oder Mandelbutter
- 50 g Rohrzucker in Bio-Qualität, sowie etwas mehr zum Bestreuen
- 110 g brauner Zucker in Bio-Qualität
- 1 TL Vanilleextrakt
- 2½ EL Kürbispüree (*siehe Anmerkung)
- 170 g ungebleichtes Allzweckmehl
- ¼ TL Meersalz, sowie etwas mehr zum Bestreuen
- ½ TL Natron
- ½ TL Backpulver
- 1½ TL Maisstärke oder Marantastärke (Pfeilwurzelstärke)
- 1-3 EL ungesüßte Mandelmilch (Natur) oder selbstgemachte Mandelmilch (Seite 6)    >>>

**01.** Weiche Butter in eine große Schüssel geben. Mit dem Mixer 1 Minute schaumig schlagen.

**02.** Erdnussbutter, Rohrzucker, braunen Zucker und Vanille zugeben. 1 Minute verrühren.

**03.** Kürbispüree hinzugeben und verrühren.

**04.** Mehlsieb (siehe Anmerkung) über ein Stück Papier oder Ähnliches halten und die trockenen Zutaten in folgender Reihenfolge hineingeben: 70 g Mehl, Salz, Natron, Backpulver, Maisstärke und die restlichen 100 g Mehl. Mit einem Löffel vorsichtig vermengen und über die feuchten Zutaten sieben und unterrühren.

**05.** Wenn der Teig krümelig ist, 1-3 EL Mandelmilch hinzugeben, bis sich ein Teig bildet. Andernfalls diesen Schritt überspringen.

**06.** Teig zudecken und 20 Minuten einfrieren oder 35 Minuten im Kühlschrank (oder über Nacht) kühlstellen.

**07.** Den Backofen auf 175 °C vorheizen. Backofenrost auf mittlerer Schiene positionieren.

**08.** Jeweils ca. 2 EL Teig mit warmen Händen zu Kugeln formen. Zwischen den Handflächen leicht flach drücken.    >>>

180 g milchfreie bittere oder halbsüße Schokoladentröpfchen (oder als Tafel, gehackt)

**OPTIONAL**
1 TL Kokosöl

**09.** Die Kekse mit einer Gabel flach drücken, sodass ein Muster auf den Keksen entsteht. (Für kleinere Kekse jeweils einen gehäuften EL Teig pro Keks verwenden.)

**10.** Die Kekse im Abstand von 5 cm auf ein Backblech legen, und auf der mittleren Schiene 12-16 Minuten (bzw. kleinere Kekse 8-10 Minuten) backen, bis die Ränder hellgold werden.

**11.** Aus dem Ofen nehmen und auf dem Backblech 5 Minuten ruhen lassen, dann zum vollständigen Auskühlen auf ein Gitter legen.

**12.** In der Zwischenzeit die große Schüssel spülen und abtrocknen und die Schokolade und das Kokosöl (optional) hineingeben. In der Mikrowelle in 30-Sekunden-Schritten (oder im Wasserbad) schmelzen, dabei darauf achten, die Schokolade nicht zu überhitzen.

**13.** Einen sauberen Teller oder ein sauberes Backblech für die Kekse mit Backpapier oder Wachspapier belegen. Die abgekühlten Kekse zur Hälfte in die Schokolade tauchen, überschüssige Schokolade abtropfen lassen und auf das vorbereitete Backblech oder Teller legen. Mit Meersalz bestreuen (optional).

**14.** Bei Raumtemperatur auskühlen und trocknen lassen. Die Kekse gekühlt oder ungekühlt servieren.

**15.** Reste halten sich zugedeckt im Kühlschrank 3 Tage und in der Tiefkühltruhe 1 Monat. Die Kekse schmecken am besten frisch zubereitet.

**Anmerkungen**

*Damit die vegane Butter schneller weich wird, in 0,5 cm große Stücke schneiden.

*Wenn Sie kein Kürbispüree zur Hand haben, können Sie ersatzweise dieselbe Menge Apfelmus oder 1 Leinsamenei (Seite 6) verwenden.

*Wenn Sie kein Sieb besitzen, einfach die trockenen Zutaten in einer Schüssel vermengen und wie angegeben zu den nassen Zutaten geben.

# Brombeer-Vanille-Pie

*10 ZUTATEN ODER WENIGER
*GF GLUTENFREI

Dieses Rezept kommt immer gut an! Ich habe diesen Pie bei einer Dinnerparty mit Freunden serviert und er war weg, bevor ich fragen konnte, ob er schmeckte. Der Teig ist glutenfrei, kann aber leicht modifiziert werden, wenn Sie nicht glutenfrei essen müssen oder möchten. Die Vanillefüllung ist zitronig, perfekt süß, und gespickt mit Brombeeren. Ideal für die Sommermonate, wenn Beeren am reifsten und süßesten sind.

**8 PORTIONEN**

**ZUBEREITUNG 1 STD 5 MIN (+ 3–4 STD ZUM EINFRIEREN)**
**GARZEIT 1 STD 10 MIN | GESAMTZEIT 2 STD 15 MIN**

**GLUTENFREIER TEIG**

200 g glutenfreie Mehlmischung* (Seite 7)

¼ TL Meersalz

6 EL kalte vegane Butter

5–7 EL eiskaltes Wasser

**FÜLLUNG**

225 g Paket veganer Frischkäse

250 g Seidentofu (*siehe Anmerkung)

120 ml Ahornsirup oder Agavendicksaft

Saft zweier Zitronen

1 TL Vanilleextrakt

1 Prise Meersalz

1 EL Maisstärke oder Marantastärke (Pfeilwurzelstärke)

150 g Brombeeren, abgespült und gut abgetropft

**OPTIONAL**

Puderzucker in Bio-Qualität zum Bestäuben

**01.** Für den Teig: Mehl und Salz in eine große Schüssel geben. Gut verrühren.

**02.** Die Butter in Scheiben oder Stücken hineingeben und mit einer Gabel vermengen, bis die Masse nassem Sand ähnelt.

**03.** Eiskaltes Wasser esslöffelweise zugeben und mit einem Holzlöffel umrühren. Fügen Sie nur so viel Wasser hinzu, dass ein Teig entsteht.

**04.** Wenn ein lockerer Teig entstanden ist, daraus in der Schüssel mit den Händen eine Kugel formen. Den Teig auf ein Stück Frischhaltefolie legen. Den Teig vorsichtig mit den Händen zu einem 1 cm dicken Kreis verarbeiten und fest einwickeln.

**05.** Im Kühlschrank 30 Minuten kühlstellen (bis zu 2 Tagen, dann aber vor dem Weiterverarbeiten 5–10 Minuten anwärmen lassen). Wenn der Teig nicht kalt genug ist, lässt er sich schlecht weiterverarbeiten.

**06.** Sobald der Teig durchgekühlt ist, den Backofen auf 175 °C vorheizen und die Füllung vorbereiten.

**07.** Frischkäse, Tofu, Ahornsirup, Zitronensaft, Vanille, Salz und Maisstärke in den Mixer geben. Zu einer cremigen und geschmeidigen Masse verarbeiten, evtl. die Masse von den Seiten nach unten schieben.

>>>

Bei Bedarf Abschmecken: mehr Zitronensaft für mehr Säure, Ahornsirup für extra Süße und Salz für mehr Balance. Beiseitestellen.

**08.** Den Teig auswickeln und zwischen zwei große Stücke Wachspapier oder Backpapier legen. (Frischhaltefolie funktioniert gut, ist aber etwas schwieriger zu handhaben.) Den Teig mit einer Teigrolle vorsichtig zu einem Kreis ausrollen, der etwas größer als die Pie-Form ist. Wenn der Teig einreißt, kann er ohne Probleme mit den Händen wieder „geflickt" werden, wenn er in der Form ist.

**09.** Um den Teig in die Form zu legen, die oberste Lage Papier entfernen, und die Kuchenform kopfüber auf den Teig legen. Die Pie-Form zügig mithilfe des Wachspapiers umdrehen. Den Teig vorsichtig mit den Händen in die Form drücken und auch am Rand hochdrücken.

**10.** Dieser Schritt sollte nicht zu viel Zeit in Anspruch nehmen und nur einige Minuten dauern. Löcher oder Risse können mit etwas überschüssigem Teig und durch die Wärme Ihrer Hände repariert werden.

**11.** Ich rate davon ab, mit dem Teig zu lange herumzuhantieren, Ziel ist, den Teig in die Form mit einem geraden Rand hinzubekommen.

**12.** Den Teig mit der Gabel 5 oder 6 Mal einstechen, dann die Füllung hineingeben und mit einem Löffel glattstreichen. Mit den Brombeeren belegen und die Beeren sehr vorsichtig in die Vanillecreme drücken.

**13.** 65-75 Minuten backen. Der Teig sollte leicht goldbraun sein, vor allem an den Rändern, und die Füllung sollte in der Mitte wie fester Wackelpudding sein.

**14.** Aus dem Ofen nehmen und vor dem Servieren vollständig (3-4 Stunden) auskühlen lassen. Eventuell mit Puderzucker in Bio-Qualität bestäuben. Dieser Pie schmeckt am besten bei Raumtemperatur.

**15.** Der Pie hält sich abgedeckt 2-3 Tage, er schmeckt aber am besten, wenn er frisch ist. Locker abdecken und nach einem Tag in den Kühlschrank stellen.

### Anmerkungen

*Wenn der Kuchen nicht glutenfrei sein muss, kann auch ungebleichtes Allzweckmehl verwendet werden. Der Teig wird wahrscheinlich weniger Wasser benötigen, daher ist es wichtig darauf zu achten, dass nur so viel hinzugefügt wird wie nötig.

*Sicherstellen, dass in diesem Rezept Seidentofu verwendet wird, sonst wird die Konsistenz weniger cremig und auch der Geschmack leidet.

# Süßkartoffel-Pie aus dem Mixer

Süßkartoffel-Pie aus dem Mixer? Auf jeden Fall! Der Traum jeder faulen Köchin. Ideal für Herbst- und Weihnachtsessen, wenn Sie Ihre Gäste beeindrucken möchten. Funktioniert auch gut mit Kürbispüree, wenn Sie keine Süßkartoffeln zur Hand haben.

**8 PORTIONEN**

**ZUBEREITUNG 15 MIN (+ ABKÜHLZEIT)**
**GARZEIT 1 STD 30 MIN | GESAMTZEIT 1 STD 45 MIN**

**FÜLLUNG**

1,1 kg Süßkartoffeln

4 EL Ahornsirup

55 g brauner Zucker in Bio-Qualität oder Kokoszucker

120 ml ungesüßte Mandelmilch (Natur) oder selbstgemachte Mandelmilch (Seite 6), sowie mehr nach Bedarf

1 EL Olivenöl

2½ EL Maisstärke oder Marantastärke (Pfeilwurzelstärke)

1 TL gemahlener Zimt

¼ TL Meersalz

**TEIG**

200 g Allzweckmehl (siehe Anmerkung) sowie etwas mehr zum Bestäuben von Teigrolle, Teig und Tischoberfläche

¼ TL Meersalz

100 g kalte gesalzene vegane Butter, in Stücken

2–5 EL eiskaltes Wasser

**OPTIONAL**

¼ TL gemahlene Muskatnuss

1 TL Vanilleextrakt

**01.** Die Süßkartoffeln (mit Schale) in einen großen Topf geben und mit Wasser zudecken.

**02.** Aufkochen und 15–20 Minuten sehr weich kochen. Die Garzeit hängt von der Größe der Kartoffeln ab.

**03.** Süßkartoffeln aus dem Topf nehmen und abkühlen lassen. Nach dem Abkühlen pellen und beiseitestellen.

**04.** Teig zubereiten. Den Backofen auf 175 °C vorheizen. Mehl und Salz in den Mixer (oder in eine Rührschüssel) geben und pulsierend verarbeiten. Die kalte Butter zugeben und pulsierend vermengen (oder eine Gabel verwenden). Die Konsistenz sollte wie nasser Sand sein.

**05.** Den Mixer auf die kleinste Stufe einstellen und das Wasser esslöffelweise zugeben, bis sich ein loser Teig gebildet hat. Nur so viel Wasser zugeben, damit der Teig bindet, sonst wird er zu zäh.

**06.** Den Teig auf eine leicht bemehlte Arbeitsfläche legen und mit den Händen zu einer 1 cm dicken Scheibe verarbeiten.

**07.** Eine Nudelrolle leicht einmehlen und etwas Mehl über den Teig streuen. Teig zu einem größeren Kreis ausrollen als der Durchmesser der Pie-Form, evtl. mehr Mehl verwenden. >>>

**08.** Die Teigscheibe vorsichtig auf die Nudelrolle rollen und über der Pie-Form wieder entrollen. Der Teig darf nicht gestreckt werden, da er sich sonst beim Backen wieder zusammenzieht.

**09.** Die Teigränder können in jede beliebige Form gedreht oder gerollt werden. Mit einer Gabel den Teig mehrfach einstechen.

**10.** Pie-Füllung: gekochte Süßkartoffeln, Ahornsirup, braunen Zucker, Mandelmilch, Olivenöl, Maisstärke, Zimt, Salz, Muskatnuss (optional), und Vanille (optional) in den Mixer geben und zu einer glatten, cremigen Masse verarbeiten und eventuell die Masse von den Seiten in die Schüssel schieben (oder in einer Rührschüssel mixen).

**11.** Abschmecken und evtl. nachwürzen oder nachsüßen. Mehr Mandelmilch esslöffelweise (15 ml) zugeben, falls der Teig nicht zusammenkommt. Füllung auf den Teig geben und mit einem Löffel glattstreichen.

**12.** Im Ofen 60-70 Minuten bei 175 °C backen. Der Teig sollte hellbraun und die Füllung wie Wackelpudding mit einigen Rissen sein.

**13.** Aus dem Ofen nehmen und vor dem Abdecken mit Folie oder Küchenpapier vollständig auskühlen lassen (das Küchenpapier nimmt die Feuchtigkeit auf). Im Kühlschrank 4-6 Stunden (am besten über Nacht) kühlstellen.

**14.** Gekühlt oder ungekühlt mit Kokos-Schlagsahne (Seite 8) etwas Zimt oder Muskatnuss und/oder meinen gebrannten Pecannüssen (Seite 11) servieren.

### Anmerkungen
*Wer dieses Rezept glutenfrei halten möchte, kann meine glutenfreie Mehlmischung (Seite 7) verwenden.

# 1-Schüssel veganer Tiramisu

*1 SCHÜSSEL ODER TOPF

Dieses Rezept ist eine Abwandlung meiner Veganen Funfetti Cupcakes auf dem Blog. Der Kuchen wird zu Tiramisu, indem er mit starkem Kaffee getränkt und mit mascarponeähnlicher Frischkäsecreme bestrichen wird! Ein Stück ist garantiert nicht genug. Wenn Sie Appetit auf Tiramisu haben – hier ist die Antwort.

**9 PORTIONEN**

**ZUBEREITUNG 1 STD 15 MIN | GARZEIT 50 MIN**
**GESAMTZEIT 2 STD 5 MIN**

- 240 ml ungesüßte Mandelmilch oder selbstgemachte Mandelmilch (Seite 6)
- 1 TL Apfelweinessig oder Zitronensaft
- 110 g weiche vegane Butter (*siehe Anmerkung)
- 150 g Rohrzucker in Bio-Qualität
- 1 TL Vanilleextrakt
- 170 g ungebleichtes Allzweckmehl
- ½ TL Natron
- 1½ TL Backpulver
- 1 EL Maisstärke oder Marantastärke (Pfeilwurzelstärke)
- ¼ TL Meersalz
- 80 ml starker Kaffee, abgekühlt
- Vegane dunkle Schokoraspel oder Kakaopulver, zum Bestreuen (optional) >>>

**01.** Backofen auf 175 °C vorheizen. Eine 20 × 20 cm Backform leicht einfetten.

**02.** Mandelmilch abmessen und Essig zugeben. 5 Minuten ruhen lassen.

**03.** Die Butter in eine große Schüssel geben und mit einem Mixer aufschlagen. Zucker und Vanille zugeben und ca. 2 Minuten schaumig rühren.

**04.** Die trockenen Zutaten in ein Sieb (siehe Anmerkung) in folgender Reihenfolge geben: 135 g Mehl, Natron, Backpulver, Maisstärke, Salz und die restlichen 35 g Mehl.

**05.** Beim Mixen die trockenen Zutaten abwechselnd mit der Mandelmilch über die schaumige Butter sieben. Gut verrühren, sodass keine Klumpen mehr vorhanden sind.

**06.** Den Teig in die vorbereitete Backform geben. Auf der mittleren Schiene 45-52 Minuten backen, bis ein in die Mitte gestochener Zahnstocher sauber herausgezogen werden kann. Der fertige Kuchen sollte eine hellgoldbraune Farbe haben. >>>

**CREME**

1 415 ml Kokossahne (*siehe Anmerkung), über Nacht im Kühlschrank gekühlt

225 g veganer Frischkäse, weich

¼ TL Vanilleextrakt

½ TL Apfelweinessig oder Zitronensaft

85-110 g Puderzucker in Bio-Qualität

**07.** Die Rührschüssel sauberwischen und die gekühlte Kokossahne öffnen. Die harte Sahne in die Schüssel geben (ohne die durchsichtige Flüssigkeit). Die Kokossahne mit einen Handmixer steifschlagen, dann den Frischkäse, die Vanille und Essig zugeben. Verrühren.

**08.** Puderzucker esslöffelweise zufügen, bis die Creme die gewünschte Süße hat. Die Mischung sollte fest, aber noch streichfähig sein. Im Kühlschrank ruhen lassen.

**09.** Wenn der Kuchen durchgekühlt ist, mit einem Zahnstocher, Spieß oder Messer Löcher hineinbohren und großzügig Kaffee darübergeben. Es sollte so viel Kaffee verwendet werden, wie der Kuchen aufnehmen kann. Aufhören, wenn die oberste Schicht den Kaffee nicht mehr rasch aufsaugt. Eventuell bleibt Kaffee übrig.

**10.** Creme auf den Kuchen geben und mit einem Löffel glattstreichen. Sofort servieren oder locker abgedeckt 4-12 Stunden kühlstellen. Mit Schokoraspeln oder Kakaopulver garnieren.

**11.** Reste halten sich 2-3 Tage im Kühlschrank, der Kuchen schmeckt allerdings in den ersten 24 Stunden am besten.

**Anmerkungen**

*Damit die vegane Butter schneller weich wird, in 0,5 cm große Stücke schneiden.

*Wenn Sie kein Sieb haben, verwenden Sie eine separate Schüssel.

*Wenn Sie keine Kokossahne zur Hand haben, kann ersatzweise auch Kokosmilch verwendet werden. Wie angegeben über Nacht kühlstellen. Beim Herausnehmen aus dem Kühlschrank die Dose nicht umdrehen. Die Dose öffnen und die erhärtete Sahne abnehmen und die gesamte Flüssigkeit in der Dose zurücklassen. Das Volumen wird etwas geringer als bei der Kokossahne sein, aber das ist kein Problem.

# Aprikosen-Törtchen

*10 ZUTATEN ODER WENIGER

Können Sie glauben, dass ich vor diesen Törtchen noch nie Aprikosen beim Kochen verwendet habe? Jetzt bin ich Fan! Diese zartschmelzenden herb-süßen Törtchen sind das ideale Sommer-Dessert. Dazu passt milchfreies Vanilleeis hervorragend. Statt der Aprikosen können auch andere saisonale Früchte verwendet werden.

**ERGIBT 10 TÖRTCHEN**

**ZUBEREITUNG 25 MIN | GARZEIT 30 MIN**
**GESAMTZEIT 55 MIN**

### FÜLLUNG
400 g reife Aprikosen*, entsteint und in kleine Stücke geschnitten

50 g Kokoszucker (oder ersatzweise brauner Zucker in Bio-Qualität), mehr nach Belieben (siehe Anmerkung)

1 EL Speisestärke oder Marantastärke (Pfeilwurzelstärke)

1 Prise Meersalz

### TEIG
270 g ungebleichtes Allzweckmehl, bei Bedarf mehr

¼ TL Meersalz

150 g kalte vegane Butter, sowie zerlassene Butter zum Bestreichen

5-7 EL eiskaltes Wasser

15 g Rohrzucker in Bio-Qualität, zum Bestreuen

**01.** Den Backofen auf 190 °C vorheizen. Ein Backblech mit Backpapier auslegen.

**02.** Aprikosenfüllung: Aprikosenstücke in eine große Schüssel geben und Kokoszucker, Maisstärke und Salz hinzugeben. Verrühren, dann beiseitestellen.

**03.** Für den Teig: Mehl und Salz in einer großen Schüssel verrühren. Butter hineinschneiden und gut verrühren. Die Konsistenz sollte wie nasser Sand sein.

**04.** Das kalte Wasser esslöffelweise zugeben und mit einem Holzlöffel zu einem lockeren Teig verarbeiten. Der Teig sollte feucht genug sein, dass man daraus eine Kugel formen kann, aber nicht zu klebrig zum Kneten sein. Falls er zu feucht ist, mehr Mehl zugeben.

**05.** Auf eine gut bemehlte Oberfläche geben, zu einer Scheibe formen und mit einem Nudelholz in einen großen Kreis ausrollen, bei Bedarf mehr Mehl zugeben.

**06.** Mit einer kleinen Schüssel (10,5 cm Durchmesser oder einem großen runden Keksausstecher) ca. 9 oder 10 Kreise ausstechen oder mit einem Messer oder Pizza-Rad um die Schüssel herumschneiden.

**07.** Teigreste so lange ausrollen bis der gesamte Teig aufgebraucht ist (außer einigen kleinen Krümeln).

>>>

**08.** 4 oder 5 Teigkreise auf ein mit Backpapier ausgelegtes Blech legen (nicht zu dicht legen). Mit einem Schaumlöffel kleine Mengen der Füllung jeweils auf die eine Hälfte des Teigkreises setzen; darauf achten, dass kaum Flüssigkeit auf den Teig gelangt. Dann die Ränder mit den Fingern und etwas Wasser befeuchten, sodass sie besser zusammenkleben. Den Teig mit den Händen vorsichtig überschlagen.

**09.** Die Ränder mit einer Gabel zusammendrücken. So lange wiederholen, bis die gesamte Füllung aufgebraucht ist und alle Törtchen auf dem Backblech sind.

**10.** Mit einem Zahnstocher oder spitzen Messer einige Löcher in die Oberseite pieksen. Die Oberseiten der Törtchen mit der zerlassenen Butter oder Kokosöl bestreichen und mit Zucker bestreuen. 25-35 Minuten backen, bis sie goldbraun sind.

**11.** Vor dem Servieren 5 Minuten ruhen lassen. Reste vollständig abkühlen lassen. In einem luftdicht verschlossenen Behälter halten sich die Törtchen 3 Tage bei Raumtemperatur. Schmecken am besten frisch zubereitet.

**Anmerkungen**
*Aprikosen besitzen von Natur aus eine gewisse Säure, d.h. einige Törtchen sind herber als andere. Wer es süßer mag, kann die Hälfte der Aprikosen durch Erdbeeren ersetzen oder 1-2 EL zusätzlichen Kokoszucker verwenden.

# Kürbis-Apfel-Kopfüber-Kuchen

*1 SCHÜSSEL ODER TOPF

Dieses Rezept ist Zeugnis meiner Liebe für den Herbst und ist aus meinem 1-Schüssel Gingerbread-Kuchen vom Blog entstanden. Er ist einfach perfekt: locker, fein würzig und braucht dank der Schicht karamellisierter Äpfel keinen Zuckerguss. Dieses Dessert ist immer wieder der Renner und ideal im Herbst oder Winter. Es schmeckt am besten mit etwas geschlagener Kokossahne (Seite 8) und Zimt.

**10 PORTIONEN**

**ZUBEREITUNG 15 MIN | GARZEIT 60 MIN**
**GESAMTZEIT 1 STD 15 MIN**

**ÄPFEL**

1 großer säuerlicher Apfel (Granny Smith)

3 EL brauner Zucker in Bio-Qualität (oder ersatzweise Kokoszucker)

1 Prise Meersalz

½ TL gemahlener Zimt

1 EL kalte vegane Butter oder Kokosöl

**TEIG**

1 Leinsamenei (Seite 6)

180 ml ungesüßte Mandelmilch (Natur) oder selbstgemachte Mandelmilch (Seite 6) (die Hälfte kann durch Wasser ersetzt werden)

1 TL frisch gepresster Zitronensaft oder Apfelessig

1¼ TL Natron

3½ EL Rohrzucker in Bio-Qualität oder Kokoszucker

55 g brauner Zucker in Bio-Qualität

40 g Melasse (oder ersatzweise Ahornsirup)    >>>

**01.** Den Backofen auf 175 °C vorheizen. Eine runde Kuchenform (20 cm Durchmesser) oder 20 × 20 cm große Auflaufform mit Butter einfetten. Mit Mehl bestäuben und beiseitestellen.

**02.** Apfel schälen, entkernen, vierteln und jedes Viertel in 5-6 dünne Scheiben schneiden. Scheiben in eine große Schüssel geben. Mit braunem Zucker, Salz und Zimt vermengen.

**03.** Apfelscheiben auf dem Boden der Kuchenform schneckenförmig anordnen. Die Butter in kleine Stückchen schneiden und auf die Äpfel setzen.

**04.** 12-14 Minuten backen, bis sie Blasen werfen und goldbraun sind. Aus dem Ofen nehmen und die Hitze auf 160 °C reduzieren.

**05.** In der Zwischenzeit den Teig zubereiten: In der bereits verwendeten Rührschüssel das Leinsamenei zubereiten. 5 Minuten ruhen lassen.

**06.** Mandelmilch in einem Messbecher abmessen und den Zitronensaft und das Natron hinzufügen. Verrühren.

**07.** Den braunen Zucker und den Rohrzucker zum Leinsamenei geben und gut verquirlen. Melasse, Olivenöl, Vanille und Kürbis zugeben. Sehr gut verrühren. Dann 60 ml Olivenöl, geschmolzenes Kokosöl oder zerlassene vegane Butter dem Mandelmilchgemisch zugeben und verrühren.    >>>

60 ml Olivenöl, geschmolzenes Kokosöl, oder geschmolzene vegane Butter

¾ TL Vanilleextrakt

150 g Kürbispüree*

150 g Weizenvollkornmehl (*siehe Anmerkung)

1 TL Backpulver

½ TL Meersalz

½ TL gemahlener Ingwer

1 TL gemahlener Zimt

30 g Haferflocken

**08.** Ein Sieb über ein Handtuch oder ein Stück Papier setzen (oder die Zutaten in einer separaten Schüssel vermengen). Die trockenen Zutaten in der folgenden Reihenfolge hineingeben: 110 g Weizenvollkornmehl, Backpulver, Salz, Ingwer, Zimt und die restlichen 40 g Weizenvollkornmehl. Vorsichtig mit einem Löffel vermengen und über die feuchten Zutaten sieben. Alles vermengen, aber nicht zu stark und lange rühren.

**09.** Haferflocken zugeben. Verrühren, bis die Zutaten gerade eben vermischt sind. Der Teig sollte dickflüssig aber gießbar sein. In einer glatten Schicht über die Äpfel geben.

**10.** Auf mittlerer Schiene 40-50 Minuten backen. Wenn Sie eine 20×20 cm Back- oder Auflaufform verwenden, ist die Backzeit ungefähr gleich.

**11.** Wenn der Kuchen gar ist, sollte ein in die Mitte hineingestochener Zahnstocher sauber wieder herausgezogen werden können und die Ränder sollten sichtbar gebräunt und trocken sein. Es ist besser, diesen Kuchen etwas zu lange zu backen als zu kurz, da die Äpfel dem Kuchen viel zusätzliche Feuchtigkeit verleihen. Aus dem Ofen nehmen und abkühlen lassen.

**12.** Nach dem vollständigen Abkühlen den Kuchen mit einem Messer aus der Kuchenform lösen, dann vorsichtig kopfüber auf eine Kuchenplatte stürzen. Lecker dazu schmecken milchfreies Vanilleeis, Kokos-Schlagsahne (Seite 8) und/oder etwas gesiebter Puderzucker in Bio-Qualität.

**13.** Reste halten sich zugedeckt bei Raumtemperatur oder im Kühlschrank 3 Tage.

**Anmerkungen**

*Für glutenfreien Kuchen: Weizenvollkornmehl durch 25 g Mandelmehl, 25 g glutenfreies Hafermehl und 80 g glutenfreie Mehlmischung (S. 7) ersetzen. Dadurch kann sich die Backzeit verlängern, da glutenfreie Mehle oft etwas länger zum Garen brauchen.

*Kürbispüree selbst herstellen: Butternuss- oder Muskatkürbis entkernen und auf ein Backblech setzen. Im Ofen bei 200 Grad (Umluft 180 Grad) auf der mittleren Schiene 45-60 Min. backen, bis das Kürbisfleisch weich ist. Kürbis aus dem Ofen nehmen, abkühlen lassen. Das Kürbisfleisch mit einem Esslöffel von der Schale kratzen, in ein hohes Gefäß oder Mixer geben und fein pürieren.

# Vegane Vanille-Cupcakes

*GF GLUTENFREI
*1 TOPF ODER SCHÜSSEL

Ich brauchte mehrere Anläufe, um dieses Rezept so perfekt zu machen wie es ist. Diese veganen, glutenfreien Cupcakes sind locker, perfekt gesüßt und überraschend einfach zu backen. Mit veganer Buttercreme verziert werden diese Leckereien unwiderstehlich.

**12 PORTIONEN**

**ZUBEREITUNG 15 MIN | GARZEIT 25 MIN**
**GESAMTZEIT 40 MIN**

115 ml ungesüßte Mandelmilch (Natur) oder selbstgemachte Mandelmilch (Seite 6)

¾ TL Apfelweinessig oder Zitronensaft

1½ TL Natron

2 Leinsameneier (Seite 6)

100 g Rohrzucker in Bio-Qualität

75 ml Ahornsirup oder Agavendicksaft

185 g ungesüßtes Apfelmus

120 ml zerlassenes Kokosöl, Traubenkernöl oder zerlassene vegane Butter

1 TL Vanilleextrakt

½ TL Backpulver

¼ TL Meersalz

75 g Mandelmehl, bei Bedarf mehr

30 g glutenfreies Hafermehl

160 g glutenfreie Mehlmischung (Seite 7), bei Bedarf mehr                >>>

**01.** Den Backofen auf 175 °C vorheizen. In ein Muffinblech Papierförmchen setzen oder leicht einfetten und (mit glutenfreiem Mehl) bestäuben. Überschüssiges Mehl abschütteln.

**02.** In einem Messbecher die Mandelmilch abmessen, Essig und Natron zugeben und umrühren. 5 Minuten stehenlassen.

**03.** In der Zwischenzeit die Leinsameneier in einer großen Schüssel zubereiten. 5 Minuten ruhen lassen.

**04.** Zucker, Ahornsirup und Mandelmilchgemisch zu den Leinsameneiern geben und verrühren. Apfelmus, Kokosöl, Vanille, Backpulver und Salz zugeben. Verrühren.

**05.** Mandelmehl, Hafermehl und glutenfreie Mehlmischung zugeben. Verrühren. Falls der Teig zu zähflüssig ist, mit etwas Mandelmilch verdünnen. Falls er zu dünnflüssig ist, ein bisschen mehr glutenfreie Mehlmischung oder Mandelmehl zugeben. Der Teig sollte gut gießbar sein.

**06.** Den Teig gleichmäßig auf die Muffinförmchen verteilen, bis sie ¾ gefüllt sind (der Teig sollte für 11 oder 12 Cupcakes reichen). 24-31 Minuten backen, bis der Teig locker aufgegangen ist und eine goldbraune Farbe angenommen hat und ein in die Mitte gestochener Zahnstocher sauber wieder herausgezogen werden kann.                >>>

**CREME**

110 g vegane Butter, weich (siehe Anmerkung)

½ TL Vanilleextrakt

140-225 g Puderzucker in Bio-Qualität

1-3 EL ungesüßte Mandelmilch (Natur) oder selbstgemachte Mandelmilch (Seite 6) zum Verdünnen

**07.** Aus dem Ofen nehmen und in der Form 10-15 Minuten ruhen lassen, danach herausnehmen. Bevor die Muffins aus dem Papier genommen werden können, müssen sie vollkommen ausgekühlt sein, damit sich das Papier gut löst.

**08.** Creme: Die Schüssel säubern und die Butter und Vanille hineingeben. Schaumig schlagen. Dann 55 g Puderzucker zugeben. Weiterrühren, bis eine dicke und cremige Masse entstanden ist.

**09.** Etwas Mandelmilch zum Verdünnen zugeben. Die Creme sollte so dick sein, dass sie nicht verläuft und auf den Cupcakes bleibt, daher nur so viel Milch hinzufügen, damit die Masse gut streichfähig ist. Mehr Puderzucker zugeben, wenn sie zu dünn ist.

**10.** Die Cupcakes großzügig damit bestreichen. Bunte Streusel oder frische Himbeeren sind die perfekte Ergänzung.

**11.** Reste halten sich zugedeckt bei Raumtemperatur bis zu 3 Tagen, aber am besten schmecken sie innerhalb von 24 Stunden.

### Anmerkungen

*Damit die vegane Butter schneller weich wird, in 0,5 cm große Stücke schneiden.

*10 ZUATEN ODER WENIGER

*GF GLUTENFREI

# Erdbeer-Tornado-Eiscreme

Ich bin eigentlich kein Fan von Obst als Nachtisch, außer es gibt etwas mit Erdbeeren. Das cremige, süße Eis in Kombination mit frischen Erdbeeren ist einfach himmlisch. Diese klassische Eiscremevariante ist lecker ohne irgendetwas dazu oder zu sommerlichen Obsttorten. Oder machen Sie daraus einen veganen Milch-Shake.

**8 PORTIONEN**

180 g rohe Cashewkerne

180 g reife Erdbeeren, geputzt und kleingeschnitten

1-2 EL Rohrzucker in Bio-Qualität, evtl. mehr nach Bedarf

60 ml Olivenöl oder zerlassenes Kokosöl

1 TL Vanilleextrakt

235 ml Vollfett- oder fettarme Kokosmilch (oder ersatzweise ungesüßte Mandelmilch oder selbstgemachte Mandelmilch von Seite 6), mehr nach Bedarf

120 ml Ahornsirup (bis zur Hälfte der Menge kann durch Rohrzucker in Bio-Qualität ersetzt werden)

**ZUBEREITUNG 2 STD**
**GESAMTZEIT 2 STD (+ ZEIT ZUM EINFRIEREN)**

**01.** Die Schüssel der Eismaschine sollte die Nacht oder den Tag vorher zum Kühlen in den Gefrierschrank gelegt werden. Cashewkerne nach der schnellen Methode einweichen (Seite 15).

**02.** Während die Cashewkerne einweichen, Erdbeeren und Zucker in eine Schüssel geben und verrühren/zerdrücken. Die Zuckermenge nach Belieben oder Bedarf anpassen; wenn die Erdbeeren nicht sehr süß sind, evtl. etwas mehr verwenden. Beiseitestellen.

**03.** Eingeweichte Cashewkerne abtropfen lassen und in den Mixer geben; Olivenöl, Vanille, Kokosmilch, Ahornsirup und die Hälfte der Erdbeeren zugeben. Glattrühren. Eventuell mehr Kokosmilch zugeben, wenn das Verrühren schwierig ist. Probieren und bei Bedarf mehr Süßungsmittel hinzufügen.

**04.** Die Masse in eine große Schüssel geben und zudecken. Im Kühlschrank über Nacht (mindestens aber 4-6 Stunden) kühlstellen. Auch die restlichen Erdbeeren zudecken und in den Kühlschrank stellen.

**05.** Am nächsten Tag die durchgekühlte Eiscrememasse in die Eismaschine geben und gemäß den Anweisungen des Herstellers verarbeiten, bis eine dicke weiche Masse (nach ca. 30 Minuten) entstanden ist. Gegen Ende der Zubereitung die restlichen Erdbeeren in die Maschine geben und abschalten, wenn ein „Erdbeertornado" entstanden sind.

**06.** Das Eis in einen Gefrierbehälter geben und fest verschließen. 4-6 Stunden gefrieren lassen, bis das Eis fest ist. Vor dem Servieren mindestens 15 Minuten antauen lassen. Verwenden Sie einen angewärmten Eisportionierer, damit die Kugeln perfekt werden. Hält sich ca. 1 Woche im Gefrierschrank, aber das Eis schmeckt am besten, wenn es frisch ist.

**\*10** ZUTATEN ODER WENIGER
**\*GF** GLUTENFREI

# Erdnussbutter-Gelee-Eiscreme-Sandwiches

Ein Erdnussbutter-Gelee-Sandwich in Dessertform. Was kann da noch schiefgehen? Diese ganz einfachen Eiscreme-Sandwiches bestehen aus Erdnussbutter-Plätzchen ohne Backen und einer großzügigen Portion meiner Erdbeer-Tornado-Eiscreme (Seite 242). Sahnig, zart und die perfekte Mischung aus salzig und süß.

**7 PORTIONEN**
**(14 KEKSE, 7 SANDWICHES)**

**ZUBEREITUNG 2 STD 30 MIN**
**GESAMTZEIT 2 STD 30 MIN**

**ERDNUSSBUTTER-KEKSE OHNE BACKEN**

140 g leicht gesalzene, geröstete Erdnüsse (wenn Sie ungesalzene Nüsse verwenden, eine Prise Salz mehr nehmen)

55 g rohe Mandeln

65 g Datteln, entsteint

130 g gesalzene, cremige Erdnussbutter

Meersalz nach Belieben und zum Bestreuen (Menge hängt vom Salzgehalt der Erdnüsse/Erdnussbutter ab)

**SANDWICHES**

14 Erdnussbutter-Kekse ohne Backen

350 g Erdbeer-Tornado-Eiscreme (Seite 242)

**01.** Erdnüsse und Mandeln in die Schüssel einer Küchenmaschine oder in den Mixer geben und zu Mehl verarbeiten. Entnehmen und beiseitestellen.

**02.** Die Datteln in die Schüssel einer Küchenmaschine oder in den Mixer geben und pulsierend zu kleinen Stückchen verarbeiten (oder bis sich eine Kugel gebildet hat). Erdnussbutter und die gemahlenen Nüsse zugeben und pulsierend vermengen, dabei die Masse von den Seiten nach unten schieben. Abschmecken und evtl. mehr Salz dazugeben.

**03.** Den Teig mit einem Esslöffel in ca. 14 Portionen aufteilen (1 Keks sollte jeweils aus 1 gehäuften Esslöffel Teig bestehen). Den Teig mit den Händen zu Kugeln rollen. Kugeln auf ein mit Backpapier belegtes Backblech oder auf einen Teller setzen und mit einer Gabel vorsichtig platt drücken, sodass eine Kreuzschraffur entsteht. Mit etwas Salz bestreuen (optional). In der Tiefkühltruhe 1 Stunde fest werden lassen.

**04.** Sandwiches bereiten: Das Erdbeereis bei Raumtemperatur 15 Minuten antauen lassen. Je eine Menge von 50 g abnehmen und sie auf die Unterseite eines Erdnussbutter-Kekses setzen. Einen zweiten Keks daraufsetzen und leicht andrücken, damit er besser haftet.

**05.** Wiederholen, bis alle Sandwiches zusammengesetzt sind; sofort in den Gefrierschrank stellen, damit sie nicht schmelzen. Gefrieren lassen, bis sie fest sind (ca. 1 Stunde). Direkt aus der Tiefkühltruhe servieren oder 5 Minuten vorher herausnehmen.

*30 MINUTEN ODER WENIGER
*10 ZUTATEN ODER WENIGER
*GF GLUTENFREI

# Kirsch-Chia-Lassi-Pops

Ich habe mich immer gefragt, was passieren würde, wenn ich ein Kirsch-Lassi einfrieren würde. Das Ergebnisse war überwältigend! Diese cremigen, Kirsch-Pops sind das perfekte Sommer-Dessert und toll mit Kindern zuzubereiten!

**ERGIBT CA. 10 LASSI-POPS**

340 g Veganer Vanille- oder Kirsch-Joghurt (*siehe Anmerkung)

120 ml fettarme Kokosmilch, ungesüßte Mandelmilch oder selbstgemachte Mandelmilch (Seite 6)

100 g entsteinte Süßkirschen, kleingeschnitten (frisch oder tiefgefroren)

1 EL Chiasamen

**OPTIONAL**
1-2 EL Ahornsirup oder Kokoszucker

**ZUBEREITUNG 10 MIN (+ ZEIT ZUM EINFRIEREN)**
**GESAMTZEIT 10 MIN**

**01.** Joghurt, Kokosmilch, Ahornsirup (optional) und die Hälfte der Kirschen in den Mixer geben. Zu einer cremigen, glatten Masse verarbeiten.

**02.** Die restlichen Kirschen und die Chiasamen zufügen. Pulsierend verarbeiten, es sollten einige grobe Stücke übrigbleiben.

**03.** In Eisförmchen gießen. Die Menge sollte ausreichen für 8 große Stieleise oder 12-14 kleinere, je nach Größe der Förmchen.

**04.** Gefrieren lassen, mindestens 4-6 Stunden, und dann genießen! Schmecken am besten innerhalb von 5-7 Tagen.

<u>Anmerkungen</u>
*Soja-Kirschjoghurt ist ideal, obwohl Vanille-Soja- und Kokos-Joghurt auch lecker sind.

# Erdnussbutter-Fudge-Eiscreme

*10 ZUTATEN ODER WENIGER
*GF GLUTENFREI

Ich habe seit Jahren von veganer Erdnussbutter-Fudge-Eiscreme geträumt, und endlich ist es mir gelungen, ein Rezept zu entwickeln. Sahnige Vanillecreme in Kombination mit salziger Erdnussbutter durchzogen mit Schokoladen-Ganache ... Entweder als Eiscreme servieren oder als Eisbecher mit Kokos-Schlagsahne (Seite 8), gesalzenen Nüssen und einer großzügigen Portion Kokoszucker-Karamellsauce (Seite 263).

**7 PORTIONEN**

**ZUBEREITUNG 1 STD 50 MIN | GARZEIT 8 MIN**
**GESAMTZEIT 1 STD 58 MIN (+ ZEIT ZUM EINFRIEREN)**

**EISCREME**

120 g rohe Cashewkerne

415 ml Vollfett-Kokosmilch (mit fettarmer Milch wird das Eis weniger cremig)

60 ml Ahornsirup

50 g Rohrzucker in Bio-Qualität

130 g natürliche, gesalzene Erdnussbutter, cremig oder stückig

2 EL Olivenöl oder zerlassenes Kokosöl

1 TL Vanilleextrakt

1 Prise Meersalz (optional), mehr nach Geschmack

**SCHOKOLADEN-GANACHE** >>>

**EISCREME**

**01.** Die Schüssel der Eismaschine sollte über Nacht zum Kühlen in den Gefrierschrank gestellt werden.

**02.** Die Cashewkerne einweichen (schnelle Methode, siehe Seite 15). Kokosmilch, Ahornsirup, Zucker, Erdnussbutter und Olivenöl in einem kleinen Topf bei mittlerer Hitze aufsetzen. Gut verrühren.

**03.** Aufkochen (ca. 4-5 Minuten) und vom Herd nehmen, wenn sich Blasen bilden. Vanille und Salz (optional) hinzufügen. Verrühren. Beiseitestellen.

**04.** Die Masse in den Mixer geben. Eingeweichte und abgetropfte Cashewkerne dazugeben und 3-4 Minuten zu einer glatten Masse verarbeiten (evtl. die Masse von den Seiten nach unten schieben). Die Masse sollte sehr glatt und gut vermischt sein.

**05.** Abschmecken. Ich gebe immer eine Prise Salz dazu, um den Erdnussgeschmack zu unterstreichen.

**06.** Die Masse in eine große Schüssel geben und zudecken. Im Kühlschrank über Nacht (mindestens aber 4-6 Stunden) kühlstellen. >>>

**SCHOKOLADEN-GANACHE**

80 g vegane dunkle Schokolade (keine Tröpfchen), gehackt

60 ml ungesüßte Mandel- oder Kokosmilch oder selbstgemachte Mandelmilch (Seite 6)

15 g Puderzucker in Bio-Qualität (optional)

**GANACHE**

**07.** Am nächsten Tag die Schokoladen-Ganache zubereiten: Gehackte Schokolade in eine mittelgroße Schüssel geben. In einer zweiten Schüssel die Mandelmilch 1 Minute in der Mikrowelle erwärmen. Die Mandelmilch kann auch in einem Topf kurz aufgekocht werden.

**08.** Die erhitzte Mandelmilch zur gehackten Schokolade geben. Die Schokolade 5 Minuten zugedeckt schmelzen lassen. Nicht bewegen.

**09.** Nach 5 Minuten verrühren. Wenn Klumpen entstehen oder bleiben, die Schüssel 10-20 Sekunden in der Mikrowelle erwärmen, bis die gesamte Schokolade geschmolzen ist.

**10.** Puderzucker unterrühren, darauf achten, dass sich keine Klumpen bilden. Zum Abkühlen beiseitestellen.

**11.** Die gekühlte Eismasse in die gekühlte Schüssel der Eismaschine geben und gemäß den Herstelleranweisungen ca. 30 Minuten verarbeiten. Die Masse sollte die Konsistenz von Softeis haben.

**12.** Wenn die Masse nicht dicker wird, die Schüssel in den Gefrierschrank stellen und 30-40 Minuten durchkühlen lassen, bevor sie erneut verarbeitet wird.

**13.** Wenn die Eiscreme die Konsistenz von Softeis hat, die Ganache zugeben und nur leicht unterheben, damit das Eis nur durchzogen, aber nicht vermischt ist. Die Maschine ausschalten.

**14.** Eiscreme in einen Gefrierbehälter geben und mit einem Löffel glatt streichen. Gut zudecken und 4-6 Stunden einfrieren, bis das Eis fest ist.

**15.** Vor dem Servieren 20-30 Minuten antauen lassen. Verwenden Sie einen angewärmten Eisportionierer, damit die Kugeln perfekt werden. Hält sich 1 Woche im Gefrierschrank.

# Schoko-Brotpudding aus der Pfanne

*10 ZUTATEN ODER WENIGER

Als ich dieses experimentelle Dessert zum ersten Mal probierte, war ich sofort begeistert. Ich wusste vorher nicht, ob Tofu sich genauso verhalten würde wie Eier in einem traditionellen Brotpudding und ich war positiv überrascht, als ich feststellte, dass dies der Fall war! Dieser Brotpudding ist innen flockig und außen knusprig und voller Schokoladen-Aroma. Zusammen mit etwas Kokos-Schlagsahne (Seite 6), milchfreier Eiscreme oder meiner Kokoszucker-Karamellsauce (Seite 263) ist dies das perfekte Dessert für das Weihnachtsmenü oder eine Dinner-Party.

**6 PORTIONEN**

**ZUBEREITUNG 2 STD 15 MIN | GARZEIT 50 MIN**
**GESAMTZEIT 3 STD 50 MIN**

1½ EL Kokosöl (oder ersatzweise vegane Butter)

340 g trockenes Weißbrot oder Weizenbrot (rustikales Brot ist am besten)

90 g vegane dunkle oder herbe Schokolade, gehackt

225 g extrafester Tofu, abgetupft (*siehe Anmerkung)

240 ml ungesüßte Mandelmilch oder selbstgemachte Mandelmilch (Seite 6)

25 g ungesüßtes Kakaopulver

100 g Kokoszucker (oder ersatzweise brauner Zucker in Bio-Qualität), sowie etwas mehr zum Bestreuen

1 EL Maisstärke oder Marantastärke (Pfeilwurzelstärke)

3 EL Kokossahne (oder Vollfettkokosmilch)

1 TL Vanilleextrakt

**01.** Eine gusseiserne Pfanne (30 cm Durchmesser) oder eine 20×20 cm Backform mit 1 EL Kokosöl einfetten.

**02.** Das Brot in 1 cm große Würfel reißen oder schneiden und in die Pfanne geben. Gehackte Schokolade darübergeben und in der Pfanne verteilen.

**03.** Die restlichen Zutaten in den Mixer geben und zu einer cremigen und geschmeidigen Masse verarbeiten. Probieren und ggf. etwas mehr Kakaopulver zugeben, um den Kakaogeschmack zu intensiveren oder Kokoszucker, um die Süße zu vertiefen. Über das Brot gießen.

**04.** Zugedeckt bei Raumtemperatur oder über Nacht (6-8 Stunden) im Kühlschrank einweichen lassen; gelegentlich Brotstücke, die trocken aussehen oder sich über der Flüssigkeit befinden, herunterdrücken oder umdrehen.

**05.** Den Backofen auf 160 °C vorheizen. 40-45 Minuten backen, bis die Oberseite etwas Farbe hat und das Innere nicht mehr feucht ist.

>>>

**06.** Aus dem Ofen nehmen und die Grillfunktion auf geringer Stufe einstellen. Die Oberseite des Brotpuddings mit ½ EL zerlassenem Kokosöl besprühen oder bepinseln und mit 1 EL Kokoszucker bestreuen.

**07.** Auf der mittleren Schiene in den Ofen stellen und 1-2 Minuten überbacken lassen, dabei sehr gut aufpassen, dass die Oberseite nur knusprig wird und nicht verbrennt. Sie sollten den Brotpudding die gesamte Zeit über im Auge behalten.

**08.** Vor dem Servieren 5-10 Minuten ruhen lassen. Entweder pur servieren oder mit milchfreier Eiscreme oder Kokos-Schlagsahne (Seite 8).

### Anmerkungen
*Für dieses Rezept eignet sich am besten Seidentofu, da sonst die Konsistenz nicht cremig und glatt genug ist.
*Rezept nach Alton Brown.

*30 MINUTEN ODER WENIGER
*10 ZUTATEN ODER WENIGER
*GF GLUTENFREI

# Puffreisriegel mit Erdnussbutter

Vielleicht ist dies mein neuer Lieblings-Schokoriegel. Salzige Erdnussbutter wird auf natürliche Weise durch Datteln und Ahornsirup gesüßt und dann für etwas mehr Biss mit Vollkorn-Puffreis vermischt. Zum Abschluss wird dieser selbstgemachte Riegel mit viel veganer dunkler Schokolade überzogen.

**16 PORTIONEN**

**ZUBEREITUNG 25 MIN | GARZEIT 5 MIN**
**GESAMTZEIT 30 MIN**

255 g natürliche gesalzene Erdnussbutter (oder Cashew- oder Mandelbutter)

120 ml Ahornsirup

50 g Datteln, ohne Kern, fein gehackt

55 g gepuffter Vollkornreis

15 g geröstete ungesalzene Sonnenblumenkerne (optional)

120 g vegane dunkle Schokolade, gehackt (mind. 70 % Kakaogehalt)

**01.** Eine Backform (20 × 20 cm oder ähnliche Größe) mit Backpapier oder Frischhaltefolie auslegen.

**02.** Erdnussbutter und Ahornsirup in einen kleinen Topf geben und bei mittlerer Hitze aufsetzen. Umrühren. In eine große Schüssel geben und die gehackten Datteln zugeben.

**03.** Mit einem Holzlöffel verrühren. Puffreis und Sonnenblumenkerne zugeben und gut vermischen.

**04.** Die Masse in die Backform geben und glatt streichen. Ein Stück Backpapier oder Frischhaltefolie darauflegen und mit einem flachen Gegenstand – wie einem Trinkglas – oder mit den Händen kompakt zusammendrücken.

**05.** In der Tiefkühltruhe 10–15 Minuten fest werden lassen. Schokolade im Wasserbad oder in der Mikrowelle in 30-Sekunden-Schritten schmelzen. Beiseitestellen.

**06.** Aus dem Gefrierschrank nehmen und aus der Backform heben. Auf ein mit Backpapier ausgelegtes Backblech setzen.

**07.** Ungefähr drei Viertel der Schokolade darübergießen und mit einem Pinsel oder kleinen Löffel verteilen und glatt streichen.

**08.** In der Tiefkühltruhe 15 Minuten fest werden lassen. Herausnehmen, vorsichtig umdrehen und die Unterseite mit der restlichen Schokolade bestreichen.

**09.** Wieder in den Gefrierschrank stellen und die Schokolade 10 Minuten fest werden lassen. In 16 (oder die gewünschte Anzahl) Riegel zerteilen.

**10.** Die Reste halten sich in einem luftdicht verschlossenen Behälter im Kühlschrank 3-4 Tage und im Gefrierschrank bis zu 1 Monat.

# Erdbeer-Cheesecake-Riegel ohne Backen

*10 ZUTATEN ODER WENIGER
*GF GLUTENFREI

Diese Riegel schmecken genauso lecker wie sie aussehen. Sie sind ein Ableger meiner 7-Zutaten-Cheesecake-Happen vom Blog mit extra Zitronenaroma und einem perfekt mürbem Dattel-Walnuss-Boden. Unwiderstehlich mit etwas süß-säuerlichem Erdbeerkompott.

**12 PORTIONEN**

**ZUBEREITUNG 1 STD 30 MIN | GARZEIT 7 MIN**
**GESAMTZEIT 1 STD 37 MIN + ZEIT ZUM EINFRIEREN**

**BODEN**

200 g Datteln (ohne Kerne), mehr bei Bedarf

180 g rohe Walnüsse, mehr bei Bedarf

1 Prise Salz (optional)

**FÜLLUNG**

180 g rohe Cashewkerne, eingeweicht und abgetropft (*siehe Anmerkung)

235 ml Vollfett- oder fettarme Kokosmilch (ersatzweise ungesüßte Mandelmilch oder selbstgemachte Mandelmilch (Seite 6) für ein weniger cremiges Ergebnis), mehr bei Bedarf

½ TL Vanilleextrakt

120 ml Ahornsirup (max. die Hälfte durch Rohrzucker in Bio-Qualität ersetzen), mehr bei Bedarf

3 EL Olivenöl oder zerlassenes Kokosöl, mehr bei Bedarf

Schale und Saft einer Zitrone, mehr bei Bedarf >>>

**01.** Die Datteln in die Schüssel einer Küchenmaschine oder in den Mixer geben und pulsierend zu kleinen Stückchen verarbeiten (oder bis sich eine Kugel gebildet hat). Entnehmen und beiseitestellen.

**02.** Walnüsse und Salz (optional) in der Küchenmaschine oder einem Mixer zu Mehl verarbeiten. Datteln in kleinen Mengen nach und nach zugeben und zu einem lockeren Teig verarbeiten - er sollte zusammenhalten, wenn Sie ihn zwischen den Fingern zusammendrücken. Wenn der Teig zu trocken ist, mehr Datteln hinzufügen. Wenn er zu feucht ist, mehr Nussmehl zugeben.

**03.** Eine Backform (20 × 20 cm oder ähnliche Größe) mit Backpapier oder Frischhaltefolie auslegen und den Boden daraufgeben. Gleichmäßig verteilen und mit den Händen fest in die Backform drücken, sodass ein fester Boden entsteht. Zum Festwerden in den Gefrierschrank legen.

**04.** Cashewkerne, Kokosmilch, Vanille, Ahornsirup, Olivenöl, Zitronenschale, Zitronensaft und Salz in den Mixer geben. >>>

**ERDBEER-BELAG**

240 g gefrorene Erdbeeren (ersatzweise frische Erdbeeren, geputzt und kleingeschnitten)

1-2 EL Ahornsirup (ersatzweise Kokoszucker oder Rohrzucker in Bio-Qualität), mehr nach Geschmack

1 EL Maisstärke oder Marantastärke (Pfeilwurzelstärke)

2-3 EL Wasser (ersatzweise frisch gepresster Orangensaft)

**05.** Auf höchster Stufe zu einer cremigen, glatten Masse verarbeiten. Wenn das Verarbeiten schwierig ist, etwas mehr Flüssigkeit (Kokosmilch oder Olivenöl) zugeben. Bei Bedarf die Masse an den Seiten herunterschieben. Abschmecken und die Aromen ausbalancieren: Ahornsirup für mehr Süße oder Zitronensaft für mehr Säure.

**06.** Den Boden aus dem Gefrierschrank nehmen und die Cashew-Mischung darübergießen. Antippen, um eingeschlossene Luftblasen zu entfernen und mit einem Löffel glattstreichen. Lose mit Frischhaltefolie abdecken und zum Festwerden in den Gefrierschrank zurückstellen (ca. 3-4 Stunden). Der Cheesecake behält wahrscheinlich seine Form im auch Kühlschrank, aber das Einfrieren beschleunigt das Festwerden und das Schneiden ist hinterher einfacher.

**07.** In der Zwischenzeit den Erdbeerbelag zubereiten: Erdbeeren, Ahornsirup, Maisstärke und etwas Wasser in einem kleinen Topf bei mittlerer Hitze aufkochen.

**08.** 2-3 Minuten köcheln lassen, die Hitze reduzieren und die Erdbeeren mit einem Löffel zerdrücken. Weitere 3-4 Minuten köcheln lassen, dann vom Herd nehmen und unter gelegentlichem Umrühren zum Andicken abkühlen lassen. In eine kleine Schüssel geben und zudecken. Im Kühlschrank vollständig auskühlen lassen.

**09.** Das gekühlte Erdbeerkompott auf den Cheesecake setzen (oder separat reichen), in Riegel schneiden und servieren. Kokos-Schlagsahne (Seite 8) passt hervorragend dazu.

**10.** Die Reste halten sich im Kühlschrank 2-3 Tage oder im Gefrierschrank bis zu 1 Monat. Zum Auftauen 15-20 Minuten vor dem Servieren aus dem Eisfach nehmen.

<u>Anmerkungen</u>

*Die Cashewkerne 6-8 Stunden in kaltem Wasser einweichen oder mit kochendem Wasser übergießen und ohne Deckel bei Raumtemperatur 1 Stunde einweichen lassen. Abtropfen lassen und mit dem Rezept wie angewiesen fortfahren.

# Kirsch-Schokotröpfchen-Eiscreme

*10 ZUTATEN ODER WENIGER
*GF GLUTENFREI

Ich habe nie freiwillig Kirscheis gegessen, aber dieses Rezept hat meine Meinung geändert. Die Vanillecreme-Basis passt perfekt zu den süßen roten Kirschen, die in Kompott verwandelt wurden. Die dunklen Schokotröpfchen geben Süße und ein interessantes Muster.

**10 PORTIONEN**

**ZUBEREITUNG 1 STD 15 MIN | GARZEIT 5 MIN**
**GESAMTZEIT 1 STD 20 MIN + ZEIT ZUM EINFRIEREN**

180 g rohe Cashewkerne, eingeweicht und abgetropft (*siehe Anmerkung)

415 ml Vollfett-Kokosmilch (oder fettarme Kokosmilch für ein weniger cremiges Ergebnis)

3 EL Olivenöl oder zerlassenes Kokosöl

120 ml Ahornsirup (max. die Hälfte durch Rohrzucker in Bio-Qualität ersetzen), mehr bei Bedarf

1 TL Vanilleextrakt

1 Prise Meersalz

1 EL Maisstärke oder Marantastärke (Pfeilwurzelstärke)
>>>

**01.** Die Schüssel der Eismaschine sollte über Nacht zum Kühlen in den Gefrierschrank gestellt werden.

**02.** Cashewkerne, Kokosmilch, Olivenöl, Ahornsirup, Vanille, Salz und Maisstärke in den Mixer geben. Zu einer cremigen, glatten Masse verarbeiten, evtl. die Masse von den Seiten herunterschaben.

**03.** Probieren und bei Bedarf mehr Süßungsmittel hinzufügen. Für mich sind 60 ml Ahornsirup und 50 g Rohrzucker in Bio-Qualität perfekt.

**04.** Am nächsten Tag das Kompott zubereiten: Kirschen, Orangensaft, Ahornzucker und Maisstärke in einen kleinen Topf geben. Bei mittlerer Hitze zum Kochen bringen und die Kirschen vorsichtig mit einem Holzlöffel zerdrücken. Verrühren.

**05.** Hitze reduzieren und 3-4 Minuten köcheln lassen, bis die Mischung Kirschkompott ähnelt. In eine saubere Schüssel geben und zugedeckt im Kühlschrank abkühlen lassen, während das Eis zubereitet wird.

**06.** Die gekühlte Eismaschine zusammensetzen und die gekühlte noch unfertige Eiscreme hineingeben. Zu dickem und cremigem Eis mit der Konsistenz von Softeis verarbeiten (ca. 30 Minuten).
>>>

**KOMPOTT**

140 g süße rote Kirschen, entsteint und halbiert (frisch oder tiefgefroren)

1-2 EL frisch gepresster Orangensaft oder gefiltertes Wasser

1 EL Ahornsirup (ersatzweise Rohrzucker in Bio-Qualität oder Kokoszucker)

½ EL Maisstärke oder Marantastärke (Pfeilwurzelstärke)

40 g vegane dunkle oder halbsüße Schokolade, sehr fein gehackt

**07.** In den letzten 30 Sekunden des Eismachens das gekühlte Kirschkompott und die gehackte Schokolade zugeben. Verarbeiten, bis alles gerade vermengt und „verwirbelt" ist. Die Maschine ausschalten. Eiscreme in einen Gefrierbehälter geben und mit einem Löffel glatt streichen.

**08.** Gut zudecken und 4-5 Stunden einfrieren, bis das Eis fest ist. Vor dem Portionieren bei Raumtemperatur 10-15 Minuten antauen lassen. Verwenden Sie einen angewärmten Eisportionierer, damit die Kugeln perfekt werden.

**09.** Reste halten sich im Gefrierschrank bis zu 1 Woche, aber das Eis schmeckt in den ersten 2-3 Tagen am besten.

---

**Anmerkungen**

*Um die Cashewkerne im Schnellverfahren einzuweichen, die Cashewkerne in einer Schüssel mit kochendem Wasser übergießen und ohne Deckel bei Raumtemperatur 1 Stunde stehen lassen.

# Kokoszucker-Karamellsauce

*1 SCHÜSSEL ODER TOPF
*30 MINUTEN ODER WENIGER
*10 ZUTATEN ODER WENIGER
*GF GLUTENFREI

Das perfekte vegane Karamell zu kreieren war eine Herausforderung, aber dieses Rezept ist genau das, was ich mir vorgestellt habe. Das Karamell ist komplett glutenfrei, besitzt eine natürliche Süße, und man braucht nur 5 Zutaten. Warm oder kalt zu Desserts, Eis oder in Kaffeegetränken servieren. Der perfekte Begleiter zu meinem Kirsch-Schokotröpfchen-Eiscreme (Seite 259).

**16 PORTIONEN**

**ZUBEREITUNG 5 MIN | GARZEIT 15 MIN
GESAMTZEIT 20 MIN**

190 g Kokoszucker

60 ml gefiltertes Wasser

¼ TL Vanilleextrakt

¼ TL Meersalz

160 ml Kokossahne (keine Kokosmilch)

**OPTIONAL**
15 ml Bourbon Whiskey (weglassen, wenn es glutenfrei sein soll)

**01.** Kokoszucker und Wasser in einen kleinen Topf geben. Bei mittlerer Hitze 12-15 Minuten köcheln lassen, dabei den Topf schwenken, aber nicht umrühren. Hitze leicht reduzieren, wenn die Masse zu schnell viele Blasen wirft (und vom Herd nehmen, falls es verbrannt riecht). Wenn die Masse karamellisiert, hat sie einen starken Karamellgeruch und eine dunkle Bernsteinfarbe.

**02.** Wenn das Karamell fertig ist, den Topf vom Herd nehmen und sofort Vanille, Salz und Kokossahne zugeben. Umrühren. Whiskey zugeben und umrühren (optional). Etwas abkühlen lassen, dann in ein sauberes Einmachglas füllen und vor dem Verschließen vollständig auskühlen lassen.

**03.** Hält sich 2-3 Wochen im Kühlschrank. In der Mikrowelle wieder erwärmen oder das Einmachglas in 5 cm köchelndem Wasser aufwärmen. Die Sauce ist aber auch lecker, wenn sie direkt aus dem Kühlschrank kommt.

**04.** Dieses Karamell passt perfekt zu veganen Shakes, Eiscreme und Kuchen.

# Getränke

Wenn Sie sich durch dieses Buch gekocht haben, wenn Sie sich nach einem Veggie-Burger wie ausgetrocknet fühlen, oder wenn Sie einfach einen guten Drink brauchen, dann sind Sie hier richtig.

Wenn auch in Maßen: Alle Getränke weisen meine fünf Lieblingseigenschaften auf: alkoholisch, süß, würzig, perlend und reichhaltig. Füße hoch, entspannen und sich freuen, was man geschafft hat. Zum Wohl, Freunde!

KÜRBIS-CHAI-LATTE 267
FRISCH GEPRESSTER APFELMOST 268
SAHNIGER VEGANER EGGNOGG 270
WHISKEY SOUR MIT TAMARINDE 272
PERLENDE PFIRSICH-BEEREN-SANGRIA 275

# Kürbis-Chai-Latte

*30 MINUTEN ODER WENIGER
*10 ZUTATEN ODER WENIGER
*GF GLUTENFREI

Wenn Sie minimalistbaker.com verfolgen, wissen Sie bereits, dass ich eine leichte Obsession für Chai-Latte habe. Dies ist mein Lieblingsrezept! Das Kürbispüree sorgt für eine cremige, gehaltvolle Konsistenz, und die Gewürze geben eine erdige Wärme. Besonders gut an kalten Herbst- und Winterabenden. Ein echter Seelenwärmer.

**2 PORTIONEN**

**ZUBEREITUNG 5 MIN | GARZEIT 15 MIN
GESAMTZEIT 20 MIN**

480 ml ungesüßte Mandelmilch oder selbstgemachte Mandelmilch (Seite 6)

240 ml gefiltertes Wasser (ersatzweise Mandelmilch verwenden, wenn es ein supersahniger Latte werden soll)

1 esslöffelgroßes Stück Ingwer (oder 1 TL gemahlener Ingwer)

65 g ungesüßtes Kürbispüree*

3 schwarze oder Chai-Teebeutel (*siehe Anmerkung)

3-4 EL Kokoszucker in Bio-Qualität (oder Ahornsirup), mehr bei Bedarf

Je eine Prise Meersalz und schwarzer Pfeffer

½ TL gemahlener Zimt, mehr bei Bedarf

¾ TL Pumpkin Pie-Gewürz*, mehr bei Bedarf

⅛ TL gemahlener Ingwer (optional), mehr bei Bedarf

1 Prise gemahlene Muskatnuss

½ TL Maisstärke oder Pfeilwurzelstärke, zum Andicken (optional)

**ZUM SERVIEREN**
Gemahlener Zimt

Kokos-Schlagsahne (Seite 8)

**01.** Mandelmilch, Wasser und Ingwer in einen kleinen Topf geben. Bei mittlerer Hitze erwärmen. Wenn die Mandelmilch anfängt zu kochen, vom Herd nehmen und das Kürbispüree einrühren und die Teebeutel hineinhängen.

**02.** 10 Minuten ziehen lassen, dann den Ingwer und die Teebeutel entfernen. Die Teebeutel gründlich ausdrücken, damit kein Geschmack verloren geht.

**03.** Die restlichen Zutaten hinzufügen (Topf vom Herd nehmen) und kräftig umrühren. Probieren und abschmecken. Ich gebe noch etwas mehr Süßungsmittel und gemahlenen Ingwer dazu.

**04.** Bei niedriger bis mittlerer Hitze auf die gewünschte Temperatur bringen. Dann mit Kokos-Schlagsahne (Seite 8) und mehr Pumpkin Pie-Gewürz oder Zimt servieren. Schmeckt am besten frisch zubereitet.

### Anmerkungen

*Wenn Sie Chai-Teebeutel verwenden, sind evtl. weniger Gewürze erforderlich.

*Pumpkin Pie-Gewürz ist ein Kürbiskuchengewürz, das in den USA sehr beliebt ist. Es lässt sich aber auch ganz leicht selbst herstellen: 1 Teil gemahlene Gewürznelken, 1 Teil gemahlenen Ingwer, 1 Teil gemahlenes Piment, 1 Teil gemahlenen Zimt miteinander vermischen.

*Kürbispüree selbst herstellen: siehe Anmerkung auf Seite 238

*30 MINUTEN ODER WENIGER
*10 ZUTATEN ODER WENIGER
*GF GLUTENFREI

# Frisch gepresster Apfelmost

Wer hätte gedacht, dass die Herstellung von Apfelmost so einfach ist und keine Spezialgeräte notwendig sind? Jeder, der einen Mixer und ein Geschirrhandtuch hat, kann dieses Rezept nachmachen. Was noch besser ist? Sie können ihn entweder als frisch gepressten Most belassen und zum Frühstück trinken oder im Herbst in einen milden Gewürz-Apfelsaft verwandeln.

**9 PORTIONEN**

**ZUBEREITUNG 10 MIN | GARZEIT 20 MIN**
**GESAMTZEIT 30 MIN**

9 oder 10 mittelgroße Äpfel, geviertelt, entkernt, mit Schale

480 ml gefiltertes Wasser, mehr bei Bedarf

1-2 EL Kokoszucker (oder Ahornsirup), hängt von der Süße der Äpfel ab, evtl. mehr nach Bedarf

Saft einer Zitrone, mehr bei Bedarf

2-3 Stangen Zimt, mehr nach Geschmack

1 Prise Meersalz

**01.** Äpfel und Wasser in den Mixer geben. Bei hoher Geschwindigkeit sehr glatt pürieren. Abhängig von der Größe des Mixers muss dies in zwei Portionen geschehen.

**02.** Ein großes, dünnes Geschirrhandtuch über eine große Schüssel legen und sicherstellen, dass die Schüssel vollständig bedeckt ist, um ein Überlaufen zu verhindern.

**03.** Die Apfelmischung vorsichtig auf das Handtuch gießen, die Ecken zusammennehmen und hochheben. Das Tuch drehen und drücken, um den Saft herauszudrücken. So lange drücken, bis kein Saft, sondern nur Fruchtfleisch im Handtuch ist. Das Fruchtfleisch kann in Smoothies, zum Backen verwendet oder kompostiert werden.

**04.** Das Ergebnis ist frisch gepresster Apfelsaft, der pur getrunken werden, gekühlt oder in Gewürz-Apfelsaft verwandelt werden kann.

**05.** Wenn Sie Gewürz-Apfelsaft herstellen möchten: Saft in einen großen Topf geben. Kokoszucker, Zitronensaft, Zimtstangen und Salz zugeben. Verrühren und bei niedriger bis mittlerer Hitze aufkochen.

**06.** Wenn der Saft kocht, die Hitze reduzieren und köcheln lassen, bis der Apfelsaft das Aroma der Zimtstangen aufgenommen hat (ca. 15-20 Minuten).

**07.** Abschmecken und evtl. mehr Zitronensaft für mehr Säure, mehr Kokoszucker für mehr Süße oder mehr Zimtstangen für mehr Würze zugeben.

**08.** Heiß mit Zimtstangen garniert servieren. Mit einem Schuss Bourbon Whiskey wird daraus ein leckerer und wärmender Hot Toddy. Der Gewürz-Apfelsaft kann bei geringer Hitze warmgehalten werden, wenn man Gäste hat, und abgekühlte Reste halten sich zugedeckt bis zu 1 Woche im Kühlschrank.

**\*1** SCHÜSSEL ODER TOPF
**\*10** ZUTATEN ODER WENIGER
**\*GF** GLUTENFREI

# Sahniger veganer Eggnogg

Wenn Sie Eiscreme mögen, dann mögen Sie auch dieses festliche Getränk. Es schmeckt wie geschmolzenes Vanilleeis mit warmen, herbstlichen Gewürzen. Es ist sahnig, cremig, leicht gewürzt und perfekt für die Vorweihnachtszeit. Niemand wird Ihnen glauben, dass es milchfrei ist!

**9 PORTIONEN**

180 g rohe Cashewkerne, im Schnellverfahren eingeweicht (siehe Anmerkung auf Seite 15)

540 ml ungesüßte Mandelmilch oder selbstgemachte Mandelmilch (Seite 6)

120 ml fettarme Kokosmilch

240 ml gefiltertes Wasser, evtl. mehr zum Verdünnen

6–8 EL Ahornsirup (max. die Hälfte kann durch Kokoszucker ersetzt werden), mehr nach Geschmack

1 kräftige Prise Meersalz

¼ TL gemahlener Zimt, mehr nach Geschmack

⅛ TL gemahlener Muskatnuss, mehr nach Geschmack

60 ml Bourbon Whiskey (optional, ist nicht glutenfrei)

**ZUBEREITUNG UND GESAMTZEIT 1 STD. 10 MIN**

**01.** Alle Zutaten bis auf den Bourbon Whiskey in den Mixer geben. Zu einer cremigen, glatten Masse verarbeiten, evtl. die Masse von den Seiten herunterschaben. Mehr Wasser zugeben, wenn die Masse zu zäh ist. Die Masse sollte sehr cremig sein und auf höchster Stufe 2–3 Minuten verarbeitet werden.

**02.** Abschmecken und ggf. mehr Gewürze oder Ahornsirup zugeben.

**03.** Den Whiskey in 30-ml-Schritten zugeben. Verrühren und probieren. Das ist optional, aber gut für den Geschmack.

**04.** Wenn die Mischung noch nicht flüssig genug ist, kann die Flüssigkeit auch durch ein feines Geschirrtuch oder Seihtuch abgeseiht werden, um Cashewfragmente zu entfernen.

**05.** Der Eggnogg kann entweder sofort auf Eis oder gekühlt (wie ich es bevorzuge) getrunken werden. Zum Kühlen den Eggnogg in einen großen Krug gießen. Zudecken und im Kühlschrank 6–8 Stunden oder über Nacht kaltstellen. Je länger der Eggnogg durchzieht, desto mehr entwickeln und vertiefen sich die Aromen.

**06.** Entweder pur oder mit Kokos-Schlagsahne (Seite 8) und einer Prise Zimt oder Muskatnuss servieren. Hält sich 4–6 Tage zugedeckt im Kühlschrank.

*30 MINUTEN ODER WENIGER
*10 ZUTATEN ODER WENIGER
*GF GLUTENFREI

# Whiskey Sour mit Tamarinde

Dieses Rezept ist eine Hommage an den besten Whiskey Sour, den ich getrunken habe – in einer Whiskey Soda Lounge in Portland, Oregon. Die Tamarinde verleiht dem Getränk eine leicht bittere und säuerliche Note, die gut zum frischen Limettensaft passt. Der Rohzucker sorgt für etwas Süße und verhindert, dass der Bourbon Whiskey die anderen Aromen überdeckt. Einfach traumhaft. Dies ist das perfekte Getränk für ein Sommerfest und passt besonders gut zu scharfen, würzigen Gerichten.

**1 PORTION**

**ZUBEREITUNG 5 MIN | GESAMTZEIT 5 MIN**

Orangenschale und Maraschino-Kirsche, zum Garnieren

1 EL frisches Tamarindenkonzentrat oder -paste (*siehe Anmerkung)

1½ EL Rohrzucker in Bio-Qualität (ersatzweise Agavendicksaft oder Ahornsirup)

2 EL frisch gepresster Limetten- oder Zitronensaft

45 ml Bourbon Whiskey (siehe Anmerkung)

Eiswürfel, zum Schütteln und Servieren

**01.** Einen großen Eiswürfel (oder 4-6 kleine Eiswürfel), Orangenschale und Kirsche in ein Glas geben. Beiseitestellen.

**02.** In einem Cocktail-Shaker Zucker, Limettensaft und Tamarindenkonzentrat mixen.

**03.** Whiskey und eine großzügige Handvoll Eis zugeben. Kräftig schütteln.

**04.** Über die Eiswürfel gießen und servieren.

### Anmerkungen

*Tamarindenkonzentrat wird im Online-Handel oder in asiatischen Lebensmittelgeschäften angeboten. Es ist eine eher selten gebrauchte Zutat, aber ich habe immer etwas vorrätig, falls ich ein asiatisches Gerichte kochen möchte – vor allem Pad Thai (siehe Erdnussbutter-Pad Thai auf Seite 193).

*Sicherstellen, dass der Bourbon Whiskey glutenfrei ist.

# Perlende Pfirsich-Beeren-Sangria

*1 SCHÜSSEL ODER TOPF
*30 MINUTEN ODER WENIGER
*10 ZUTATEN ODER WENIGER
*GF GLUTENFREI

Als wir im Jahr 2013 in Spanien waren, verliebte ich mich in Sangria. Dieses Rezept ist eine unerwartete Version dieses klassischen Getränks, und durch den weißen Sekt bekommt es einen festlichen Touch. Perfekt an warmen Sommernachmittagen oder zu spanisch-inspirierten Gerichten.

**4 PORTIONEN**

90-120 ml Orangenlikör (z. B. Grand Marnier)

1 reifer Pfirsich, entkernt und in Scheiben geschnitten

4 kleine Erdbeeren, geputzt, geviertelt

1 kleine Handvoll Blaubeeren

1 Kiwi, Schale entfernt, in Scheiben geschnitten

½ Orange in Scheiben geschnitten, dann geviertelt

1 Flasche (0,75 l) trockener Sekt, gekühlt

**OPTIONAL**
1 Zweig frische Minze zum Garnieren

**ZUBEREITUNG 10 MIN | GESAMTZEIT 10 MIN**

**01.** Orangenlikör, Pfirsich, Erdbeeren, Blaubeeren, Kiwi und Orange in einen Krug geben. Umrühren.

**02.** Mit Sekt auffüllen und vorsichtig vermischen.

**03.** Sofort servieren, evtl. mit Minze garnieren.

# Minimalistische Küche

Wir bemühen uns, unsere Küche so schlicht und einfach zu halten, damit Kochen und Aufräumen so schnell, effizient und stressfrei wie möglich sind. Wir haben viele Dinge ausprobiert, um Küchengeräte und Produkte zu finden, die für uns funktionieren, und wir sind immer offen und interessiert an Verbesserungen und Optimierungen.

Unser wichtigster Tipp für eine minimalistische Küche ist, wann immer möglich, auf Qualität zu achten, Geräte auszuwählen, die mehrere Funktionen besitzen und nur das zu behalten, was Sie wirklich – und täglich – brauchen. Alles andere führt unweigerlich zu Unordnung und verhindert, dass Sie sich gerne in der Küche aufhalten – und das ist das Letzte, was Sie wollen.

Küchengeräte und Produkte, die wir benutzen und empfehlen, finden Sie unter minimalistbaker.com/simple-kitchen-essentials.

## GRUNDAUSSTATTUNG SPEISEKAMMER

Manchmal kann es schwieriger sein, eine minimalistische Speisekammer als eine minimalistische Küche umzusetzen, vor allem für diejenigen unter uns, die gerne neue und exotische Lebensmittel ausprobieren. Einer meiner wichtigsten Tipps ist, ein gutes System zu haben (z.B. Gläser mit Etiketten) und regelmäßig Produkte zu entsorgen, die abgelaufen sind.

Auf der nächsten Seite finden Sie eine Liste der Produkte, die ich stets in meiner Speisekammer vorrätig habe - alles Zutaten, die Sie für die Zubereitung der Rezepte in diesem Kochbuch brauchen. Ich nenne keine frischen Produkte, da sie je nach Saison und Region unterschiedlich ausfallen.

Wie bei den meisten veganen und glutenfreien Gerichten können Sie natürlich Ergänzungen oder Änderungen vornehmen, ganz nach Ihren diätetischen Bedürfnissen. Zu viele Änderungen können jedoch das Ergebnis beeinträchtigen. Ich empfehle, nicht mehr als eine oder zwei Zutaten auszutauschen und auch nur, wenn Sie sicher sind, dass diese neue Zutat gut im Rezept funktioniert, sodass enttäuschende Ergebnisse vermieden werden.

| NÜSSE/SAMEN | TROCKENE ZUATEN/ NUDELN | FEUCHTE ZUTATEN/ KONSERVEN |
|---|---|---|
| CHIA- UND HANFSAMEN | VOLLKORNREIS | MANDELMILCH |
| GEMAHLENE LEINSAMEN | GLUTENFREIE NUDELN | SCHWARZE BOHNEN |
| ROHE MANDELN, CASHEW-KERNE, PECANNÜSSE UND WALNÜSSE | GLUTENFREIE HAFERFLOCKEN | KICHERERBSEN |
| | LINSEN | CHILI-KNOBLAUCHSAUCE |
| GERÖSTETE UNGESALZENE SONNENBLUMENKERNE | HEFEFLOCKEN | KOKOSSAHNE |
| MANDELBLÄTTCHEN | | MAIS |
| | QUINOA | GEWÜRFELTE TOMATEN |
| **BACKZUTATEN** | REISNUDELN | EXTRAFESTER SEIDENTOFU |
| APFELESSIG | SOBANUDELN | |
| BACKPULVER | WEISSER REIS | EXTRAFESTER TOFU |
| NATRON | VOLLKORNNUDELN | |
| UNGESÜSSTES APFELMUS | | VOLLFETT KOKOSMILCH |
| | **GEWÜRZE** | |
| VEGANE DUNKLE SCHOKOTRÖPFCHEN | SCHWARZER PFEFFER | FETTARME KOKOSMILCH |
| | CARDAMOM | |
| | CAYENNEPFEFFER | PINTO/BOHNENMUS |
| | CHILIPULVER | SOJASAUCE ODER TAMARI |
| **SÜSSUNGSMITTEL** | ZIMT | TAMARINDENKONZENTRAT |
| AGAVENDICKSAFT | KORIANDER | TOMATENSAUCE UND NUDELN |
| KOKOSZUCKER | KREUZKÜMMEL | VEGANER FRISCHKÄSE |
| AHORNSIRUP | GETROCKNETES BASILIKUM | |
| MEDJOOL DATTELN | GETROCKNETER OREGANO | **MEHLE/GEMAHLENE PRODUKTE** |
| ROHRZUCKER | GARAM MASALA | ALLZWECKMEHL |
| BRAUNER ZUCKER | KNOBLAUCHPULVER | MANDELMEHL |
| PUDERZUCKER IN BIO-QUALITÄT | GRÜNE CURRYPASTE | PFEILWURZELSTÄRKE |
| | | GLUTENFREIES MEHL |
| VEGANE DUNKLE SCHOKOLADE | GEMAHLENER INGWER | VOLLKORN- UND WEISSES REISMEHL |
| | KARDAMOM | BUCHWEIZENMEHL |
| **FETTE** | PUMPKIN PIE-GEWÜRZ | |
| AVOCADOÖL | ROTE CURRYPASTE | MAISSTÄRKE |
| KOKOSÖL | | FEINES GELBES MAISMEHL |
| TRAUBENKERNÖL | MEERSALZ | SEMOLINAMEHL |
| OLIVENÖL | GERÄUCHERTES PAPRIKAPULVER | TAPIOKAMEHL |
| SESAMÖL | KURKUMA | WEIZENVOLLKORNMEHL |
| VEGANE BUTTER | MUSKATNUSS | KARTOFFELSTÄRKE |

# Nährwertangaben

## FRÜHSTÜCK

### Grüner Super-Saft (Seite 21)
PORTIONSGRÖSSE: ¼ REZEPT
Kalorien: 84 • Fett insgesamt: 0 g • gesättigtes Fett: 0 g • Kohlenhydrate: 20 g • Natrium: 25 mg • Ballaststoffe: 0,5 g • Zucker: 10,3 g

### Selbstgemachtes Hippie-Müsli (Seite 22)
PORTIONSGRÖSSE: ½ CUP
Kalorien: 175 • Fett insgesamt: 13,8 g • gesättigtes Fett: 1,2 g • Kohlenhydrate: 11,2 g • Natrium: 24 mg • Ballaststoffe: 2,7 g • Zucker: 4,6 g • Protein: 4,3 g

### Grüner Ingwer-Colada-Smoothie (Seite 25)
PORTIONSGRÖSSE: 1 SMOOTHIE
Kalorien: 272 • Fett insgesamt: 14 g • gesättigtes Fett: 8,9 g • Kohlenhydrate: 35,7 g • Natrium: 91 mg • Ballaststoffe: 6,2 g • Zucker: 19,2 g • Protein: 5,6 g

### Roter Bete und grüner Apfel Joghurt-Smoothie (Seite 26)
PORTIONSGRÖSSE: 1 SMOOTHIE
Kalorien: 246 • Fett insgesamt: 4,6 g • gesättigtes Fett: 0,5 g • Kohlenhydrate: 44,7 g • Natrium: 76 mg • Ballaststoffe: 5,2 g • Zucker: 34 g • Protein: 1,5 g

### Superpower-Schoko-Shake (Seite 29)
PORTIONSGRÖSSE: 1 SHAKE (VON 2)
Kalorien: 176 • Fett insgesamt: 9,7 g • gesättigtes Fett: 1,6 g • Kohlenhydrate: 24,4 g • Natrium: 163 mg • Ballaststoffe: 6,5 g • Zucker: 10,4 g • Protein: 5,3 g

### Glutenfreie Schokowaffeln (Seite 30)
PORTIONSGRÖSSE: 1 WAFFEL
Kalorien: 419 • Fett insgesamt: 17,3 g • gesättigtes Fett: 12,3 g • Kohlenhydrate: 64,7 g • Natrium: 547 mg • Ballaststoffe: 9,2 g • Zucker: 15,1 g • Protein: 6,4 g

### Mango-Kokos-Lassi (Seite 33)
PORTIONSGRÖSSE: 1 SMOOTHIE
Kalorien: 249 • Fett insgesamt: 7,7 g • gesättigtes Fett: 6,2 g • Kohlenhydrate: 47,6 g • Natrium: 90 mg • Ballaststoffe: 7,2 g • Zucker: 38,3 g • Protein: 2 g

### Herbstliche Buchweizen-Pfannkuchen (Seite 34)
PORTIONSGRÖSSE: 1 PFANNKUCHEN
Kalorien: 100 • Fett insgesamt: 3 g • Kohlenhydrate: 16,8 g • Natrium: 137 mg • Ballaststoffe: 2,4 g • Zucker: 3,1 g • Protein: 2,7 g

### Rustikale Knoblauch-Spargel-Quiche mit Tofu (Seite 37)
PORTIONSGRÖSSE: ⅙ REZEPT
Kalorien 211 • Fett insgesamt: 7,3 g • Gesättigtes Fett: 1,2 g • Kohlenhydrate: 30,2 g • Natrium: 366 mg • Ballaststoffe: 5,4 g • Zucker: 1,6 g • Protein: 9,4 g

### Mandelbutter-Gelee-Müsliriegel (Seite 40)
PORTIONSGRÖSSE: 1 MÜSLIRIEGEL
Kalorien: 216 • Fett insgesamt: 8,5 g • gesättigtes Fett: 0,7 g • Kohlenhydrate: 33,2 g • Natrium: 14 mg • Ballaststoffe: 4,7 g • Zucker: 19,7 g • Protein: 5,5 g

### Veganer Frühstücksburrito (Seite 43)
PORTIONSGRÖSSE: 1 BURRITO
Kalorien: 869 • Fett insgesamt: 21,4 g • gesättigtes Fett: 4,4 g • Kohlenhydrate: 154,3 g • Natrium: 845 mg • Ballaststoffe: 21 g • Zucker: 8,8 g • Protein: 21 g

### Eier Benedikt ohne Eier (Seite 45)
PORTIONSGRÖSSE: 1 EIFREIES BENEDIKT OHNE SAUCE
Kalorien: 400 • Fett insgesamt: 27,6 g • gesättigtes Fett: 5,5 g • Kohlenhydrate: 35 g • Natrium: 250 mg • Ballaststoffe: 9,1 g • Zucker: 3,3 g • Protein: 7,2 g

### Portionsgrösse: 2 EL Sauce Hollandaise
Kalorien: 75 • Fett insgesamt: 5,3 g • gesättigtes Fett: 0,6 g • Kohlenhydrate: 5,8 g • Natrium: 78 mg • Ballaststoffe: 1,1 g • Zucker: 1,6 g • Protein: 2 g

### Kürbis-Haferkuchen mit Schokoladentröpfchen (Seite 48)
PORTIONSGRÖSSE: 1 SCHEIBE (VON 10)
Kalorien: 306 • Fett insgesamt: 13 g • Gesättigtes Fett: 7,3 g • Kohlenhydrate: 46 g • Natrium: 352 mg • Ballaststoffe: 5,2 g • Zucker: 19,2 g • Protein: 4,5 g

### Zucchini-Walnuss-Muffins (Seite 50)
PORTIONSGRÖSSE: 1 MUFFIN
Kalorien: 189 • Fett insgesamt: 8,4 g • gesättigtes Fett: 0,9 g • Kohlenhydrate: 27,3 g • Natrium: 95 mg • Ballaststoffe: 3,1 g • Zucker: 12,3 g • Protein: 3,5 g

### Bananen-Schoko-Pecan-Muffins (Seite 52)
PORTIONSGRÖSSE: 1 MUFFIN
Kalorien: 269 • Fett insgesamt: 11,6 g • gesättigtes Fett: 5,7 g • Kohlenhydrate: 40,2 g • Natrium: 94 mg • Ballaststoffe: 4,3 g • Zucker: 19,1 g • Protein: 4,6 g

### Karotten-Walnuss-Kuchen (Seite 54)
PORTIONSGRÖSSE: 1 SCHEIBE (VON 10)
Kalorien: 260 • Fett insgesamt: 11,3 g • gesättigtes Fett: 1,3 g • Kohlenhydrate: 37,5 g • Natrium: 357 mg • Ballaststoffe: 4,5 g Zucker: 15,7 g • Protein: 4,4 g

### Beeren-Mimosa mit Alkohol (Seite 57)
PORTIONSGRÖSSE: 1 MIMOSA
Kalorien: 198 • Fett insgesamt: 0,4 g • Gesättigtes Fett: 0 g • Kohlenhydrate: 20,2 g • Natrium: 5 mg • Ballaststoffe: 1,9 g • Zucker: 15,4 g

# APPETIZER UND BEILAGEN

### Scharfe Marokkanische Orangennüsse (Seite 60)
PORTIONSGRÖSSE: 4 EL
Kalorien: 248 • Fett insgesamt: 22,4 g • gesättigtes Fett: 4,6 g • Kohlenhydrate: 12,3 g • Natrium: 236 mg • Ballaststoffe: 2,6 g • Zucker: 8,1 g • Protein: 3,1 g

### Gefüllte Pizza-Pilze (Seite 62)
PORTIONSGRÖSSE: 1/6 VON REZEPT MIT SAUCE
Kalorien: 183 • Fett insgesamt: 14,1 g • gesättigtes Fett: 6,1 g • Kohlenhydrate: 8,7 g • Natrium: 494 mg • Ballaststoffe: 2,4 g • Zucker: 3,4 g • Protein: 5,5 g

### Endivien-Hummus-Boote (Seite 65)
PORTIONSGRÖSSE: 1/6 VON REZEPT*
Kalorien: 128 • Fett insgesamt: 8,8 g • Gesättigtes Fett: 1 g • Kohlenhydrate: 9 g • Natrium: 300 mg • Ballaststoffe: 4,1 g • Zucker: 5 g • Protein: 4 g
*Berechnet mit Harissa-Hummus mit gerösteten roten Paprika

### Griechische Bruschetta (Seite 66)
PORTIONSGRÖSSE: 1/6 REZEPT (CA. 3 STÜCK)
Kalorien: 182 • Fett insgesamt: 5,5 g • gesättigtes Fett: 0,8 g • Kohlenhydrate: 29,8 g • Natrium: 403 mg • Ballaststoffe: 1,7 g • Zucker: 3,8 g • Protein: 4,7 g

### Spinat-Artischocken-Dip (Seite 69)
PORTIONSGRÖSSE: 1/6 VON REZEPT
Kalorien: 336 • Fett insgesamt: 27,7 g • gesättigtes Fett: 8,5 g • Kohlenhydrate: 17,5 g • Natrium: 366 mg • Ballaststoffe: 5,7 g • Zucker: 1,8 g • Protein: 9,4 g

### Vegane 20-Minuten-Quesosauce (Seite 71)
PORTIONSGRÖSSE: 1/6 VON REZEPT
Kalorien: 108 • Fett insgesamt: 6,8 g • gesättigtes Fett: 2,1 g • Kohlenhydrate: 9,7 g • Natrium: 173 mg • Ballaststoffe: 1,5 g • Zucker: 2,2 g • Protein: 2,6 g

### Harissa-Hummus mit gerösteter roter Paprika (Seite 75)
PORTIONSGRÖSSE: 50 G
Kalorien: 94 • Fett insgesamt: 6,9 g • gesättigtes Fett: 0,9 g • Kohlenhydrate: 6,5 g • Natrium: 155 mg • Ballaststoffe: 0,7 g • Zucker: 1,8 g • Protein: 2,2 g

### Süßkartoffel-Schwarze Bohnen-Dip (Seite 77)
PORTIONSGRÖSSE: 1/6 VON REZEPT
Kalorien: 288 • Fett insgesamt: 14,3 g • gesättigtes Fett: 2,4 g • Kohlenhydrate: 38,2 g • Natrium: 98 mg • Ballaststoffe: 7,6 g • Zucker: 9,7 g • Protein: 5,2 g

### Cremige Tomaten-Kräuter-Bisque (Seite 78)
PORTIONSGRÖSSE: 1/4 SUPPENREZEPT
Kalorien: 221 • Fett insgesamt: 5,5 g • gesättigtes Fett: 5 g • Kohlenhydrate: 39,9 g • Natrium: 745 mg • Ballaststoffe: 8,4 g • Zucker: 25,7 g • Protein: 8,4 g

PORTIONSGRÖSSE: 1/4 CROUTONS-REZEPT
Kalorien: 138 • Fett insgesamt: 11 g • Gesättigtes Fett: 1,1 g • Kohlenhydrate: 7,7 g • Natrium: 236 mg • Ballaststoffe: 1,3 g • Protein: 2,4 g

### Hummus mit sonnengetrockneten Tomaten (Seite 80)
PORTIONSGRÖSSE: 125 ML*
Kalorien: 127 • Fett insgesamt: 9,4 g • gesättigtes Fett: 1,3 g • Kohlenhydrate: 9,8 g • Natrium: 219 mg • Ballaststoffe: 1,3 g • Zucker: 1,8 g • Protein: 3,1 g *ohne Garnierungen

### „Cheddar"-Biersuppe (Seite 83)
PORTIONSGRÖSSE: 1/4 REZEPT*
Kalorien: 299 • Fett insgesamt: 12,6 g • gesättigtes Fett: 1,8 g • Kohlenhydrate: 36,2 g • Natrium: 446 mg • Ballaststoffe: 3,6 g • Zucker: 5 g • Protein: 8,7 g *ohne Garnierungen

### Cremige Brokkoli-„Cheddar"-Suppe (Seite 85)
PORTIONSGRÖSSE: 1/4 REZEPT
Kalorien: 206 • Fett insgesamt: 9,8 g • gesättigtes Fett: 6,2 g • Kohlenhydrate: 24,1 g • Natrium: 500 mg • Ballaststoffe: 5,9 g • Zucker: 6,9 g • Protein: 9,3 g

### Haus-Salat (Seite 89)
PORTIONSGRÖSSE: 1 SALAT MIT DRESSING
Kalorien: 221 • Fett insgesamt: 11,3 g • gesättigtes Fett: 2 g • Kohlenhydrate: 27,9 g • Natrium: 142 mg • Ballaststoffe: 7,1 g • Zucker: 13,7 g • Protein: 5,4 g

### Tomaten-Tofu-Salat mit Balsamico (Seite 90)
PORTIONSGRÖSSE: 1/4 REZEPT
Kalorien: 69 • Fett insgesamt: 5 g • gesättigtes Fett: 0,8 g • Kohlenhydrate: 3,5 g • Natrium: 8 mg • Ballaststoffe: 1,3 g • Zucker: 1,9 g • Protein: 3,5 g

### Gemüsesuppe mit Kokos und rotem Curry (Seite 92)
PORTIONSGRÖSSE: 1/4 REZEPT
Kalorien: 237 • Fett insgesamt: 15,9 g • gesättigtes Fett: 13,4 g • Kohlenhydrate: 24,6 g • Natrium: 461 mg • Ballaststoffe: 2,1 g • Zucker: 8 g • Protein: 4,4 g

### Griechischer Grünkohlsalat (Seite 94)
PORTIONSGRÖSSE: 1/4 REZEPT MIT DRESSING
Kalorien: 169 • Fett insgesamt: 9,8 g • gesättigtes Fett: 1,4 g • Kohlenhydrate: 17,3 g • Natrium: 210 mg • Ballaststoffe: 3,2 g Zucker: 3,3 g • Protein: 4,9 g

### Rote Bete-Orangen-Walnuss-Salat mit Zitronen-Tahini-Dressing (Seite 97)
PORTIONSGRÖSSE: 1/2 REZEPT MIT DRESSING
Kalorien: 583 • Fett insgesamt: 40,2 g • gesättigtes Fett: 4 g • Kohlenhydrate: 49,8 g • Natrium: 1020 mg • Ballaststoffe: 11,6 g • Protein: 15,9 g

### Knoblauch-„Cheddar"-Kräuter-Kekse" (Seite 99)
PORTIONSGRÖSSE: 1 KEKS (VON 8)
Kalorien: 181 • Fett insgesamt: 6,4 g • gesättigtes Fett: 2,1 g • Kohlenhydrate: 25,9 g • Natrium: 167 mg • Ballaststoffe: 2,1 g • Protein: 5,2 g

### Kartoffelgratin mit Knoblauch (Seite 101)

PORTIONSGRÖSSE: ¼ REZEPT

Kalorien: 230 • Fett insgesamt: 9,8 g • gesättigtes Fett: 1,4 g • Kohlenhydrate: 31,6 g • Natrium: 403 mg • Ballaststoffe: 4,5 g • Zucker: 1,1 g • Protein: 7,9 g

### Spinatsalat mit Himbeeren (Seite 104)

PORTIONSGRÖSSE: ¼ REZEPT

Kalorien: 446 • Fett insgesamt: 35,9 g • gesättigtes Fett: 4,1 g • Kohlenhydrate: 25,5 g • Natrium: 126 mg • Ballaststoffe: 11,5 g • Zucker: 10,6 g • Protein: 9,3 g

### Grüne Bohnen mit Parmesan und Knoblauch (Seite 107)

PORTIONSGRÖSSE: ¼ REZEPT

Kalorien: 102 • Fett insgesamt: 5,6 g • gesättigtes Fett: 2 g • Kohlenhydrate: 9,2 g • Natrium: 140 mg • Ballaststoffe: 3,9 g • Zucker: 1,6 g • Protein: 4,3 g

### Veganer Caesar Salad aus Grünkohl (Seite 108)

PORTION: ¼ REZEPT UND 2 EL DRESSING

Kalorien: 212 • Fett insgesamt: 16,3 g • gesättigtes Fett: 1,4 g • Kohlenhydrate: 13,6 g • Natrium: 290 mg • Ballaststoffe: 1,8 g • Zucker: 0,6 g • Protein: 6 g

### Geröstete Süßkartoffelspitzen mit Balsamico und Granatapfelkernen (Seite 110)

PORTIONSGRÖSSE: ¼ REZEPT

Kalorien: 385 • Fett insgesamt: 21,6 g • gesättigtes Fett: 4,8 g • Kohlenhydrate: 44,8 g • Natrium: 131 mg • Ballaststoffe: 7,8 g • Zucker: 9,2 g • Protein: 4,7 g

## HAUPTGERICHTE

### Pozole Verde mit weißen Bohnen (Seite 115)

PORTIONSGRÖSSE: ¼ REZEPT*

Kalorien: 227 • Fett insgesamt: 9,2 g • gesättigtes Fett: 1,1 g • Kohlenhydrate: 44 g • Natrium: 400 mg • Ballaststoffe: 9,9 g • Zucker: 5,3 g • Protein: 10,3 g *Ohne Garnierung

### 3-Bohnen-Chili (Seite 118)

PORTIONSGRÖSSE: ⅙ REZEPT*

Kalorien 337 • Fett insgesamt: 4,6 g • gesättigtes Fett: 0,5 g • Kohlenhydrate: 65,5 g • Natrium: 816 mg • Ballaststoffe: 11,9 g • Zucker: 14,5 g • Protein: 11,9 g

*Ohne Garnierungen.

### Maisbrot-Chili-Potpies (Seite 120)

PORTIONSGRÖSSE: ⅙ REZEPT

Kalorien: 480 • Fett insgesamt: 14,7 • gesättigtes Fett: 0,5 g • g Kohlenhydrate: 39 g • Natrium: 340 mg • Ballaststoffe: 6,3 g • Zucker: 15,8 g • Protein: 8,1 g

### Kichererbsen-Fesendschan (Seite 122)

PORTIONSGRÖSSE: ¼ REZEPT*

Kalorien: 515 • Fett insgesamt: 35,1 g • gesättigtes Fett: 2,5 g • Kohlenhydrate: 41,2 g • Natrium: 279 mg • Ballaststoffe: 7,5 g Zucker: 18,9 g • Protein: 15,7 g

*Ohne Garnierungen oder Reis.

### Karotten-Linsensuppe mit Curry (Seite 124)

PORTIONSGRÖSSE: ¼ REZEPT

Kalorien: 369 • Fett insgesamt: 12,8 g • gesättigtes Fett: 8,8 g • Kohlenhydrate: 51,5 g • Natrium 497mg • Ballaststoffe: 16,7 g • Zucker: 13,1 g • Protein: 14,5 g

### Masala-Kichererbsen-Curry (Seite 127)

PORTIONSGRÖSSE: ¼ REZEPT*

Kalorien: 379 • Fett insgesamt: 24,5 g • gesättigtes Fett: 20,2 g • Kohlenhydrate: 39 g • Natrium: 340 mg • Ballaststoffe: 6,3 g • Zucker: 15,8 g • Protein: 8,1 g

### Karotten-Kartoffel-Kichererbsen-Curry (Seite 129)

PORTIONSGRÖSSE: ¼ REZEPT*

Kalorien: 345 • Fett insgesamt: 12,3 g • gesättigtes Fett: 2,5 g • Kohlenhydrate: 52,7 g • Natrium: 1016 mg • Ballaststoffe: 6,3 g • Zucker: 18,7 g • Protein: 7,8 g

*Ohne optionale Garnierungen.

### Kichererbsen-Nudelsuppe (Seite 133)

PORTIONSGRÖSSE: ⅙ REZEPT

Kalorien: 272 • Fett insgesamt: 6,6 g • gesättigtes Fett: 0,7 g • Kohlenhydrate: 48,4 g • Natrium: 251 mg • Ballaststoffe: 5,7 g • Zucker: 3,9 g • Protein: 6,3 g

### Butternusskürbis-Grünkohl-Quinoa-Auflauf (Seite 134)

PORTIONSGRÖSSE: ⅙ REZEPT

Kalorien: 265 • Fett insgesamt: 12,9 g • gesättigtes Fett: 1,1 g • Kohlenhydrate: 31,1 g • Natrium: 76 mg • Ballaststoffe: 5,3 g • Zucker: 3,2 g • Protein: 9,5 g

### Tabouli mit gerösteten Kichererbsen (Seite 137)

PORTIONSGRÖSSE: ¼ REZEPT

Kalorien: 293 • Fett insgesamt: 18,9 g • gesättigtes Fett: 4,1 g • Kohlenhydrate: 26,8 g • Natrium: 472 mg • Ballaststoffe: 3,7 g • Zucker: 9,4 g • Protein: 7,5 g

### Alltagstauglicher BurritoTeller (Seite 139)

PORTIONSGRÖSSE: ¼ REZEPT

Kalorien: 449 • Fett insgesamt: 14,3 g • gesättigtes Fett: 2,5 g • Kohlenhydrate: 72,5 g • Natrium: 428 mg • Ballaststoffe: 10,3 g • Zucker: 5,2 g • Protein: 10,8 g

### Quinoa-Stirfry mit Knoblauch und Ananas (Seite 143)

PORTIONSGRÖSSE: ¼ REZEPT

Kalorien: 525 • Fett insgesamt: 26 g • gesättigtes Fett: 4,1 g • Kohlenhydrate: 63 g • Natrium: 1081 mg • Ballaststoffe: 6,6 g • Zucker: 18,6 g • Protein: 15,6 g

### Cashew-Sobanudelsalat (Seite 144)

PORTIONSGRÖSSE: ¼ REZEPT MIT DRESSING

Kalorien: 501 • Fett insgesamt: 23 g • gesättigtes Fett: 4,4 g • Kohlenhydrate: 61,2 g • Natrium: 1012 mg • Ballaststoffe: 4,8 g • Zucker: 18,3 g • Protein: 18,4 g

### Geröstete Thai-Süßkartoffeln (Seite 147)

PORTIONSGRÖSSE: ¼ REZEPT
Kalorien: 435 • Fett insgesamt: 14 g • gesättigtes Fett: 3,2 g • Kohlenhydrate: 71,3 g • Natrium: 880 mg • Ballaststoffe: 7,8 g • Zucker: 14,1 g • Protein: 9,5 g

### Gemüse-Tofu-Stirfry (Seite 149)

PORTIONSGRÖSSE: ½ REZEPT
Kalorien: 357 • Fett insgesamt: 13,3 g • gesättigtes Fett: 2,2 g • Kohlenhydrate: 49,3 g • Natrium: 2013 mg • Ballaststoffe: 6,2 g • Zucker: 29,1 g • Protein: 17,6 g

### Veganer Cobb-Salat (Seite 152)

PORTIONSGRÖSSE: ¼ REZEPT*
Kalorien: 316 • Fett insgesamt: 18 g • gesättigtes Fett: 2,9 g • Kohlenhydrate: 32,9 g • Natrium: 169 mg • Ballaststoffe: 6,9 g • Zucker: 4,8 g • Protein: 9 g
*Dressing nicht mitgerechnet

### Vegane Nachos (Seite 154)

PORTIONSGRÖSSE: ¼ REZEPT
Kalorien: 590 • Fett insgesamt: 24,4 g • Gesättigtes Fett: 5,8 g • Kohlenhydrate: 83,6 g • Natrium: 1187 mg • Ballaststoffe: 16,7 g • Zucker: 3,2 g • Protein: 15,3 g

### Scharfe Tofu-Tostadas (Seite 157)

PORTIONSGRÖSSE: 1 TOSTADA (VON 6)
Kalorien: 184 • Fett insgesamt: 10,1 g • Gesättigtes Fett: 1,4 g • Kohlenhydrate: 19,2 g • Natrium: 195 mg • Ballaststoffe: 2,5 g • Zucker: 2,9 g • Protein: 6,4 g
*Ohne optionale Garnierungen.

### Weltbeste vegane Enchiladas (Seite 159)

PORTIONSGRÖSSE: 2 ENCHILADAS*
Kalorien: 349 • Fett insgesamt: 6,8 g • Kohlenhydrate: 60,6 g • Natrium: 141 mg • Ballaststoffe: 11,5 g • Zucker: 12 g • Protein: 13,1 g
*Ohne optionale Garnierungen.

### Taquitos mit schwarzen Bohnen und grünem Chili (Seite 162)

PORTIONSGRÖSSE: 1 TAQUITO (VON 10)
Kalorien: 147 • Fett insgesamt: 3 g • Kohlenhydrate: 27,4 g • Natrium: 179 mg • Ballaststoffe: 5,4 g • Zucker: 4,8 g • Protein: 4,7 g

### Veganer Thunfisch-Sandwich ohne Thunfisch (Seite 165)

PORTIONSGRÖSSE: 1 SANDWICH MIT BROT*
Kalorien: 326 • Fett insgesamt: 5,7 g • gesättigtes Fett: 1 g • Kohlenhydrate: 53,7 g • Natrium: 473 mg • Ballaststoffe: 4,8 g • Zucker: 9,2 g • Protein: 14,8 g

### Veganer Sandwich (Seite 166)

PORTIONSGRÖSSE: 1 SANDWICH
Kalorien: 544 • Fett insgesamt: 32,3 g • gesättigtes Fett: 4,4 g • Kohlenhydrate: 52,9 g • Natrium: 1089 mg • Ballaststoffe: 13 g • Zucker: 10,6 g • Protein: 14,8 g

### Thai-Quinoa-Fleischbällchen (Seite 169)

PORTIONSGRÖSSE: 6 FLEISCHBÄLLCHEN*
Kalorien: 441 • Fett insgesamt: 21,2 g • gesättigtes Fett: 3 g • Kohlenhydrate: 49,3 g • Natrium: 831 mg • Ballaststoffe: 5,8 g • Zucker: 17,9 g • Protein: 17,9 g
*Ohne Garnierungen.

### Deftige schwarze Bohnen-Bratlinge mit Kakao (Seite 171)

PORTIONSGRÖSSE: ¼ REZEPT*
Kalorien: 430 • Fett insgesamt: 27,2 g • gesättigtes Fett: 2,6 g • Kohlenhydrate: 38,7 g • Natrium: 323 mg • Ballaststoffe: 9,7 g • Zucker: 4,8 g • Protein: 15,8 g
*Ohne optionale Garnierungen.

### Thai-Erdnuss-Bratlinge (Seite 174)

PORTIONSGRÖSSE 1 BRATLING (VON 4)*
Kalorien: 506 • Fett insgesamt: 20,4 g • gesättigtes Fett: 2,8 g • Kohlenhydrate: 63,1 g • Natrium: 244 mg • Ballaststoffe: 6,5 g • Zucker: 15 g • Protein: 20,6 g *Ohne Garnierung

### Scharfe BBQ-Jackfrucht-Sandwiches mit gegrillter Ananas (Seite 177)

PORTIONSGRÖSSE: 1 SANDWICH MIT BRÖTCHEN*
Kalorien: 351 • Fett insgesamt: 9,1 g • gesättigtes Fett: 1,2 g • Kohlenhydrate: 62,5 g • Natrium: 1176 mg • Ballaststoffe: 6 g • Zucker: 32,4 g • Protein: 5,1 g

### Pizza-Burger (Seite 179)

PORTIONSGRÖSSE: 1 BRATLING*
Kalorien: 296 • Fett insgesamt: 15 g • gesättigtes Fett: 2,3 g • Kohlenhydrate: 33,8 g • Natrium: 482 mg • Ballaststoffe: 2,4 g • Zucker: 6,3 g • Protein: 8,8 g
*Ohne Garnierung

### Rauchige BBQ-Veggie-Burger (Seite 183)

PORTIONSGRÖSSE: ¼ REZEPT*
Kalorien: 388 • Fett insgesamt: 15,1 g • Gesättigtes Fett: 9,4 g • Kohlenhydrate: 53,5 g • Natrium: 477 mg • Ballaststoffe: 8,6 g • Zucker: 7,0 g • Protein: 11,9 g
*Ohne Garnierung

### Schüssel-Pizza mit Tofu-Ricotta (Seite 185)

PORTIONSGRÖSSE: ¼ REZEPT*
Kalorien: 421 • Fett insgesamt: 11,9 g • Gesättigtes Fett: 1,8 g • Kohlenhydrate: 63,7 g • Natrium: 678 mg • Ballaststoffe: 4,6 g • Zucker: 4,7 g • Protein: 15,1 g
*Berechnung basiert auf Verwendung von ⅔ Tofu-Ricotta-Füllung.

### Spaghettini mit Harissa-Romesco (Seite 188)

Kalorien: 471 • Fett insgesamt: 26,7 g • Gesättigtes Fett: 3,1 g • Kohlenhydrate: 49,2 g • Natrium: 272 mg • Ballaststoffe: 2,3 g • Zucker: 5,6 g • Protein: 11,8 g
*Ohne optionale Garnierung

### Butternusskürbis-Knoblauch-Mac'n'Cheese (Seite 191)

PORTIONSGRÖSSE: ¼ REZEPT*
Kalorien: 313 • Fett insgesamt: 8,8 g • gesättigtes Fett: 0,7 g • Kohlenhydrate: 55,6 g • Natrium: 194 mg • Ballaststoffe: 6 g • Zucker: 1,5 g • Protein: 5,9 g
*Ohne Garnierung

### Erdnussbutter-Pad Thai (Seite 193)

PORTIONSGRÖSSE: ¼ REZEPT*
Kalorien: 231 • Fett insgesamt: 7,6 g • gesättigtes Fett: 1,1 g • Kohlenhydrate: 32,4 g • Natrium: 775 mg • Ballaststoffe: 4,2 g • Zucker: 12,8 g • Protein: 11,2 g
*Ohne Garnierungen.

### Süßkartoffel-Salbei-Ravioli (Seite 197)

PORTIONSGRÖSSE: ⅙ REZEPT
Kalorien 444 • Fett insgesamt: 13,6 g • gesättigtes Fett: 1,5 g • Kohlenhydrate: 69,3 g • Natrium: 85 mg • Ballaststoffe: 5,7 g • Zucker: 4,5 g • Protein: 12,6 g

### Marinierter Kräuter-Tofu (Seite 201)

PORTIONSGRÖSSE: ⅐ REZEPT
Kalorien: 177 • Fett insgesamt: 16,9 g • gesättigtes Fett: 2,6 g • Kohlenhydrate: 3,7 g • Natrium: 677 mg • Ballaststoffe: 0,8 g • Zucker: 2,3 g • Protein: 6 g

### Tomaten-Linsen-Ragout (Seite 203)

PORTIONSGRÖSSE: ¼ REZEPT
Kalorien: 196 • Fett insgesamt: 4,3 g • gesättigtes Fett: 0,6 g • Kohlenhydrate: 33 g • Natrium: 1055 mg • Ballaststoffe: 11,6 g • Zucker: 13,4 g • Protein: 9,6 g *Ohne Garnierung

### Klassische vegane Lasagne (Seite 205)

PORTIONSGRÖSSE: 1 STÜCK (VON 9)
Kalorien: 326 • Fett insgesamt: 10,4 g • gesättigtes Fett: 1,8 g • Kohlenhydrate: 46,5 g • Natrium: 448 mg • Ballaststoffe: 3 g • Zucker: 7,7 g • Protein: 12,7 g

# DESSERTS

### Popcorn mit gerösteten Kokosraspeln und dunkler Schokolade (Seite 210)

PORTIONSGRÖSSE: ⅙ REZEPT
Kalorien: 430 • Fett insgesamt: 19,4 g • gesättigtes Fett: 13,1 g • Kohlenhydrate: 64,9 g • Natrium: 14 mg • Ballaststoffe: 15,1 g • Zucker: 14 g • Protein: 9,1 g

### Pfefferminz-Taler (Seite 212)

PORTIONSGRÖSSE: 1 TALER (VON 14)
Kalorien: 122 • Fett insgesamt: 9,4 g • gesättigtes Fett: 7,5 g • Kohlenhydrate: 9,1 g • Natrium: 4 mg • Ballaststoffe: 1,5 g • Zucker: 6,1 g • Protein: 1,2 g

### 1-Schüssel-Jumbo-Schokokekse (Seite 214)

PORTIONSGRÖSSE: 1 TALER (VON 12)
Kalorien: 116 • Fett insgesamt: 9,4 g • gesättigtes Fett: 3,6 g • Kohlenhydrate: 30,3 g • Natrium: 374 mg • Ballaststoffe: 1,1 g • Zucker: 16 g • Protein: 2,3 g

### Mandel-Kokos-Tale mit dunkler Schokolade (Seite 217)

PORTIONSGRÖSSE: 1 KEKS (VON 20)
Kalorien: 126 • Fett insgesamt: 9,9 g • gesättigtes Fett: 8 g • Kohlenhydrate: 7,2 g • Natrium: 9 mg • Ballaststoffe: 2,3 g • Zucker: 4,6 g • Protein: 1,6 g

### Erdnussbutterkekse mit Schokoladenüberzug (Seite 221)

PORTIONSGRÖSSE: 1 KEKS (VON 20)
Kalorien: 183 • Fett insgesamt: 9,9 g • gesättigtes Fett: 3,3 g • Kohlenhydrate: 20,5 g • Natrium: 246 mg • Ballaststoffe: 1,2 g • Zucker: 12,5 g • Protein: 3,2 g

### Brombeer-Vanille-Pie (Seite 223)

PORTIONSGRÖSSE: 1 STÜCK (VON 8)
Kalorien: 320 • Fett insgesamt: 17,9 g • gesättigtes Fett: 7,6 g • Kohlenhydrate: 35,6 g • Natrium: 279 mg • Ballaststoffe: 3,2 g • Zucker: 13,7 g • Protein: 4,9 g

### Süßkartoffel-Pie aus dem Mixer (Seite 227)

PORTIONSGRÖSSE: 1 STÜCK (VON 8)*
Kalorien: 337 • Fett insgesamt: 12 g • gesättigtes Fett: 3,8 g • Kohlenhydrate: 52,8 g • Natrium: 293 mg • Ballaststoffe: 2,2 g • Zucker: 16,9 g • Protein: 4,2 g
*Ohne Garnierung

### 1-Schüssel veganes Tiramisu (Seite 229)

PORTIONSGRÖSSE: 1 STÜCK (VON 9)
Kalorien: 437 • Fett insgesamt: 25,9 g • gesättigtes Fett: 15,2 g • Kohlenhydrate: 47,3 g • Natrium: 1176 mg • Ballaststoffe: 1,7 g • Zucker: 27,3 g • Protein: 4,1 g

### Aprikosentörtchen (Seite 233)

PORTIONSGRÖSSE: 1 TÖRTCHEN (VON 10)
Kalorien: 222 • Fett insgesamt: 12,1 g • gesättigtes Fett: 4,3 g • Kohlenhydrate: 24,9 g • Natrium: 196 mg • Ballaststoffe: 1 g • Zucker: 4,8 g • Protein: 2,8 g

### Kürbis-Apfel-Kopfüber-Kuchen (Seite 237)

PORTIONSGRÖSSE: 1 STÜCK (VON 10)
Kalorien: 211 • Fett insgesamt: 8,1 g • gesättigtes Fett: 2,2 g • Kohlenhydrate: 33,7 g • Natrium: 506 mg • Ballaststoffe: 2,1 g • Zucker: 18,2 g • Protein: 2,3 g

### Vegane Vanille-Cupcakes (Seite 239)

PORTIONSGRÖSSE: 1 CUPCAKE (VON 12)
Kalorien: 354 • Fett insgesamt: 20,4 g • gesättigtes Fett: 11 g • Kohlenhydrate: 42 g • Natrium: 696 mg • Ballaststoffe: 2,9 g • Zucker: 26,9 g • Protein: 3 g

### Erdbeer-Tornado-Eiscreme (Seite 242)

PORTIONSGRÖSSE: 125 ML
Kalorien: 332 • Fett insgesamt: 24,8 g • gesättigtes Fett: 9,4 g • Kohlenhydrate: 27,3 g • Natrium: 163 mg • Ballaststoffe: 1,7 g • Zucker: 18,2 g • Protein: 4,3 g

### Erdnussbutter-Gelee-Eiscreme-Sandwiches (Seite 244)

PORTIONSGRÖSSE: 1 SANDWICH
Kalorien: 361 • Fett insgesamt: 26 g • gesättigtes Fett: 5,9 g • Kohlenhydrate: 25,1 g • Natrium: 111 mg • Ballaststoffe: 5 g • Zucker: 15,3 g • Protein: 10,6 g

### Kirsch-Chia-Lassi-Pops (Seite 246)

PORTIONSGRÖSSE: 1 STÜCK (VON 10)
Kalorien: 77 • Fett insgesamt: 3,8 g • gesättigtes Fett: 2,6 g • Kohlenhydrate: 9,5 g • Natrium: 5 mg • Ballaststoffe: 0,7 g • Zucker: 7,9 g • Protein: 1,9 g

### Erdnussbutter-Fudge-Eiscreme (Seite 249)

PORTIONSGRÖSSE: 125 ML
Kalorien: 482 • Fett insgesamt: 35,8 g • Gesättigtes Fett: 16 g • Kohlenhydrate: 34,6 g • Natrium: 420 mg • Ballaststoffe: 3,1 g • Zucker: 24,5 g • Protein: 8,3 g

### Schoko-Brotpudding aus der Pfanne (Seite 251)

PORTIONSGRÖSSE: 1/6 REZEPT
Kalorien 363 • Fett insgesamt: 13,1 g • gesättigtes Fett: 8,3 g • Kohlenhydrate: 52,1 g • Natrium: 336 mg • Ballaststoffe: 6,1 g • Zucker: 27,7 g • Protein: 12,4 g

### Puffreisriegel mit Erdnussbutter (Seite 254)

PORTIONSGRÖSSE: 1 RIEGEL (VON 16)
Kalorien: 190 • Fett insgesamt: 10,8 g • gesättigtes Fett: 2,9 g • Kohlenhydrate: 20,4 g • Natrium: 47 mg • Ballaststoffe: 1,7 g • Zucker: 13,1 g • Protein: 5,1 g

### Erdbeer-Cheesecake-Riegel ohne Backen (Seite 257)

PORTIONSGRÖSSE: 1 RIEGEL (VON 12)*
Kalorien: 205 • Fett insgesamt: 14,6 g • gesättigtes Fett: 5,6 g • Kohlenhydrate: 17,6 g • Natrium: 10 mg • Ballaststoffe: 0,9 g • Zucker: 11,4 g • Protein: 2,8 g
*Inklusive Erdbeerbelag und Verwendung von Kokosmilch.

### Kirsch-Schokotröpfchen-Eiscreme (Seite 259)

PORTIONSGRÖSSE: 125 ML
Kalorien: 306 • Fett insgesamt: 21,8 g • gesättigtes Fett: 10,4 g • Kohlenhydrate: 26 g • Natrium: 38 mg • Ballaststoffe: 0,7 g • Zucker: 17,9 g • Protein: 3,9 g

### Kokoszucker-Karamellsauce (Seite 263)

PORTIONSGRÖSSE: 2 ESSLÖFFEL
Kalorien: 69 • Fett insgesamt: 2,4 g • Gesättigtes Fett: 2,1 g • Kohlenhydrate: 12,6 g • Natrium: 33 mg • Zucker: 12,4 g • Protein: 0,2 g

## GETRÄNKE

### Kürbis-Chai-Latte (Seite 267)

PORTIONSGRÖSSE: 1 GLAS (VON 2)
Kalorien: 130 • Fett insgesamt: 3,6 g • Kohlenhydrate: 25 g • Natrium: 184 mg • Ballaststoffe: 2,3 g • Zucker: 19,3 g • Protein: 1,8 g

### Frisch gepresster Apfelsaft (Seite 268)

PORTIONSGRÖSSE: 1 GLAS (VON 9)
Kalorien: 86 • Fett insgesamt: 0,3 g • Kohlenhydrate: 22,8 g • Natrium: 3 mg • Ballaststoffe: 3,8 g • Zucker: 17,2 g • Protein: 0,5 g

### Sahniger veganer Eggnogg (Seite 270)

PORTIONSGRÖSSE: 1 GLAS (VON 9)
Kalorien: 204 • Fett insgesamt: 14,4 g • gesättigtes Fett: 4,9 g • Kohlenhydrate: 9,5 g • Natrium: 44 mg, Ballaststoffe: 1,2 g, Zucker 9,5 g, Protein: 4,1 g

### Whiskey Sour mit Tamarinde (Seite 272)

PORTIONSGRÖSSE: 1 GLAS
Kalorien: 85 • Fett insgesamt: 0,1 g • Kohlenhydrate: 21,7 g • Natrium: Natrium: 878 mg • Zucker: 16,6 g • Protein: 0,6 g

### Perlende Pfirsich-Beeren-Sangria (Seite 275)

PORTIONSGRÖSSE: 1 GLAS
Kalorien: 235 • Fett insgesamt: 0,3 g • Kohlenhydrate: 13,3 g • Natrium: 213 mg • Ballaststoffe: 2 g • Zucker: 27,5 g • Protein: 0,8 g

---

**Offenlegung**

Die im Rahmen dieses Kochbuchs gegebenen Nährwertangaben sind eine Schätzung und dienen als Richtwert. Wir geben nach bestem Wissen und Gewissen korrekte Daten, aber wir garantieren die Richtigkeit nicht. Der Nährwertgehalt wurde unter Zuhilfenahme von Online-Rechnern wie Caloriecount.com berechnet. Verschiedene Faktoren wie Produktarten und die Art, wie Zutaten verarbeitet werden, können die Nährwertangaben in jedem Rezept beeinflussen. Um möglichst genaue Nährwertangaben für ein Gericht zu erhalten, sollten Sie die Nährwertangaben der jeweils tatsächlich für das Rezept verwendeten Lebensmittel und Mengen berücksichtigen.

# Index

## A

Alltagstauglicher Burrito-Teller 139
Ananas
    Grüner Ingwer-Colada-Smoothie 25
    Grüner Super-Saft 21
    Quinoa-Stirfry mit Knoblauch und Ananas 143
    Scharfe BBQ-Jackfrucht-Sandwiches mit gegrillter Ananas 177
Äpfel
    Frisch gepresster Apfelmost 268
    Grüner Super-Saft 21
    Kürbis-Apfel-Kopfüber-Kuchen 237
    Rote Bete und Grüner Apfel Joghurt-Smoothie 26
    Zucchini-Walnuss-Muffins 50
Apfelmus
    1-Schüssel Jumbo-Schoko-Kekse 214
    Maisbrot-Chili-Potpies 120
    Vegane Vanille-Cupcakes 239
Aprikosen
    Aprikosen-Törtchen 233
Artischocken
    Spinat-Artischocken-Dip 69
Avocado
    3-Bohnen-Chili 119
    Alltagstauglicher Burrito-Teller 140
    Haus-Salat 89
    Pozole Verde mit weißen Bohnen 115
    Scharfe Tofu-Tostadas 158
    Schneller Avocado-Krautsalat 44
    Süßkartoffel-Schwarze Bohnen-Dip 77
    Tomaten-Avocado-Benedikt 46
    Vegane Nachos 154
    Veganer Cobb-Salat 152
    Veganer Sandwich 166
    Weltbeste vegane Enchiladas 160

## B

Banane
    Bananen-Schoko-Pecan-Muffins 52
    Grüner Ingwer-Colada-Smoothie 25
    Grüner Super-Saft 21
    Karotten-Walnuss-Kuchen 54
    Kürbis-Schokotröpfchen-Haferflocken-Kuchen 48
    Superpower-Schoko-Shake 29
    Zucchini-Walnuss-Muffins 50
Bananen-Schoko-Pecan-Muffins 52
Beeren
    Beeren-Mimosa mit Alkohol 57
    Mandelbutter-Gelee-Müsliriegel 40
    Rote Bete und Grüner Apfel Joghurt-Smoothie 26
Beeren-Mimosa mit Alkohol 57
Bier
    „Cheddar"-Bier-Suppe 83
Blumenkohl
    Blumenkohlreis 8
    Gemüse-Tofu-Stirfry 149
Blumenkohlreis 8
Bohnen
    3-Bohnen-Chili 118
    Alltagstauglicher Burrito-Teller 139
    Deftige schwarze Bohnen-Bratlinge mit Kakao 171
    Grüne Bohnen mit Parmesan und Knoblauch 107
    Pozole Verde mit weißen Bohnen 115
    Süßkartoffel-Schwarze Bohnen-Dip 77
    Taquitos mit schwarzen Bohnen und grünem Chili 162
    Vegane Nachos 154
    Veganer Frühstücksburrito 43
    Weltbeste vegane Enchiladas 160
Brokkoli
    Cremige Brokkoli-„Cheddar"-Suppe 85
    Gemüse-Tofu-Stirfry 149
Brombeeren
    Brombeer-Vanille-Pie 223
Butternusskürbis
    Butternusskürbis Knoblauch-Mac'n'Cheese 191

Butternussnkürbis-Grünkohl-Quinoa-Auflauf 134
Cremige Brokkoli-„Cheddar"-Suppe 85

## C

Cashewkerne
Cashew-Sobanudelsalat 144
Erdbeer-Cheesecake-Riegel ohne Backen 257
Erdbeer-Tornado-Eiscreme 242
Erdnussbutter-Fudge-Eiscreme 249
Kirsch-Schokotröpfchen-Eiscreme 259
Quinoa-Stirfry mit Knoblauch und Ananas 143
Sahniger veganer Eggnogg 270
Scharfe Marokkanische Orangennüsse 60
Spinat-Artischocken-Dip 69
Veganer Caesar Salad aus Grünkohl 108
Veganer Parmesan 7
Cashew-Sobanudelsalat 144
Champagner
Beeren-Mimosa mit Alkohol 57
Champignons
Butternussnkürbis-Grünkohl-Quinoa-Auflauf 134
Gefüllte Pizza-Pilze 62
Gemüsesuppe mit Kokos und rotem Curry 92
„Cheddar"-Bier-Suppe 83
Chilischoten
Taquitos mit schwarzen Bohnen und grünem Chili 162
Cremige Brokkoli-„Cheddar"-Suppe 85
Cremige Tomaten-Kräuter-Bisque 78
Currypaste
Karotten-Kartoffel-Kichererbsen-Curry 129
Karotten-Linsen-Suppe mit Curry 124
Masala-Kichererbsen-Curry 129

## D

Datteln
Erdbeer-Cheesecake-Riegel ohne Backen 257
Erdnussbutter-Gelee-Eiscreme-Sandwiches 244

Mandelbutter-Gelee-Müsliriegel 40
Puffreisriegel mit Erdnussbutter 254
Deftige schwarze Bohnen-Bratlinge mit Kakao 171
Desserts 209
1-Schüssel Jumbo-Schokokekse 214
1-Schüssel veganer Tiramisu 229
Aprikosen-Törtchen 233
Brombeer-Vanille-Pie 223
Erdbeer-Cheesecake-Riegel ohne Backen 257
Erdbeer-Tornado-Eiscreme 242
Erdnussbutter-Fudge-Eiscreme 249
Erdnussbutter-Gelee-Eiscreme-Sandwiches 244
Erdnussbutter-Kekse mit Schokoladenüberzug 221
Kirsch-Chia-Lassi-Pops 246
Kirsch-Schokotröpfchen-Eiscreme 259
Kokoszucker-Karamellsauce 263
Kürbis-Apfel-Kopfüber-Kuchen 237
Mandel-Kokos-Taler mit dunkler Schokolade 217
Pfefferminz-Taler 212
Popcorn mit gerösteten Kokosflocken und dunkler Schokolade 210
Puffreisriegel mit Erdnussbutter 254
Schoko-Brotpudding aus der Pfanne 251
Süßkartoffel-Pie aus dem Mixer 227
Vegane Vanille-Cupcakes 239
Dips
Harissa-Hummus mit gerösteter roter Paprika 75
Hummus mit sonnengetrockneten Tomaten 80
Spinat-Artischocken-Dip 69
Süßkartoffel-Schwarze Bohnen-Dip 77
Vegane 20-Minuten Quesosauce 71

## E

Edamame
Cashew-Sobanudelsalat 144
Eier Benedikt ohne Eier 45
Endivien-Hummus-Boote 65

Endiviensalat
　Endivien-Hummus-Boote 65
Erbsen
　Quinoa-Stirfry mit Knoblauch und Ananas 143
Erdbeer-Cheesecake-Riegel ohne Backen 257
Erdbeeren
　Erdbeer-Cheesecake-Riegel ohne Backen 258
　Erdbeer-Tornado-Eiscreme 242
　Perlende Pfirsich-Beeren-Sangria 275
Erdbeer-Tornado-Eiscreme 242
Erdnussbutter
　Erdnussbutter-Fudge-Eiscreme 249
　Erdnussbutter-Gelee-Eiscreme-Sandwiches 244
　Erdnussbutter-Kekse mit Schokoladenüberzug 221
　Erdnussbutter-Pad Thai 193
　Erdnuss-Sauce 10
　Puffreisriegel mit Erdnussbutter 254
　Thai-Erdnuss-Bratlinge 174
　Thai-Quinoa-Fleischbällchen 169
Erdnussbutter-Fudge-Eiscreme 249
Erdnussbutter-Gelee-Eiscreme-Sandwiches 244
Erdnussbutter-Kekse mit Schokoladenüberzug 221
Erdnussbutter-Pad Thai 193
Erdnüsse
　Erdnussbutter-Gelee-Eiscreme-Sandwiches 244
　Thai-Erdnuss-Bratlinge 174
　Thai-Quinoa-Fleischbällchen 169
Erdnuss-Sauce 10, 174, 193

## F

Frisch gepresster Apfelmost 268
Frühlingszwiebeln
　Gemüsesuppe mit Kokos und rotem Curry 92
　Geröstete Thai-Süßkartoffeln 148
　Quinoa-Stirfry mit Knoblauch und Ananas 143
　Scharfe BBQ-Jackfrucht-Sandwiches mit gegrillter Ananas 177
　Thai-Erdnuss-Bratlinge 174
　Thai-Quinoa-Fleischbällchen 169
Frühstück 19

## G

Gebackener Knusper-Tofu 10
Gebrannte Pecannüsse 228
Gefüllte Pizza-Pilze 62
Gemüsesuppe mit Kokos und rotem Curry 92
Gemüse-Tofu-Stirfry 149
Geröstete Süßkartoffelspitzen mit Balsamico und Granatapfelkernen 110
Geröstete Thai-Süßkartoffeln 147
Getränke 265
　Beeren-Mimosa mit Alkohol 57
　Frisch gepresster Apfelmost 268
　Grüner Ingwer-Colada-Smoothie 25
　Grüner Super-Saft 21
　Kürbis-Chai-Latte 267
　Mango-Kokos-Lassi 33
　Perlende Pfirsich-Beeren-Sangria 275
　Rote Bete und Grüner Apfel Joghurt-Smoothie 26
　Sahniger veganer Eggnogg 270
　Superpower-Schoko-Shake 29
　Whiskey Sour mit Tamarinde 272
Glutenfreie Schokowaffeln 30
Granatapfel
　Geröstete Süßkartoffelspitzen mit Balsamico und Granatapfelkernen 110
　Kichererbsen-Fesendschan 122
　Pozole Verde mit weißen Bohnen 115
Griechische Bruschetta 66
Griechischer Grünkohl-Salat 94
Grüne Bohnen mit Parmesan und Knoblauch 107
Grüner Ingwer-Colada-Smoothie 25
Grüner Super-Saft 21
Grünkohl
　Butternussnkürbis-Grünkohl-Quinoa-Auflauf 134
　Griechischer Grünkohl-Salat 94
　Grüner Ingwer-Colada-Smoothie 25
　Grüner Super-Saft 21
　Veganer Caesar Salad aus Grünkohl 108
Gurke
　Griechischer Grünkohl-Salat 94
　Grüner Super-Saft 21

## H

Harissa-Hummus mit gerösteter roter Paprika 75
Haselnüsse
    Rote Bete-Orangen-Walnuss-Salat mit Zitronen-Tahini-Dressing 97
Hauptgerichte 113
Haussalat 89
Herbstliche Buchweizen-Pfannkuchen 34
Himbeeren
    Spinatsalat mit Himbeeren 104
Hummus mit sonnengetrockneten Tomaten 80

## I

Ingwer
    Gemüsesuppe mit Kokos und rotem Curry 92
    Geröstete Thai-Süßkartoffeln 147
    Grüner Ingwer-Colada-Smoothie 25
    Grüner Super-Saft 21
    Kürbis-Chai-Latte 267
    Masala-Kichererbsen-Curry 127

## J

Jackfrucht
    Scharfe BBQ-Jackfrucht-Sandwiches mit gegrillter Ananas 177
Jalapeños
    Alltagstauglicher Burrito-Teller 140
    Pozole Verde mit weißen Bohnen 115
    Schneller Avocado-Krautsalat 44
Joghurt
    Kirsch-Chia-Lassi-Pops 246

## K

Kapern
    Veganer Caesar Salad aus Grünkohl 108
    Veganer Thunfisch-Sandwich ohne Thunfisch 165
Karotten
    3-Bohnen-Chili 118
    Cashew-Sobanudelsalat 144
    Erdnussbutter-Pad Thai 193
    Gemüsesuppe mit Kokos und rotem Curry 92
    Gemüse-Tofu-Stirfry 149
    Haus-Salat 89
    Karotten-Linsensuppe mit rotem Curry 124
    Karotten-Walnuss-Kuchen 54
    Kichererbsen-Nudelsuppe 133
    Masala-Kichererbsen-Curry 127
    Thai-Erdnuss-Bratlinge 174
    Thai-Quinoa-Fleischbällchen 169
    Tomaten-Linsen-Ragout 203
Karotten-Kartoffel-Kichererbsen-Curry 129
Karotten-Linsen-Suppe mit Curry 124
Karotten-Walnuss-Kuchen 54
Kartoffelgratin mit Knoblauch 101
Kartoffeln
    „Cheddar"-Bier-Suppe 83
    Kartoffelgratin mit Knoblauch 101
    Masala-Kichererbsen-Curry 127
    Veganer Frühstücksburrito 43
Kichererbsen
    3-Bohnen-Chili 118
    Geröstete Thai-Süßkartoffeln 147
    Griechischer Grünkohl-Salat 94
    Harissa-Hummus mit gerösteter roter Paprika 75
    Hummus mit sonnengetrockneten Tomaten 80
    Kichererbsen-Fesendschan 122
    Kichererbsen-Nudelsuppe 133
    Masala-Kichererbsen-Curry 127, 129
    Pizza-Burger 179
    Rauchige BBQ-Veggie-Burger 183
    Tabouli mit gerösteten Kichererbsen 137
    Thai-Erdnuss-Bratlinge 174
    Thai-Quinoa-Fleischbällchen 169
    Veganer Cobb-Salat 152
    Veganer Thunfisch-Sandwich ohne Thunfisch 165
Kichererbsen-Fesendschan 122
Kichererbsen-Nudelsuppe 133
Kirchtomaten. *Siehe* Tomaten
Kirschen
    Kirsch-Chia-Lassi-Pops 246
    Kirsch-Schokotröpfchen-Eiscreme 260

Kiwi
- Perlende Pfirsich-Beeren-Sangria 275

Klassische vegane Lasagne 205

Knoblauch
- 3-Bohnen-Chili 118
- Butternusskürbis Knoblauch-Mac'n'Cheese 191
- Butternussnkürbis-Grünkohl-Quinoa-Auflauf 134
- „Cheddar"-Bier-Suppe 83
- Cremige Brokkoli-„Cheddar"-Suppe 85
- Deftige schwarze Bohnen-Bratlinge mit Kakao 171
- Erdnussbutter-Pad Thai 193
- Gemüsesuppe mit Kokos und rotem Curry 92
- Gemüse-Tofu-Stirfry 149
- Gerösteter Knoblauch 9
- Griechische Bruschetta 66
- Griechischer Grünkohl-Salat 94
- Harissa-Hummus mit gerösteter roter Paprika 75
- Hummus mit sonnengetrockneten Tomaten 80
- Karotten-Linsensuppe mit rotem Curry 124
- Kartoffelgratin mit Knoblauch 101
- Kichererbsen-Nudelsuppe 133
- Masala-Kichererbsen-Curry 127
- Pozole Verde mit weißen Bohnen 115
- Quinoa-Stirfry mit Knoblauch und Ananas 143
- Rote Bete-Orangen-Walnuss-Salat mit Zitronen-Tahini-Dressing 99
- Rustikale Knoblauch-Spargel-Quiche mit Tofu 37
- Sauce Hollandaise 45
- Scharfe Tofu-Tostadas 157
- Schnell gerösteter Knoblauch 9
- Schüssel-Pizza mit Tofu-Ricotta 188
- Spinat-Artischocken-Dip 69
- Tabouli mit gerösteten Kichererbsen 138
- Taquitos mit schwarzen Bohnen und grünem Chili 162
- Tomaten-Linsen-Ragout 203
- Vegane 20-Minuten Quesosauce 71
- Veganer Caesar Salad aus Grünkohl 108

Knoblauch- „Cheddar" - Kräuter-Kekse 99

Kokosflocken
- Mandel-Kokos-Taler mit dunkler Schokolade 217
- Pfefferminz-Taler 212
- Popcorn mit gerösteten Kokosflocken und dunkler Schokolade 210

Kokosmilch
- Cremige Tomaten-Kräuter-Bisque 78
- Erdbeer-Cheesecake-Riegel ohne Backen 257
- Erdbeer-Tornado-Eiscreme 242
- Erdnussbutter-Fudge-Eiscreme 249
- Gemüsesuppe mit Kokos und rotem Curry 92
- Grüner Ingwer-Colada-Smoothie 25
- Karotten-Linsensuppe mit rotem Curry 124
- Kirsch-Chia-Lassi-Pops 246
- Kirsch-Schokotröpfchen-Eiscreme 259
- Kokos-Schlagsahne 8
- Mango-Kokos-Lassi 33
- Masala-Kichererbsen-Curry 127
- Sahniger veganer Eggnogg 270

Kokossahne
- 1-Schüssel veganer Tiramisu 230
- Kokoszucker-Karamellsauce 263
- Schoko-Brotpudding aus der Pfanne 251

Kokoszucker-Karamellsauce 249

Kuchen
- Bananen-Schoko-Pecan-Muffins 52
- Karotten-Walnuss-Kuchen 54
- Kürbis-Schokotröpfchen-Haferflocken-Kuchen 48
- Zucchini-Walnuss-Muffins 50

Kürbis
- 1-Schüssel Jumbo-Schoko-Kekse 214
- Erdnussbutter-Kekse mit Schokoladenüberzug 221
- Kürbis-Apfel-Kopfüber-Kuchen 238
- Kürbis-Chai-Latte 267
- Kürbis-Schokotröpfchen-Haferflocken-Kuchen 48

# L

Leinsamenei 6
Linsen

Karotten-Linsensuppe mit rotem Curry 124
Tomaten-Linsen-Ragout 203

## M

Mais
3-Bohnen-Chili 119
Alltagstauglicher Burrito-Teller 140
Pozole Verde mit weißen Bohnen 115
Süßkartoffel-Schwarze Bohnen-Dip 77
Maisbrot-Chili-Potpies 120
Mandel-Kokos-Taler mit dunkler Schokolade 217
Mandelmilch
1-Schüssel veganer Tiramisu 229
Butternusskürbis Knoblauch-Mac'n'Cheese 191
„Cheddar"-Bier-Suppe 83
Cremige Brokkoli-„Cheddar"-Suppe 85
Erdbeer-Cheesecake-Riegel ohne Backen 257
Erdnussbutter-Fudge-Eiscreme 250
Erdnussbutter-Kekse mit Schokoladenüberzug 221
Glutenfreie Schokowaffeln 30
Grüner Ingwer-Colada-Smoothie 25
Herbstliche Buchweizen-Pfannkuchen 34
Karotten-Walnuss-Kuchen 54
Kartoffelgratin mit Knoblauch 101
Kürbis-Apfel-Kopfüber-Kuchen 237
Kürbis-Chai-Latte 267
Maisbrot-Chili-Potpies 120
Rote Bete-Orangen-Walnuss-Salat mit Zitronen-Tahini-Dressing 99
Rote Bete und Grüner Apfel Joghurt-Smoothie 26
Sahniger veganer Eggnogg 270
Sauce Hollandaise 45
Schoko-Brotpudding aus der Pfanne 251
Spinat-Artischocken-Dip 69
Superpower-Schoko-Shake 29
Süßkartoffel-Pie aus dem Mixer 227
Vegane 20-Minuten Quesosauce 71
Vegane Vanille-Cupcakes 239
Zucchini-Walnuss-Muffins 50
Mandeln
Erdnussbutter-Gelee-Eiscreme-Sandwiches 244
Mandelbutter-Gelee-Müsliriegel 40
Schüssel-Pizza mit Tofu-Ricotta 188
Selbstgemachte Mandelmilch 6
Selbstgemachtes Hippie-Müsli 22
Spinatsalat mit Himbeeren 104
Mango
Cashew-Sobanudelsalat 144
Mango-Kokos-Lassi 33
Mango-Kokos-Lassi 33
Marinierter Kräuter-Tofu 201
Masala-Kichererbsen-Curry 127
Mehl
Glutenfreie Mehlmischung 7

## O

Oliven
Gefüllte Pizza-Pilze 62
Griechische Bruschetta 66
Griechischer Grünkohl-Salat 94
Vegane Nachos 154
Orangen
Perlende Pfirsich-Beeren-Sangria 275
Rote Bete-Orangen-Walnuss-Salat mit Zitronen-Tahini-Dressing 97
Orangenlikör
Beeren-Mimosa mit Alkohol 57
Perlende Pfirsich-Beeren-Sangria 275
Orangensaft
Beeren-Mimosa mit Alkohol 57

## P

Paprika
3-Bohnen-Chili 118
Alltagstauglicher Burrito-Teller 139
Cashew-Sobanudelsalat 144
Gefüllte Pizza-Pilze 62
Griechischer Grünkohl-Salat 94
Harissa-Hummus mit gerösteter roter Paprika 75
Scharfe Tofu-Tostadas 157

Schüssel-Pizza mit Tofu-Ricotta 188
Pecannüsse
    Bananen-Schoko-Pecan-Muffins 52
    Geröstete Süßkartoffelspitzen mit Balsamico und Granatapfelkernen 110
    Pecannüsse mit braunem Zucker 11
    Scharfe Marokkanische Orangennüsse 60
    Selbstgemachtes Hippie-Müsli 22
    Veganer Cobb-Salat 152
Pecannüsse mit braunem Zucker 11
Pepperoncini
    Veganer Sandwich 166
Perlende Pfirsich-Beeren-Sangria 275
Petersilie
    Grüner Super-Saft 21
    Tabouli mit gerösteten Kichererbsen 137
Pfefferminz-Taler 212
Pfirsich
    Perlende Pfirsich-Beeren-Sangria 275
Pinienkerne
    Endivien-Hummus-Boote 65
    Hummus mit sonnengetrockneten Tomaten 80
Pizza-Burger 179
Poblanos
    Pozole Verde mit weißen Bohnen 115
    Weltbeste vegane Enchiladas 160
Popcorn mit gerösteten Kokosflocken und dunkler Schokolade 210
Pozole Verde mit weißen Bohnen 115
Puffreisriegel mit Erdnussbutter 254

## Q

Quinoa
    Butternusskürbis-Grünkohl-Quinoa-Auflauf 134
    Deftige schwarze Bohnen-Bratlinge mit Kakao 171
    Masala-Kichererbsen-Curry 128
    Quinoa-Stirfry mit Knoblauch und Ananas 143
    Rauchige BBQ-Veggie-Burger 183

Thai-Erdnuss-Bratlinge 174
Thai-Quinoa-Fleischbällchen 169
Veganer Cobb-Salat 152
Quinoa-Stirfry mit Knoblauch und Ananas 143

## R

Rauchige BBQ-Veggie-Burger 183
Reis
    Veganer Frühstücksburrito 43
Rettich
    Pozole Verde mit weißen Bohnen 115
    Schneller Avocado-Krautsalat 44
Römersalat
    Haus-Salat 89
    Veganer Thunfisch-Sandwich ohne Thunfisch 165
Rote Bete
    Rote Bete-Orangen-Walnuss-Salat mit Zitronen-Tahini-Dressing 97
    Rote Bete und Grüner Apfel Joghurt-Smoothie 26
Rotkohl
    Schneller Avocado-Krautsalat 44
Rustikale Knoblauch-Spargel-Quiche mit Tofu 37

## S

Sahniger veganer Eggnogg 270
Salat
    Griechischer Grünkohl-Salat 94
    Haus-Salat 89
    Rote Bete-Orangen-Walnuss-Salat mit Zitronen-Tahini-Dressing 97
    Spinatsalat mit Himbeeren 104
    Tabouli mit gerösteten Kichererbsen 137
    Tomaten-Tofu-Salat mit Balsamico 90
    Veganer Caesar Salad aus Grünkohl 108
    Veganer Cobb-Salat 152
Sauce Hollandaise 45
Scharfe Jackfrucht-Sandwich mit gegrillter Ananas 177
Scharfe Marokkanische Orangennüsse 60
Scharfe Tofu-Tostadas 157
Schnell eingelegte Zwiebeln 11

Schneller Avocado-Krautsalat 44
Schnell gerösteter Knoblauch 9
Schoko-Brotpudding aus der Pfanne 251
Schokolade
    1-Schüssel Jumbo-Schokokekse 214
    1-Schüssel veganer Tiramisu 229
    Bananen-Schoko-Pecan-Muffins 52
    Erdnussbutter-Fudge-Eiscreme 250
    Erdnussbutter-Kekse mit Schokoladenüberzug 222
    Kirsch-Schokotröpfchen-Eiscreme 260
    Kürbis-Schokotröpfchen-Haferflocken-Kuchen 48
    Mandel-Kokos-Taler mit dunkler Schokolade 217
    Pfefferminz-Taler 212
    Popcorn mit gerösteten Kokosflocken und dunkler Schokolade 210
    Puffreisriegel mit Erdnussbutter 254
    Schoko-Brotpudding aus der Pfanne 251
Schüssel-Pizza mit Tofu-Ricotta 185
Selbstgemachte Mandelmilch 6
Selbstgemachtes Hippie-Müsli 22
Smoothie
    Grüner Ingwer-Colada-Smoothie 25
    Grüner Super-Saft 21
    Rote Bete und Grüner Apfel Joghurt-Smoothie 26
Spaghettini mit Harissa-Romesco 188
Spargel
    Rustikale Knoblauch-Spargel-Quiche mit Tofu 37
Spinat
    Grüner Ingwer-Colada-Smoothie 25
    Grüner Super-Saft 21
    Spinat-Artischocken-Dip 69
    Spinatsalat mit Himbeeren 104
    Veganer Cobb-Salat 152
Spinat-Artischocken-Dip 69
Spinatsalat mit Himbeeren 104
Staudensellerie
    Grüner Super-Saft 21
    Kichererbsen-Nudelsuppe 133
    Veganer Thunfisch-Sandwich ohne Thunfisch 165
Superpower-Schoko-Shake 29
Süßkartoffeln
    3-Bohnen-Chili 118
    Geröstete Süßkartoffelspitzen mit Balsamico und Granatapfelkernen 110
    Geröstete Thai-Süßkartoffeln 147
    Süßkartoffel-Pie aus dem Mixer 227
    Süßkartoffel-Salbei-Ravioli 197
    Süßkartoffel-Schwarze Bohnen-Dip 77

# T

Tabouli mit gerösteten Kichererbsen 137
Tahini
    Geröstete Thai-Süßkartoffeln 147
    Harissa-Hummus mit gerösteter roter Paprika 75
    Hummus mit sonnengetrockneten Tomaten 80
    Rote Bete-Orangen-Walnuss-Salat mit Zitronen-Tahini-Dressing 97
Taquitos mit schwarzen Bohnen und grünem Chili 162
Thai-Erdnuss-Bratlinge 174
Thai-Quinoa-Fleischbällchen 169
Tofu
    Brombeer-Vanille-Pie 223
    Erdnussbutter-Pad Thai 193
    Gebackener Knusper-Tofu 10
    Gemüse-Tofu-Stirfry 149
    Klassische vegane Lasagne 205
    Marinierter Kräuter-Tofu 201
    Rustikale Knoblauch-Spargel-Quiche mit Tofu 37
    Scharfe Tofu-Tostadas 157
    Schoko-Brotpudding aus der Pfanne 251
    Schüssel-Pizza mit Tofu-Ricotta 185
Tomaten
    3-Bohnen-Chili 119
    Alltagstauglicher Burrito-Teller 140
    Cremige Tomaten-Kräuter-Bisque 78
    Gemüsesuppe mit Kokos und rotem Curry 92
    Griechische Bruschetta 66
    Griechischer Grünkohl-Salat 94
    Haus-Salat 89
    Hummus mit sonnengetrockneten Tomaten 80

Schüssel-Pizza mit Tofu-Ricotta 188
Tabouli mit gerösteten Kichererbsen 137
Tomaten-Avocado-Benedikt 46
Tomaten-Tofu-Salat mit Balsamico 90
Vegane Nachos 154
Veganer Cobb-Salat 152
Veganer Sandwich 166
Veganer Thunfisch-Sandwich ohne Thunfisch 165

Tomaten-Avocado-Benedikt 46
Tomaten-Linsen-Ragout 203
Tomatensauce
    Gefüllte Pizza-Pilze 62
    Tomaten-Linsen-Ragout 203
    Weltbeste vegane Enchiladas 159
Tomaten-Tofu-Salat mit Balsamico 90
Tomatillos
    Pozole Verde mit weißen Bohnen 115

## V

Vegane 20-Minuten Quesosauce 71
Vegane BBQ-Sauce 12
Vegane Nachos 154
Veganer Caesar Salad aus Grünkohl 108
Veganer Cobb-Salat 152
Veganer Frischkäse
    1-Schüssel veganer Tiramisu 230
    Brombeer-Vanille-Pie 223
    Gefüllte Pizza-Pilze 62
    Spinat-Artischocken-Dip 69
Veganer Frühstücksburrito 43
Veganer Parmesan 7
    Butternusskürbis-Grünkohl-Quinoa-Auflauf 134
    Butternusskürbis Knoblauch-Mac'n'Cheese 191
    Gefüllte Pizza-Pilze 62
    Grüne Bohnen mit Parmesan und Knoblauch 107
    Kartoffelgratin mit Knoblauch 101
    Klassische vegane Lasagne 205
    Pizza-Burger 179
    Schüssel-Pizza mit Tofu-Ricotta 185
    Spaghettini mit Harissa-Romesco 188
    Spinat-Artischocken-Dip 69

Süßkartoffel-Salbei-Ravioli 197
Tomaten-Linsen-Ragout 203
Veganer Caesar Salad aus Grünkohl 108
Veganer Sandwich 166
Veganer Thunfisch-Sandwich ohne Thunfisch 165
Vegane Vanille-Cupcakes 239

## W

Walnüsse
    Butternusskürbis-Grünkohl-Quinoa-Auflauf 134
    Deftige schwarze Bohnen-Bratlinge mit Kakao 171
    Erdbeer-Cheesecake-Riegel ohne Backen 257
    Karotten-Walnuss-Kuchen 54
    Kichererbsen-Fesendschan 122
    Rote Bete-Orangen-Walnuss-Salat mit Zitronen-Tahini-Dressing 97
    Scharfe Marokkanische Orangennüsse 60
    Selbstgemachtes Hippie-Müsli 22
    Süßkartoffel-Salbei-Ravioli 197
Weißkohl
    Schneller Avocado-Krautsalat 44
Weltbeste vegane Enchiladas 159
Whiskey Sour mit Tamarinde 272

## Z

Zucchini
    3-Bohnen-Chili 118
    Zucchini-Walnuss-Muffins 50
Zuckerschoten
    Cashew-Sobanudelsalat 144
Zwiebeln
    Schnell eingelegte Zwiebeln 11

## BEZUGSQUELLEN

Die meisten der im Buch erwähnten Produkte wie Leinsamen, Quinoa, Hefeflocken oder verschiedene Gewürze sind in gängigen Naturkostläden erhältlich.

Sie können Sie auch direkt über unseren Online-Shop **www.unimedica.de** in der Kategorie »Gesunde Ernährung« erhalten. Dort finden Sie ein großes Sortiment an Naturkostprodukten, u. a. auch seltene Produkte wie Sacha inchi. Auch die für die Rezepte notwendigen Küchengeräte sowie veganes Bio-Proteinpulver und viele Superfoods sind dort erhältlich.

## DANKSAGUNG

Wir hätten dieses Kochbuch nicht ohne die Unterstützung unserer Leser machen können, die es uns ermöglicht haben, das zu tun, was wir am meisten lieben. Für unsere Fans: Wir lieben euch bis zum Mond und zurück.

An alle Leser, die sich freundlicherweise bereit erklärt haben, jedes Rezept zu testen und Feedback zu geben: Danke, Danke, Danke. Sie haben die Rezepte in diesem Buch perfektioniert.

Unser Dank gehört auch unserer Designerin, Holly Whittlef: Wir sehen nur durch sie so gut aus und dafür sind wir unendlich dankbar.

An unseren unermüdlichen Lektor und engen Freund, Jamin Still: Vielen Dank für die Verfeinerung und Perfektionierung der Seiten dieses Buches mitten im Trubel deiner Vaterschaft. Wir lieben dich.

An John: Danke, dass du erlaubt hast, unsere Couch zu verkaufen, damit wir unsere erste Digitalkamera anschaffen konnten. Danke, dass du mir gesagt hast „Du schaffst das". Danke, dass du an mich glaubst. Danke – ich liebe dich.

Und auch an unsere Freunde und Familien, die uns auf dieser verrückten Reise unterstützt haben, obwohl niemand so genau wusste ob (und wie) wir diese gefährliche Internet-Karriere schaffen würden. Wir lieben euch alle.

## ÜBER UNS

Dana Shultz ist die Rezepte-Entwicklerin und Autorin des Food-Blogs Minimalist Baker, den sie zusammen mit ihrem Mann John im Jahr 2012 ins Leben gerufen hat.

Gemeinsam sind sie das bloggende Traumpaar. Dana entwickelt die Rezepte, macht die Fotos, betreibt den Blog, John ist der Webdesigner, der Programmierer, der Produktentwickler und der Visionär.

Das Paar lebt in Portland, Oregon, wo sie sich mit Kraft und Ausdauer um jeden Kaffee, jeden Wein, um jedes Lebensmittel kümmern, das sie in die Hände bekommen können. Obwohl sie im pazifischen Nordwesten wohnen, besitzen sie eine unglaubliche Abenteuerlust und reisen oft. Natürlich meistens um neue Gerichte zu entdecken.

Terry Hope Romero

# Salat Samurai

**100 ultimative, besonders herzhafte, schnell zubereitete Salate, für die man nicht vegan sein muss, um sie zu lieben**

192 Seiten, geb., € 19,80

Terry Hope Romero ist Bestseller-Autorin von Kochbüchern aus New York und hat für ihre kulinarischen Meisterleistungen bereits so manchen Preis abgestaubt. Mit Salat Samurai kehrt sie zurück, um Sie in den Weg des Gemüse-Kriegers einzuweisen. Sie befreit den Salat mit mehr als 100 wunderbaren, sättigenden Hauptspeisen von seinem „Beilagen"-Status und Ruf als langweilige Kummerkost.

Mit deftigen Grundlagen, pikanten Dressings und Unmengen an mordsleckeren Toppings begleitet Sie dieses Buch auf Ihrem Weg zu einem wahrhaftigen Salat-Krieger.

Die vielseitigen fleisch- und milchfreien Gerichte bedienen sich vollwertiger und saisonaler Zutaten und bilden, nach Jahreszeiten angeordnet, ein ganzes Jahr voller unvergesslicher Speisen (ja, Salat kann auch den tiefsten Winter aufheizen!).

Salat Samurai macht Schluss mit faden Salaten und steckt voller Energie und Superfoods. Viele der Rezepte sind glutenfrei, haben Rohkost-Optionen und sind für den Job oder Feierabend geeignet. Ein Kochbuch, das Sie den Weg des Salats lehrt: gesundes, verführerisch leckeres Essen, das satt macht.

Angela Liddon

# Oh She Glows für jeden Tag

**Schnelle Gerichte, die einfach satt und glücklich machen**

345 Seiten, geb., € 29,–

Angela Liddons unwiderstehliche und gelingsichere Rezepte sind zum Goldstandard der pflanzenbasierten Küche geworden. Ihr sensationell erfolgreicher Blog und ihr New York Times-Bestseller-Debüt Oh She Glows – Das Kochbuch haben ihr Millionen begeisterter Fans eingebracht. In dem mit Spannung erwarteten Nachfolger präsentiert die preisgekrönte kanadische Autorin erneut außerordentlich leckere Rezepte, die perfekt für einen anstrengenden und fordernden Alltag sind und pflanzenbasierten Genuss nicht nur tagtäglich, sondern auch zu festlichen Gelegenheiten zu einer praktischen, leicht umsetzbaren und köstlichen Angelegenheit machen.

Ihre Sammlung von über 100 familienfreundlichen Rezepten enthält verführerische Ideen für Frühstück, Snacks, Salate, Suppen, Hauptgerichte, Beilagen und Desserts sowie Grundrezepte und hilfreiche Tipps für kinderfreundliche, allergiekompatible und einfrierbare Varianten.

Ob Schillernde Regenbogen-Smoothie-Bowl, Erdnussbutter-Marmelade-Frühstückscookies, Ultimative Grüne Tacowraps, Cremige Thai-Möhren-Süßkartoffel-Suppe und Göttliche Veggie-burger oder Kürbis-Cupcake-Türmchen und Meyer-Zitronen-Cheesecake – mit solchen Appetit machenden und tatsächlich gesunden Gerichten locken Sie auch die wählerischsten Esser an den Tisch, ohne dafür stundenlang in der Küche stehen zu müssen.

Oh She Glows für jeden Tag ist das perfekte Kochbuch, um mit wenig Aufwand schnelle und einfache pflanzenbasierte Gerichte zu zaubern, die abwechslungsreich, voller unverzichtbarer Nährstoffe und umwerfend im Geschmack sind.

Lindsay S. Nixon

# Happy Vegan - Tag für Tag

Über 175 fettarme und gesunde Rezepte

345 Seiten, geb., € 24,80

Nixon beweist in ihrem neuen Buch erneut, dass eine pflanzenbasierte Ernährung nicht nur gesund ist, sondern auch keineswegs teuer und zeitraubend sein muss.
*Happy Vegan – Tag für Tag* enthält über 175 gelingsichere Rezepte, die so schnell und einfach sind, dass es sogar möglich ist, dreimal am Tag eine gesunde warme Mahlzeit zu kochen – wenn Sie darauf Lust haben.
Ob Zimtschnecken-Smoothie oder Schoko-Gewürz-Muffins, Spinat-Artischocken-Frittata, Nola Gumbo, Pinto Burger oder Kichererbsen Tikka Masala – die aromatischen und ausgefallenen Rezepte bestechen durch exotisches Flair und jede Menge Geschmack und lassen kulinarisch nie Langeweile aufkommen.
Sämtliche Gerichte basieren auf vollwertigen und leicht erhältlichen Zutaten und sind frei von zusätzlichen Fetten. Darüber hinaus gibt Nixon hilfreiche Hinweise, wie sich manche Gerichte zeitsparend im Voraus vorbereiten lassen und sich beim Einkauf Geld sparen lässt.
*Happy Vegan – Tag für Tag* ist das perfekte Kochbuch für alle, die auf der Suche nach gesünderen, fettarmen, günstigen und glücklich machenden veganen Rezepten für jeden Tag sind.

Jen Hansard & Jadah Sellner

# Simple Green Smoothies

Mehr als 100 Rezepte zum Abnehmen, Energietanken und Großartigfühlen

304 Seiten, geb., € 24,80

Jen Hansard und Jadah Sellner haben einen wunderbaren Weg zu Gesundheit, Freude und Energie gefunden – mit Spaß und ohne Verzicht. Ihr Konzept ist sensationell einfach: Statt Kalorien zu zählen oder ganz auf bestimmte Lebensmittel zu verzichten, trinken sie lieber täglich einen grünen Smoothie. Die beiden jungen Mütter und Geschäftsfrauen wissen, was es bedeutet, sich Tag für Tag einem fordernden Alltag zu stellen. Beiden ist es wichtig, sich und ihre Familien so gesund und vollwertig wie möglich zu ernähren, und beide haben die erstaunliche Wirkung grüner Smoothies am eigenen Leib erfahren – beim deutlichen Abnehmen, einem widerstandsfähigeren Immunsystem und einem spürbar höheren Energiepegel. Ihre enorm beliebte Webseite ist zur Ressource Nummer 1 für grüne Smoothies im Internet geworden und hat bereits über eine Million Besucher inspiriert.
Simple Green Smoothies enthält eine 10-Tage-Kickstartkur inklusive Einkaufslisten, unzählige praktische Tipps und über 100 Rezepte für Smoothies, die das Abnehmen fördern, die natürliche Schönheit hervorbringen, heilen und das Immunsystem stärken, Energie verleihen und auch Kinder begeistern können, sowie für leckere Desserts, unverzichtbare Grundrezepte und hilfreiche Haushaltsmittel. Ob Pfirsich-Kokosnusstraum, Kalifornia Sunshine oder Karamell-Cashew-Genuss – die Smoothies sind so köstlich, dass es kaum zu glauben ist.

Adam Sobel

# Food Truck Vegan

Heiß begehrte Rezepte von New Yorks legendärem Cinnamon Snail Food Truck

272 Seiten, geb., € 24,-

Was ist das Geheimnis dieses Food Trucks? Er eroberte die Straßen von New York City im Sturm. Bei jedem Wetter stehen Vegetarier, Veganer und Fleischesser geduldig nach den berühmten, bis obenhin mit Zucker glasiertem Seitan und Ancho-Chili-Aioli gefüllten Sandwiches an. Pfannkuchen mit frischen Feigen, Kamille-Blutorangensirup und Pinienkernmus besitzen offenbar eine ähnliche Anziehungskraft.

Jetzt liefert Adam Sobel, der sympathische Gründer des „Cinnamon Snail" Food Trucks, die Rezepte seiner süchtig machenden Spezialitäten als Buch direkt in Ihre Küche aus. Neben vielen superleckeren Snacks finden sich darin auch größere Mahlzeiten wie Tofu mit Rosmarinkruste, Brotpudding mit Knoblauch und Estragon, würzige Tofustreifen in Bierteig und Tempeh-Empanadas.

Natürlich verrät Adam Sobel hier auch die Rezepte für seine legendären Donuts und anderen köstlichen Gebäckteilchen. Und er lässt uns teilhaben am anstrengenden, aber beglückenden Alltag eines Food-Truck-Besitzers, am täglichen Kampf mit lästigen Blechschäden und Strafzetteln. Vor allem aber erfahren wir von seiner bewundernswerten Fähigkeit, sein Essen trotz aller Widrigkeiten auf New Yorks Straßen mit Fantasie, Liebe und einer Prise Weltverbesserung zu würzen.

*Food Truck Vegan* bringt die Energie und Leidenschaft der kreativen Food Truck-Küche direkt auf den Tisch und beschert uns fleischfreie Mahlzeiten, die zu Recht Kultstatus besitzen.

Dreena Burton

# Familien mit Pflanzenpower

Über 100 kinderprobte vegane Vollwertrezepte

320 Seiten, geb., € 26,-

Die Bestsellerautorin und dreifache Mutter Dreena Burton zeigt, wie eine vollwertige, rein pflanzliche Ernährung für die ganze Familie leicht umgesetzt werden kann. Die über 100 veganen Rezepte wurden allesamt von Dreenas eigenen Kindern getestet und für köstlich befunden.

Auch Ihre Familie wird in der bunten Sammlung sicher bald ihre Lieblingsrezepte finden. Kandidaten hierfür gibt es reichlich, zum Beispiel Haferflocken-Frühstücksriegel mit Kürbiskernen und Schokotropfen, Kartoffel- trifft Eiersalat, pikante Mandelsoße, grünes Superheldendressing, „Schnupfen adieu!"-Soße, herzhafte Linsen-Bolo, raffinierte Kichererbsen-Burger oder Erdnussmuspudding mit Erdbeeren.

Dazu kommen viele Grundrezepte für Salatdressings, Soßen und Toppings, die jede Mahlzeit noch spannender machen und vielfältig eingesetzt werden können.

Burton, selbst seit über 20 Jahren Veganerin, gibt zudem Antworten auf alle Fragen, die sich im veganen Familienleben stellen, vom Umgang mit wählerischen Essern über die Ausstattung veganer Pausendosen bis zur Bewältigung von Kindergeburtstagen. Lassen Sie sich begeistern und geben Sie Ihrer Familie die volle Power der Pflanzen!

Miyoko Schinner

# Vegane Vorratskammer

111 Rezepte für eigene Nudeln, Brotaufstriche, Getränke und vieles mehr

248 Seiten, geb., € 24,80

Der Vorratsschrank ist das Herzstück einer jeden Küche. Doch wer weiß denn noch, wie man eine Gemüsebrühe kocht oder Joghurt ansetzt – und wer hat die Zeit dazu? Doch was auf den ersten Blick zeitraubend erscheint, ist auf lange Sicht eine echte Zeitsparmaschine. So lassen sich mit vorbereiteten Teigmischungen, Soßen, Tofu und Pasta auch nach einem langen Arbeitstag noch im Handumdrehen leckere vegane, gesunde Gerichte zubereiten.

Miyoko Schinner, Kochbuchautorin, Power-Mutter und die unangefochtene vegane Käsepäpstin weiht uns in ihrem neuesten Werk in die Kunst der hausgemachten Vorräte ein. Mit ihren leicht verständlichen Rezepten gelingt es spielend, den Vorratsschrank mit köstlichen veganen Grundnahrungsmitteln zu füllen. Und damit nicht genug: Neben den Klassikern der Speisekammer finden sich auch Rezepte für Gourmetzutaten wie Feigen-Lavendel-Marmelade, Wodkasoße oder Konzentrat für Brokkolisuppe.

Natürlich dürfen auch ein paar Rezepte für köstlichen veganen Käse nicht fehlen. Machen Sie aus Ihrer Vorratskammer eine Schatzkammer – für mehr Frische und Ursprünglichkeit in der Küche!

Richa Hingle

# Vegane Indische Küche

150 traditionelle und kreative Rezepte zum Nachkochen

336 Seiten, geb., € 29,-

Vielfältig, unverwechselbar, bunt und würzig – das ist die indische Küche. Scharfe Currys, cremige Spinatgerichte und dampfende Tandoori-Pfannen laden ein. Ein Bissen und man steht auf einem Markt in Mumbai.

Die erfolgreiche vegane US-Bloggerin Richa Hingle stammt selbst aus Indien und hat die traditionellen Rezepte ihrer Kindheit mit modernen Küchenpraktiken kombiniert. Sie zeigt, wie einfach es ist, Gerichte der indischen Küche vegan zuzubereiten – und das unglaublich lecker. Wer hätte gedacht, dass man Gerichte wie Rasmalai, Sandesh oder Gulab Jamun auch milchfrei genießen könnte? Alle 150 Rezepte des Buches sind schnell umzusetzen, sie sind gesund und nahrhaft, allergikerfreundlich und bieten häufig soja- und glutenfreie Varianten.

Richa zeigt nicht nur, wie man bekannte Klassiker wie Dals, Naanbrote oder Chutneys zubereitet, sondern gibt mit weniger bekannten Rezepten für Frühstück, Desserts und Snacks Einblick in die gesamte Vielfalt der indischen Küche. Mit Richas Gewürzleitfaden werden auch Sie schnell Experte indischer Aromen – im Handumdrehen werden Sie Rezepte abwandeln und ganz neue Gaumenfreuden kreieren.

Mit ausgefallenen Gerichten wie Cocos-Curry mit Butternusskürbis und Roten Linsen, gebackenem Blumenkohl mit Makhani-Soße, schnellem Tamarinden-Dattel-Chutney, Kardamon-Fudge und weiteren süßen Leckereien lassen Sie jedes indische Standardrestaurant weit hinter sich. Holen Sie Indien zu sich nach Hause.

Megan Gilmor

# Everyday Detox

100 einfache Rezepte für einen gesunden Darm, zum Entschlacken und Gewicht verlieren

208 Seiten, geb., € 24,80

Megan Gilmores Everyday Detox ist ein gesunder Leitfaden zum natürlichen Entgiften für das gesamte Jahr. Das Werk hat in den USA bereits einen regelrechten Hype ausgelöst. Ganz ohne Diät, Fasten oder Kalorienzählen reduziert Everyday Detox das Gewicht, kurbelt die Verdauung an, verbessert den Schlaf und führt zu einem intensiven Wohlbefinden.

Die erfolgreiche Autorin, beliebte Bloggerin und Gesundheitsberaterin ist dafür bekannt, ihren Schwerpunkt auf natürliche und vollwertige Lebensmittel statt auf rigide Fastenkuren und Verzicht zu setzen.

Der beste Beweis dafür sind ihre fantastischen Rezepte: Ob Bananen-Kokosnuss-Muffins, Brokkoli-Käse-Suppe, Thai-Salatwraps oder Pfefferminzriegel – die Gerichte aus natürlichen und vollwertigen Zutaten sind so verführerisch, dass Genuss an erster Stelle steht und ein Verzichtgefühl gar nicht erst aufkommt.

Hilfreiche Informationen zu Vorräten in der detox-freundlichen Küche sowie eine praktische Übersicht zur Kombination bestimmter Lebensmittel erleichtern die Umsetzung des Plans zu Hause und sind die perfekte Vorbereitung für den Start in ein leichteres, fitteres und gesünderes Leben.

Amy Chaplin

# Celebrating Whole Food

Mit über 150 veganen und vegetarischen Rezepten aus Amy Chaplins bunter und köstlicher Vollwertküche

408 Seiten, geb., € 34,-

Frisch, überwiegend pflanzlich, vollwertig, naturbelassen und lecker – so sieht eine ideale Ernährung aus.

Und die New-Yorker Star-Köchin Amy Chaplin steht wie keine andere für die raffinierte Vielfalt einer modernen Vollwerternährung. Ihre 20-jährige Erfahrung als Küchenchefin vieler vegetarischer Restaurants auf der ganzen Welt teilt Chaplin heute gerne mit ihren Kunden, zu denen auch Hollywood-Stars gehören. Diesen bringt sie bei, die heimischen Vorratsschränke mit Getreidesorten, Nüssen, Samen, Kräutern und Gewürzen zu füllen und daraus faszinierende Gerichte zuzubereiten.

In dem preisgekrönten Kochbuch Celebrating Whole Food nimmt uns Amy Chaplin in über 150 überwiegend veganen, glutenfreien Rezepten mit auf einen Streifzug durch die facettenreiche Welt der vollwertigen Küche. Von Quinoa-Muffins über feurige Karottensuppe mit Kokosmilch bis hin zu Salat mit gerösteten Kürbisspalten – für ein gesundes, nachhaltiges und unglaublich köstliches Jahr.

Zudem beschäftigt sich Amy eingehend mit den heimischen Vorräten. Sie erklärt z. B. genau, wie man Hülsenfrüchte einweicht und kocht, Sprossen zieht und verschiedene Pflanzendrinks selbst zubereitet.

Stürzen Sie sich mit Amy Chaplin in die bunte und reichhaltige Welt der Vollwertküche.

Michaela Marmulla

# Grill vegan!

75 Rezepte für die perfekte BBQ-Saison

152 Seiten, geb., € 19,80

Wenn im Sommer die Abende länger und wärmer werden, gibt es für viele Menschen nichts Schöneres, als gemeinsam mit Freunden den Grill anzuwerfen. Würste und Steaks werden auf den Grillrost gelegt, Salat, Brote und Dips aufgetischt. Grillabende sind der Inbegriff von Genuss und sommerlicher Lebensfreude. Veganen Grillfreunden blieb bisher oft nur, ihre gekauften Tofuwürstchen in einer kleinen Ecke auf den Grill zu legen – und von ihren Freunden mitleidige Blicke zu ernten.

Doch Michaela Marmulla, Kochbuchautorin und erfolgreiche Bloggerin, kann Abhilfe schaffen. In »Grill vegan!« hat sie 75 vegane Grillrezepte zusammengestellt, die aus Laien Profigrillmeister und aus einem normalen Grillabend ein veganes Genusserlebnis machen – von praktischen Grilltipps über Rezepte für Dips und Soßen, Salate und Brote bis hin zu saftigen Steaks und hausgemachten Burgern.

Wenn Süßkartoffel-Bohnen-Burger, Steaks und feurige Hackbällchen aus Seitan und Soja über dem Feuer brutzeln und ihren köstlichen Duft verbreiten, werden auch Nichtveganer der Versuchung nicht widerstehen können. Quinoasalat, fruchtiger Rucola- oder Reis-Curry-Salat, gefüllte Champignons sowie bunte Gemüse- oder Tempehspieße bilden die perfekten Beilagen; für den süßen Abschluss sorgen Grill-Pfirsiche mit Zimt-Butter oder kubanische Ananas.

Sämtliche Rezepte des Buches sind unkompliziert und gut vorzubereiten, damit man den Grillabend selbst in vollen Zügen genießen kann. Auch die Zutaten sind im normalen Handel erhältlich.

Machen Sie aus mitleidigen Blicken neidische und erobern Sie den Grillrost zurück. Einfach. Lecker. Vegan.

Michaela Marmulla

# Brunch vegan!

150 Rezepte zum Abnehmen und Glücklichsein

152 Seiten, geb., € 19,80

Für alle leidenschaftlichen Brunch-Fans, die sich und ihre Lieben am Wochenende gern ausgiebig, aber rein pflanzlich verwöhnen möchten, ist Brunch vegan! ein wahrer Glücksgriff. Es enthält eine Vielfalt leckerer, schneller und unkomplizierter veganer Schlemmerbrunchrezepte, die leicht gelingen und garantiert jeden begeistern.

Ob für drinnen oder draußen, klassisch oder ausgefallen, pikant, herzhaft oder süß: Michaela Marmullas Rezepte beinhalten abwechslungsreiche Aufstriche und verlockendes Fingerfood ebenso wie verschiedenste Frühstücksbrötchen, vegane Bratenvariationen, Salate, Suppen, Smoothies, Shakes und Drinks, und natürlich auch jede Menge süße Köstlichkeiten. Dabei setzt sie auf natürliche und einfach erhältliche Zutaten sowie simple Zubereitungsweisen, die Zeit in der Küche sparen.

Ihre Rezepte sind nicht nur eine tolle Inspiration für Genuss in großer Runde zu Hause, sondern eignen sich auch als schöne Geschenkideen, die sich leicht zu Partys oder Picknicks mitbringen lassen und für viele strahlende Gesichter sorgen.

*„Kochbücher wie dieses, die auf so vielfältige Weise zeigen, wie vielseitig die vegane Ernährung sein kann und wie einfach sie ist, sind großartig!"*
– Anne Menden, Schauspielerin & Sängerin